G.W. Drees

Biblische Geschichten

G.W. Drees

Biblische Geschichten

ISBN/EAN: 9783743416093

Hergestellt in Europa, USA, Kanada, Australien, Japan

Cover: Foto ©Lupo / pixelio.de

Manufactured and distributed by brebook publishing software (www.brebook.com)

G.W. Drees

Biblische Geschichten

Biblische Geschichten

Alten und Neuen Testaments,

mit Worten der Schrift erzählt

und durch Katechismus, Bibelsprüche und Liederverse

erläutert

Herausgegeben
vom
Lutherischen Verlags-Verein,
New York.
1877.

Vorwort.

An Bearbeitungen von Biblischen-Geschichten ist gerade kein
Mangel, und eine jede fast hat ihre besonderen Vorzüge, wie auch
ihre Mängel. Nicht nur, daß manche in der Erzählung zu frei
sind und sich wenig oder gar nicht an den biblischen Wortlaut halten, sondern auch ein zu unvollkommenes Gesammtbild der biblischen Geschichte bieten. Andre suchen Beides zu vermeiden, werden
aber dabei zu ausführlich und können, bei dem beschränkten Zeit-
maß unserer Schulen, nur schwer bewältigt werden. Unsre Bear-
beitung strebt, neben einem möglichst vollständigen Gesammtbilde,
auch die möglichst thunliche Knappheit der Darstellung an. Und
ferner galt es uns, nach dem Vorgange von Woike (36. Auflage)
und Wendel (70. Auflage) mit den einzelnen Geschichten den
Katechismus, Lied und Bibelspruch in passende Verbindung zu bringen. Dadurch werden dem Lehrer nicht nur die erwünschten Winke
zur praktischen Anwendung der Geschichte geboten, sondern wird
auch der Faden gezeigt, an welchem sich, bei äußerst knapp zu gemes-
sener Zeit, fast der ganze Religionsunterricht an den Biblischen-
Geschichtsunterricht reihen läßt; es wird auch dadurch dem Kinde
jede einzelne Geschichte verständlicher werden und später im Confir-
mandenunterricht bei jedem Katechismusstück immer ein Biblisches-
Geschichtsbeispiel vorschweben.

Wir haben jedes Testament in je 46 Geschichten zu bringen versucht und jedem zwei Anhänge beigegeben. Jede Sonntagsschule
wird so, wie sie es auch sollte, im Laufe eines Jahres den einen
oder andern Theil durchbringen können, und jede Wochenschule beide
Theile. Bei der beschränkten Anzahl von Nummern freilich sind
durch Zusammenziehung verschiedener Erzählungen einzelne Geschichten etwas länger geworden, als wohl erwünscht wäre, doch wird in

iii

solchen Fällen der Lehrer sich mehr an den inneren Zusammen=
hang halten, und auch eine längere Geschichte in kürzerer Zeit
abzuhandeln verstehen. Bei verkürztem Bibeltext oder Mangel an
einzelnen Stücken, findet der Lehrer Raum zu Ergänzungen. Daß
die Erzählungen nur im Wortlaut heiliger Schrift gegeben sind,—
denn auch für die Kleinsten giebts keine passendere und schönere
Sprache, als die Schriftsprache! — wird man wohl gerne als Vor=
zug anerkennen.

Für die erbauliche Behandlung der Biblischen=Geschichte mögen
dem Lehrer folgende Gesichtspunkte dienen (siehe Wendel Seite 5):

1. Jede Geschichte eines Sünders führe den Schüler zur Er=
kenntniß seiner eigenen Sünde.

2. Jede Erzählung göttlicher Strafgerichte zeige ihm, daß die
Sünde der Leute Verderben sei.

3. Jede Geschichte eines Sünders, der sich zum Herrn bekehrt, soll
ihm ein mächtiger Antrieb werden zu seiner eigenen Bekehrung.

4. Jede Geschichte eines frommen Mannes gebe ihm Antwort
auf die Frage: Was fehlt mir noch? und ermuntere ihn zur Nach=
folge.

5. Die Erzählung der göttlichen Heilsthaten begründe und
stärke den Glauben des Schülers an alles das, was Gott der Herr
zu seinem und aller Menschen Heil gethan hat.

6. Jede Geschichte göttlicher Gnadenwunder erwecke in ihm den
Glauben, daß sein Gott und Herr noch derselbe ist in Ewigkeit,
damit er sich in aller Noth gläubig zu ihm wende und vertrauens=
voll auf ihn hoffe.

So gehe nun dieses Büchlein hinaus und diene der Gemeine,
die erbauet ist auf dem Grunde der Apostel und Propheten, da Jesus
Christus der Eckstein ist.

Die Bearbeiter:

G. W. Drees. J. Haltmann. A. L. Frey.

Das alte Testament.

I. Die Urgeschichte. 4000—2000 v. Chr.

1. Die Schöpfung der Welt. 1. Mose 1.

1. Am Anfang schuf Gott Himmel und Erde. Und die Erde war wüste und leer, und es war finster auf der Tiefe, und der Geist Gottes schwebte auf dem Wasser.

2. Und Gott sprach: Es werde Licht! Und es ward Licht.' Da schied Gott das Licht von der Finsterniß, und nannte das Licht T a g und die Finsterniß N a c h t. Da ward aus Abend und Morgen der e r s t e T a g. —Und Gott sprach: Es werde eine F e s t e zwischen den Wassern! Und es geschah also. Und Gott nannte die Feste H i m m e l. Da ward aus Abend und Morgen der a n d e r e T a g. —Und Gott sprach: Es sammle sich das W a s s e r unter dem Himmel an besondere Oerter, daß man das T r o c k e n e sehe! Und es geschah also. Und Gott nannte das Trockene E r d e, und die Sammlung der Wasser nannte er M e e r. Und Gott sprach: Es lasse die Erde aufgehen G r a s und K r a u t und f r u c h t b a r e B ä u m e! Und es geschah also. Da ward aus Abend und Morgen der d r i t t e T a g. — Und Gott sprach: Es werden L i c h t e r an der Feste des Himmels, die da scheiden Tag und Nacht und geben Zeichen, Zeiten, Tage und Jahre. Und Gott machte ein großes Licht, das den Tag regiere, und ein kleines Licht, das die Nacht regiere, dazu auch die Sterne. Da ward aus Abend und Morgen der v i e r t e T a g. — Und Gott sprach: Es errege sich das W a s s e r mit lebendigen T h i e r e n, und Vögel fliegen unter der Feste des Himmels! Und es geschah also, und Gott segnete sie und sprach: Seid fruchtbar und mehret euch! Da ward aus Abend und Morgen der f ü n f t e T a g. — Und Gott sprach: Die Erde bringe hervor lebendige Thiere, Vieh und Gewürm, ein jegliches nach seiner Art! Und es geschah also. Und Gott sprach: Lasset uns M e n s c h e n machen, ein Bild, das uns gleich sei, die da h e r r s c h e n ü b e r d i e F i s c h e i m M e e r u n d ü b e r d i e V ö g e l u n t e r d e m H i m m e l u n d ü b e r d a s V i e h u n d ü b e r d i e g a n z e E r d e u n d ü b e r a l l e s G e w ü r m, d a s a u f E r d e n k r i e c h e t! Und Gott schuf den Menschen ihm zum Bilde, zum Bilde Gottes schuf er ihn. Und Gott sah an A l l e s, was er gemacht hatte, und siehe da, es war s e h r g u t. Da ward aus Abend und Morgen der s e c h s t e T a g.

3. Also ward v o l l e n d e t Himmel und Erde mit ihrem ganzen

Heer. Und Gott ruhete am siebenten Tage von allen seinen Werken; darum segnete er den siebenten Tag und heiligte ihn.

1. Artikel. Psalm 104, 24: Herr, wie sind deine Werke so groß und viel! Du hast sie alle weislich geordnet und die Erde ist voll deiner Güter. Psalm 95, 6: Kommt, laßt uns anbeten und knien und niederfallen vor dem Herrn, der uns gemacht hat.

Wir glauben all' an einen Gott,
Schöpfer Himmels und der Erden,
Der sich zum Vater geben hat,
Daß wir seine Kinder werden:
Er will uns allzeit ernähren,
Leib und Seel auch wohl bewahren,
Allem Unfall will er wehren,
Kein Leid soll uns widerfahren,
Er sorget für uns, hüt't und wacht,
Es steht alles in seiner Macht. Amen.

2. Das Paradies. 1. Mose 2.

1. Und Gott der Herr machte den Menschen aus einem Erdenkloß und blies ihm ein den lebendigen Odem in seine Nase. Und also ward der Mensch eine lebendige Seele. Und Gott der Herr pflanzte einen Garten in Eden, gegen Morgen, und ließ aufwachsen aus der Erde allerlei Bäume, lustig anzuschauen und gut zu essen, und den Baum des Lebens mitten im Garten und den Baum der Erkenntniß des Guten und Bösen. Und Gott der Herr nahm den Menschen und setzte ihn in den Garten Eden, daß er ihn baute und bewahrte.

2. Und Gott der Herr gebot dem Menschen und sprach: Du sollst essen von allerlei Bäumen im Garten; aber von dem Baum der Erkenntniß des Guten und Bösen sollst du nicht essen. Denn welches Tages du davon issest, wirst du des Todes sterben.

3. Und Gott der Herr sprach: Es ist nicht gut, daß der Mensch allein sei, ich will ihm eine Gehülfin machen, die um ihn sei. Denn als Gott der Herr gemacht hatte allerlei Thiere, brachte er sie zu dem Menschen, daß er sähe, wie er sie nennete. Und der Mensch gab einem jeglichen Vieh und Vogel unter dem Himmel und Thier auf dem Felde seinen Namen; aber für den Menschen ward keine Gehülfin gefunden, die um ihn wäre. Da ließ Gott der Herr einen tiefen Schlaf fallen auf den Menschen, und er entschlief. Und nahm seiner Rippen eine und baute ein Weib aus der Rippe und brachte es zu ihm. Da sprach der Mensch: Das ist doch Bein von meinen Beinen und Fleisch von meinem Fleisch. Darum wird ein Mann seinen Vater und seine Mutter verlassen und seinem Weibe anhangen.

1. Artikel Schluß: "Deß alles ihm zu danken u. s. w." 1. Joh. 5, 3: Das ist die Liebe zu Gott, daß wir seine Gebote halten, und seine Gebote sind nicht schwer. Offenb. 2, 7: Wer überwindet, dem will ich zu essen geben von dem Holz des Lebens, das im Paradiese Gottes ist.

Lobt Gott, ihr Christen alle gleich
In seinem höchsten Thron,
Der heut schleußt auf sein Himmelreich,
Und schenkt uns seinen Sohn!
Heut schleußt er wieder auf die Thür
Zum schönen Paradeis,
Der Cherub steht nicht mehr dafür,
Gott sei Lob, Ehr' und Preis!

3. Der Sündenfall. 1. Mose 3.

1. Und die Schlange war listiger, denn alle Thiere auf dem Felde, und sprach zu dem Weibe: Ja, sollte Gott gesagt haben: Ihr sollt nicht

essen von allerlei Bäumen im Garten? — Da sprach das Weib zur Schlange: Wir essen von den Früchten der Bäume im Garten; aber von den Früchten des Baumes mitten im Garten hat Gott gesagt: Esset nicht davon, rühret es auch nicht an, daß ihr nicht sterbet. Da sprach die Schlange zum Weibe: Ihr werdet mit nichten des Todes sterben; sondern Gott weiß, daß, welches Tages ihr davon esset, so werden eure Augen aufgethan, und werdet sein wie Gott und wissen, was gut und böse ist.

2. Und das Weib schaute an, daß von dem Baume gut zu essen wäre und lieblich anzusehen, und daß es ein lustiger Baum wäre, weil er klug machte; und nahm von der Frucht und aß und gab ihrem Manne auch davon, und er aß. Und sie hörten die Stimme Gottes des Herrn, der im Garten ging, da der Tag kühle geworden war. Und Adam versteckte sich mit seinem Weibe vor dem Angesichte Gottes unter die Bäume im Garten.

3. Und Gott der Herr rief Adam und sprach zu ihm: Wo bist du? Und er sprach: Ich hörte deine Stimme im Garten und fürchtete mich, denn ich bin nackend, darum versteckte ich mich. Und er sprach: Hast du nicht gegessen von dem Baume, davon ich dir gebot, du solltest nicht davon essen? Da sprach Adam: Das Weib, das du mir zugesellet hast, gab mir von dem Baume, und ich aß. Da sprach Gott der Herr zum Weibe: Warum hast du das gethan? Das Weib sprach: Die Schlange betrog mich also, und ich aß.

4. Da sprach Gott der Herr zur Schlange: Weil du solches gethan hast, seist du verflucht vor allem Vieh und vor allen Thieren auf dem Felde. Auf deinem Bauche sollst du gehen und Erde essen dein Lebenlang. Und ich will Feindschaft setzen zwischen dir und dem Weibe und zwischen deinem Samen und ihrem Samen. Derselbe soll dir den Kopf zertreten, und du wirst ihn in die Ferse stechen. — Und zu dem Weibe sprach er: Dein Wille soll deinem Manne unterworfen sein, und er soll dein Herr sein. Und zu Adam sprach er: Dieweil du hast gehorchet der Stimme deines Weibes: verflucht sei der Acker um deinetwillen, mit Kummer sollst du dich darauf nähren dein Lebenlang; Dornen und Disteln soll er dir tragen und du sollst das Kraut auf dem Felde essen. Im Schweiß deines Angesichts sollst du dein Brod essen, bis daß du wieder zur Erde werdest, davon du genommen bist. Denn du bist Erde und sollst zu Erde werden.

5. Und Adam nannte sein Weib Eva, darum daß sie eine Mutter ist aller Lebendigen. Und Gott der Herr ließ Adam aus dem Garten Eden, und trieb ihn aus und lagerte vor den Garten den Cherub mit einem bloßen hauenden Schwert, zu bewahren den Weg zum Baume des Lebens.

Die 6. Bitte. Röm. 5, 12: Durch einen Menschen ist die Sünde gekommen in die Welt und der Tod durch die Sünde und ist also der Tod zu allen Menschen hindurchgedrungen, dieweil sie alle gesündigt haben. Jac. 1, 14: Ein jeglicher wird versucht, wenn er von seiner eigenen Lust gereizet und gelocket wird. Darnach, wenn die Lust empfangen hat, gebieret sie die Sünde; die Sünde aber, wenn sie vollendet ist, gebieret sie den Tod.

Ich armer Mensch, ich armer Sünder
Steh hier vor Gottes Angesicht:
Ach Gott, ach Gott, verfahr gelinder
Und geh' nicht mit mir ins Gericht:
Erbarme dich, erbarme dich,
Gott mein Erbarmer, über mich.

Nicht wie ich hab verschuldet, lohne,
Und handle nicht nach meiner Sünd!
O treuer Vater, schone schone,
Erkenn mich wieder für dein Kind,
Erbarme dich, erbarme dich,
Gott mein Erbarmer, über mich.

4. Kain und Abel.   1. Mose 4.

1. Adam und Eva hatten zwei Söhne, die hießen K a i n und A b e l. Abel ward ein Schäfer und Kain ein Ackersmann. Es begab sich aber, daß Kain dem Herrn ein Opfer brachte von den Früchten des Feldes und Abel von den Erstlingen seiner Heerde. Und der Herr sahe gnädiglich an Abel und sein Opfer, aber Kain und sein Opfer sahe er nicht gnädiglich an. Da ergrimmte Kain sehr, und seine Geberden verstellten sich. Und der Herr sprach zu Kain: Warum ergrimmest du? Und warum verstellen sich deine Geberden? Ist es nicht also? Wenn du fromm bist, so bist du angenehm; bist du aber nicht fromm, so ruhet die Sünde vor der Thür. Aber laß du ihr nicht ihren Willen, sondern herrsche über sie.

2. Da redete Kain mit seinem Bruder Abel; und da sie auf dem Felde waren, erhob sich Kain wider seinen Bruder und schlug ihn todt. Da sprach der Herr zu Kain: Wo ist dein Bruder Abel? Er sprach: Ich weiß nicht; soll ich meines Bruders Hüter sein? Der Herr aber sprach: Was hast du gethan? Die Stimme deines Bruders Blutes schreit zu mir von der Erde. Verflucht seist du auf der Erde, die ihr Maul hat aufgethan und deines Bruders Blut von deinen Händen empfangen. Der Acker soll dir hinfort sein Vermögen nicht geben. Unstät und flüchtig sollst du sein auf Erden.

3. Kain aber sprach zu dem Herrn: Meine Sünde ist größer, denn daß sie mir vergeben werden möge. Siehe, du treibst mich heute aus dem Lande, und ich muß unstät und flüchtig sein auf Erden. Wer mich findet, wird mich todtschlagen. Aber der Herr machte ein Zeichen an Kain und sprach: Nein, wer Kain todtschlägt, das soll siebenfältig gerochen werden. — Also ging Kain von dem Angesichte des Herrn und wohnte im Lande Nod, gegen Morgen von Eden.

4. Gott der Herr gab Adam und Eva abermal einen Sohn, der hieß S e t h (d. i. Ersatz). Während aber Kains Nachkommen Gott, ihren Herrn, nicht fürchteten, fingen Seths Nachkommen zur Zeit seines Sohnes E n o s an, zu predigen von des Herrn Namen. Von Enos stammte ab H e n o ch, welcher 365 Jahre alt ward, und dieweil er ein göttliches Leben führte, nahm ihn Gott hinweg. Henochs Sohn war M e t h u s a l a h, dessen Alter 969 Jahre war. Von ihm stammte L a m e ch, der hatte einen Sohn, den hieß er N o a h, und sprach: Der wird uns trösten in unserer Mühe und Arbeit auf der Erde, die der Herr verflucht hat.

Das 5. Gebot. 1. Joh. 3, 15. Wer seinen Bruder hasset, der ist ein Todtschläger, und ihr wisset, daß ein Todtschläger nicht hat das ewige Leben bei ihm bleibend. Hes. 33, 11. So wahr, als ich lebe, spricht der Herr Herr, ich habe keinen Gefallen am Tode des Gottlosen, sondern daß sich der Gottlose bekehre von seinem Wesen und lebe.

So wahr ich lebe, spricht dein Gott,
Mir ist nicht lieb des Sünders Tod.
Vielmehr ist dies mein Wunsch und Will'

Daß er von Sünden halte still,
Von seiner Bosheit kehre sich
Und lebe mit mir ewiglich.

5. Die Sündfluth. 1. Mose 6—9.

1. Die Menschen begannen sich zu mehren auf Erden. Da sahen die Kinder Gottes nach den Töchtern der Menschen, wie sie schön waren, und nahmen zu Weibern, welche sie wollten. Da aber der Herr sahe, daß der Menschen Bosheit groß war auf Erden und alles Dichten und Trachten ihres Herzens nur böse immerdar, da sprach er: Die Menschen wollen sich von meinem Geist nicht mehr strafen lassen, ich will sie vertilgen von der Erde, will ihnen aber noch Frist geben 120 Jahre.

2. Noah aber fand Gnade vor dem Herrn, denn er war ein frommer Mann, und führte ein göttliches Leben zu seinen Zeiten. Und Gott sprach zu Noah: Alles Fleisches Ende ist vor mich gekommen, denn die Erde ist voll Frevels. Mache dir einen Kasten von Tannenholz, 300 Ellen sei die Länge, 50 Ellen die Weite und 30 Ellen die Höhe. Mache Kammern darinnen und verpiche sie mit Pech inwendig und auswendig. Ein Fenster und eine Thür sollst du dem Kasten machen, und 3 Böden. Und du sollst in den Kasten thun allerlei Thiere, Vögel, Vieh und Gewürm; und du sollst allerlei Speise zu dir nehmen, daß sie dir und ihnen zur Nahrung da sei. Und Noah that Alles, was ihm Gott gebot.

3. Und der Herr sprach zu Noah: Gehe in den Kasten, du und dein ganzes Haus; denn ich habe dich gerecht ersehen vor mir zu dieser Zeit. Noah war 600 Jahre alt, da das Wasser der Sündfluth auf Erden kam. Und er ging in den Kasten mit seinen 3 Söhnen: S e m, H a m und J a p h e t, seinem Weibe und seiner Söhne Weibern; und allerlei Thiere gingen zu ihm in den Kasten bei Paaren, wie ihm Gott geboten hatte. Und der Herr schloß hinter ihm zu. Am 17ten Tage des andern Monats, das ist der Tag, wo aufbrachen alle Brunnen der großen Tiefe, und thaten sich auf die Fenster des Himmels, und kam der Regen auf Erden 40 Tage und 40 Nächte. Und das Gewässer nahm gar sehr überhand auf Erden, so daß alle hohen Berge bedeckt wurden; 15 Ellen hoch ging das Gewässer über die Berge. Da ging alles Fleisch unter; Vögel, Vieh, Thiere und alle Menschen. Und das Gewässer nahm überhand auf Erden 150 Tage.

4. Da gedachte Gott an Noah. Und Gott ließ einen Wind auf Erden kommen, und die Wasser fielen. Am 17ten Tag des siebenten Monats ließ sich der Kasten nieder auf das Gebirge Ararat. Am ersten Tage des 10ten Monats sahen der Berge Spitzen hervor. Nach 40 Tagen that Noah das Fenster auf und ließ einen Raben fliegen; der flog immer hin und her, bis das Gewässer vertrocknete auf Erden. Darnach ließ er eine Taube ausfliegen. Da sie aber nicht fand, wo ihr Fuß ruhen konnte, kam sie wieder zu ihm in den Kasten. Da harrete er noch andre 7 Tage und ließ abermal eine Taube fliegen. Die kam zu ihm um die Abendzeit und trug ein Oelblatt in ihrem Schnabel. Noah harrte noch andere 7 Tage und ließ eine Taube ausfliegen, die kam nicht wieder.

5. Da that Noah das Dach von dem Kasten. Und die Erde ward ganz trocken am 27ten Tage des andern Monats. Da redete Gott mit Noah und sprach: Gehe aus dem Kasten, du und dein Weib, deine Söhne und deiner Söhne Weiber, und alles Thier, was bei dir ist. Und Noah baute dem Herrn einen Altar und opferte Brandopfer. Da sprach der Herr: Ich will hinfort nicht mehr die Erde verfluchen um der Menschen willen; denn das Dichten des menschlichen Herzens ist böse von Jugend auf. So lange die Erde stehet, soll nicht aufhören Samen und Ernte, Frost und Hitze, Sommer und Winter, Tag und Nacht. Und Gott segnete Noah und seine Söhne und sprach: Seid fruchtbar und mehret euch und erfüllet die Erde. Siehe, ich richte mit euch einen Bund auf, daß hinfort keine Sündfluth mehr kommen soll. Meinen Bogen habe ich gesetzt in die Wolken, der soll das Zeichen sein des Bundes zwischen mir und der Erde.

Schluß der Gebote. 1. Joh. 2, 17. Die Welt vergeht mit ihrer Lust, wer aber den Willen Gottes thut, der bleibet in Ewigkeit. Matth. 24, 38. 39. Gleichwie sie waren in den Tagen der Sündfluth; sie aßen, sie tranken, sie freiten und ließen sich freien bis an den Tag, da Noah zur Arche einging, und achteten es nicht, bis die Sündfluth kam und nahm sie alle dahin: also wird auch sein die Zukunft des Menschensohnes.

Drum so laßt uns immerdar	Denn die Zeit
Wachen, flehen, beten,	Ist nicht weit,
Weil die Angst, Noth und Gefahr	Da uns Gott wird richten
Immer näher treten.	Und die Welt vernichten.

6. Der Thurmbau zu Babel. 1. Mose 9—11.

1. Noah ward ein Ackersmann, pflanzte Weinberge und lebte nach der Sündfluth noch 350 Jahre, daß sein ganzes Alter ward 950 Jahre. Von seinen drei Söhnen sind ausgebreitet die Leute auf Erden nach der Sündfluth.

2. Es hatte aber alle Welt einerlei Sprache. Da sie nun zogen gegen Morgen, fanden sie eine Ebene im Lande Sinear, wohneten daselbst und sprachen unter einander: Wohlan, lasset uns eine Stadt und Thurm bauen, dessen Spitze bis an den Himmel reiche, daß wir uns einen Namen machen; denn wir werden vielleicht zerstreut in alle Länder.

3. Und der Herr sprach: Siehe, es ist einerlei Volk und einerlei Sprache unter ihnen Allen, und sie werden nicht ablassen von Allem, was sie vorgenommen haben zu thun. Wohlauf, lasset uns ihre Sprache verwirren, daß Keiner des andern Sprache verstehe! Also zerstreute sie der Herr von dannen in alle Länder, daß sie mußten aufhören die Stadt zu bauen. Daher heißt ihr Name Babel, weil der Herr daselbst verwirret hat aller Länder Sprache.

Das 1. Gebot. Psalm 33, 10. 11. Der Herr machet zu nichte der Heiden Rath, und wendet die Gedanken der Völker. Aber der Rath des Herrn bleibet ewiglich, seines Herzens Gedanken für und für. Apg. 2, 6. Da nun diese Stimme geschah, kam die Menge zusammen und wurden verstürzt, denn es hörte ein jeglicher, daß sie mit seiner Sprache redeten.

Komm, heiliger Geist! Herre Gott!
Erfüll mit deiner Gnaden Gut
Deiner Gläubigen Herz, Muth und Sinn,
Dein brünstig' Lieb' entzünd' in ihn'n,

O, Herr, durch deines Lichtes Glast
Zu dem Glauben gesammelt hast
Das Volk aus aller Welt und Zungen;
Das sei dir, Herr, zu Lob gesungen.
Hallelujah! Hallelujah!

II. Die Geschichte der Patriarchen. 2000—1500 v. Chr.

7. Abrahams Berufung. 1. Mose 12—14.

1. Tharah, der von Sem abstammte, wohnte mit seinen Söhnen Abram, Nahor und Haran zu Ur in Chaldäa, wo Haran auch starb. Und Tharah zog von dannen mit seiner Familie, und sie kamen gen Haran in Mesopotamien und wohnten daselbst. Tharah aber diente andern Göttern. Da sprach der Herr zu Abram: Gehe aus deinem Lande, und von deiner Freundschaft, und aus deines Vaters Hause in ein Land, das ich dir zeigen will. Und ich will dich zum großen Volke machen und will dich segnen und dir einen großen Namen machen, und in dir sollen gesegnet werden alle Geschlechter auf Erden. Da zog Abram, 75 Jahre alt, aus mit seinem Weibe Sarai und mit Lot, seines Bruders Haran Sohn. Und als sie kamen an den Hain More bei der Stadt Sichem, da erschien der Herr dem Abram und sprach: Deinem Samen will ich dieses Land geben. Und Abram baute daselbst einen Altar und predigte von dem Namen des Herrn.

2. Abram war sehr reich von Vieh, Silber und Gold. Aber Lot hatte auch viele Heerden. Und das Land mochte es nicht ertragen, daß sie bei einander wohnten; deshalb war immer Zank zwischen ihren Hirten. Da sprach Abram zu Lot: Lieber, laß nicht Zank sein zwischen mir und dir, zwischen meinen Hirten und deinen Hirten; denn wir sind Brüder. Steht dir nicht alles Land offen? Lieber, scheide dich von mir. Willst du zur Linken, so will ich zur Rechten; willst du zur Rechten, so will ich zur Linken. Da erwählete sich Lot die ganze Gegend am Jordan und setzte seine Hütten gen Sodom. Aber die Leute in Sodom waren böse und sündigten sehr wider den Herrn. Da nun Lot sich von Abram geschieden hatte, sprach der Herr zu Abram: Hebe deine Augen auf und siehe; denn alles Land, das du siehest, will ich dir geben und deinem Samen ewiglich. Und Abram ließ sich nieder im Hain Mamre, der zu Hebron ist, und baute daselbst dem Herrn einen Altar.

3. Und es begab sich, daß Kedorlaomer, König von Elam (Persien) Krieg führte mit den Königen von Sodom und Gomorra. Und er schlug sie und nahm alle ihre Habe und viele Gefangene mit sich, dazu auch Lot. Da das Abram hörte, wappnete er seine 318 Knechte, jagte, im Bunde mit den Fürsten der Amoriter, den Siegern nach, schlug sie und brachte alle Gefangene, und auch Lot, mit ihrer Habe zurück.

4. Als er nun wiederkam, ging ihm entgegen Melchisedek, der König von Salem (Jerusalem), der war ein Priester Gottes des Höchsten. Und er trug Brod und Wein hervor und segnete Abram und sprach: Ge-

segnet seist du dem höchsten Gott, der Himmel und Erde besitzt, und gelobet sei Gott der Höchste, der deine Feinde in deine Hand beschlossen hat. Und demselben gab Abram den Zehnten von der eroberten Beute. — Da sprach der König von Sodom zu Abram: Gieb mir die Leute, die Güter behalte dir. Aber Abram antwortete: Ich hebe meine Hände auf zu dem Herrn, dem höchsten Gott, der Himmel und Erde besitzet, daß ich von Allem, was dein ist, nicht einen Faden noch Schuhriemen nehmen will, daß du nicht sagest, du habest Abram reich gemacht. Aber die Männer Aner, Eskol und Mamre, die mit mir gezogen sind, die laß ihr Theil nehmen.

Der 1. Artikel. Hebr. 11, 8. Durch den Glauben ward gehorsam Abraham, da er berufen ward, auszugehen in das Land, das er ererben sollte, und ging aus und wußte nicht, wo er hin komme. Matth. 5, 9. Selig sind die Friedfertigen, denn sie werden Gottes Kinder heißen.

Befiehl du deine Wege,
Und was dein Herze kränkt,
Der allertreusten Pflege
Deß, der den Himmel lenkt.

Der Wolken, Luft und Winden
Giebt Wege, Lauf und Bahn,
Der wird auch Wege finden,
Da dein Fuß gehen kann.

8. Abrahams Glaube. 1. Mose 15—18.

1. Es geschah das Wort des Herrn zu Abram: Fürchte dich nicht; ich bin dein Schild und dein sehr großer Lohn. Abram aber sprach: Herr, Herr, was willst du mir geben? Ich gehe dahin ohne Kinder und der Sohn meines Hausvogtes Elieser soll mein Erbe sein. Und der Herr hieß ihn hinaus gehen und sprach: Siehe gen Himmel und zähle die Sterne. Kannst du sie zählen? Und er sprach zu ihm: Also soll dein Saame werden. Abram glaubte dem Herrn, und das rechnete er ihm zur Gerechtigkeit.

2. Als nun Abram 99 Jahre alt war, erschien ihm der Herr und sprach zu ihm: Ich bin der allmächtige Gott; wandle vor mir und sei fromm. Und ich will einen Bund mit dir machen und will dich sehr mehren, und du sollst ein Vater vieler Völker werden. Darum sollst du nicht mehr Abram (hoher Vater) heißen, sondern Abraham (Vater der Menge). Und Gott sprach abermal zu Abraham: Du sollst dein Weib nicht mehr Sarai (meine Fürstin), sondern Sarah (Fürstin) heißen. Denn ich will sie segnen, und von ihr will ich dir einen Sohn geben, und Völker sollen aus ihr werden und Könige über viele Völker. Da fiel Abraham auf sein Angesicht und lachte und sprach in seinem Herzen: Soll mir, 100 Jahre alt, ein Kind geboren werden und Sarah, 90 Jahre alt, gebären.

3. Und abermal erschien der Herr dem Abraham im Hain Mamre, als er saß in der Thür seiner Hütte, da der Tag am heißesten war. Und als er seine Augen aufhob und sah, da standen drei Männer vor ihm. Und er lief ihnen entgegen und bückte sich nieder auf die Erde und sprach: Herr, habe ich Gnade gefunden vor deinen Augen, so gehe nicht vor deinem Knechte über. Man soll euch ein wenig Wasser bringen und eure Füße waschen. Und ich will euch einen Bissen Brod bringen, daß

ihr euer Herz labet; darnach sollt ihr fortgehen. Sie sprachen: Thue, wie du gesagt hast. Abraham eilte in die Hütte zu Sarah und sprach: Eile und menge 3 Maß Semmelmehl, knete und backe Kuchen. Er aber lief zu den Rindern und holte ein zart gut Kalb und gab's dem Knaben; der eilte und bereitete es zu. Und er nahm Butter und Milch und von dem Kalbe, das er zubereitet hatte, und setzte es ihnen vor und sie aßen. Da sprach der Herr: Ich will wieder zu dir kommen um diese Zeit über's Jahr; siehe, so soll Sarah einen Sohn haben. Das hörte Sarah hinter der Thür der Hütte und sie lachte bei sich selbst. Da sprach der Herr zu Abraham: Warum lacht denn Sarah? Sollte dem Herrn etwas unmöglich sein?

Der 1. Artikel: Erklärung. Hebr. 11, 1. Es ist aber der Glaube eine gewisse Zuversicht deß, das man hoffet, und nicht zweifelt an dem, das man nicht siehet. Röm. 4, 18. Und Abraham hat geglaubet auf Hoffnung, da nichts zu hoffen war, auf daß er würde ein Vater vieler Heiden, wie denn zu ihm gesagt ist: Also soll dein Same sein.

> Ob sichs anließ, als wollt er nicht,
> Laß dich es nicht erschrecken,
> Denn wo er ist am besten mit,
> Da will ers nicht entdecken.
> Sein Wort, das laß dir gwisser sein,
> Und ob dein Fleisch spräch lauter Nein,
> So laß doch dir nicht grauen.

9. Abrahams Fürbitte. 1. Mose 18 u. 19.

1. Und die Männer standen auf und wandten sich gegen Sodom. Abraham aber ging mit ihnen, daß er sie geleitete. Und der Herr sprach: Es ist ein Geschrei von Sodom und Gomorra, das ist groß, und ihre Sünden sind sehr schwer. Und die Männer gingen gen Sodom. Aber Abraham blieb stehen vor dem Herrn und sprach: Willst du denn den Gerechten mit dem Gottlosen umbringen? Es möchten vielleicht 50 Gerechte in der Stadt sein; wolltest du dem Orte nicht vergeben um 50 Gerechter willen? Der Herr sprach: Finde ich 50 Gerechte zu Sodom, so will ich um ihrer willen allen den Orten vergeben. Abraham antwortete und sprach: Ach, siehe ich habe mich unterwunden zu reden mit dem Herrn, wiewohl ich Erde und Asche bin; es möchten vielleicht 5 weniger darinnen sein; wolltest du denn die ganze Stadt verderben um der 5 willen? Er sprach: Finde ich darinnen 45, so will ich sie nicht verderben. Und er fuhr fort und sprach: Man möchte vielleicht 40 darinnen finden. Er aber sprach: Ich will ihnen nichts thun um der 40 willen. Abraham sprach: Zürne nicht, Herr, daß ich noch mehr rede; man möchte vielleicht 30 darin finden. Er sprach: Finde ich 30 darinnen, so will ich ihnen nichts thun. Und er sprach: Ach siehe, ich habe mich unterwunden, mit dem Herrn zu reden; man möchte vielleicht 20 darinnen finden. Er antwortete: Ich will sie nicht verderben um der 20 willen. Und Abraham sprach: Ach zürne nicht, Herr, daß ich nur noch einmal rede; man möchte vielleicht 10 darinnen finden. Er aber sprach: Ich will sie nicht verderben um der 10 willen. Und der Herr

ging hin, da er mit Abraham ausgeredet hatte; und Abraham kehrte wieder an seinen Ort.

2. Die zwei Engel kamen gen Sodom des Abends. Lot aber saß unter dem Thor. Und da er sie sah, stand er auf und bückte sich und sprach: Kehret doch ein zum Hause eures Knechts und bleibet über Nacht. Aber sie sprachen: Nein, sondern wir wollen auf der Gasse bleiben. Da nöthigte er sie sehr, und sie kehrten bei ihm ein; und er machte ihnen ein Mahl, buk Kuchen und sie aßen. Aber ehe sie sich legten, kamen die Leute der Stadt Sodom und umgaben das Haus, jung und alt und sprachen: Wo sind die Männer, die zu dir gekommen sind diese Nacht? Führe sie heraus. Lot ging heraus und schloß die Thür hinter sich zu und sprach: Ach, liebe Brüder, thut nicht so übel. Sie aber sprachen: Du bist der einzige Fremdling hier und willst regieren? Und sie drangen hart auf Lot, und da sie wollten die Thür aufbrechen, griffen die Männer hinaus und zogen Lot in's Haus und schlossen die Thür zu. Und die Männer vor der Thür wurden mit Blindheit geschlagen, daß sie die Thür nicht finden konnten.

3. Und die Engel sprachen zu Lot: Hast du noch Jemand, der dir angehört in der Stadt, den führe weg aus dieser Stätte, denn der Herr hat uns gesandt, sie zu verderben. Da redete Lot mit seinen Eidamen, die seine Töchter nehmen sollten: Machet euch auf und gehet aus diesem Orte, denn der Herr wird diese Stadt verderben. Aber es war ihnen lächerlich. Da nun die Morgenröthe aufging, hießen die Engel den Lot eilen. Da er aber verzog, griffen sie ihn, sein Weib und seine zwei Töchter, führten sie vor die Stadt und sprachen: Errette deine Seele und sieh nicht hinter dich.

4. Da ließ der Herr Feuer und Schwefel regnen vom Himmel herab auf Sodom und Gomorra und die ganze Gegend und zerstörte sie. Und Lots Weib sah hinter sich und ward zur Salzsäule. — Abraham aber machte sich des Morgens frühe auf an den Ort, da er gestanden war vor dem Herrn und wandte sein Angesicht gegen Sodom und Gomorra und schauete, und siehe, da ging ein Rauch auf vom Lande wie ein Rauch vom Ofen.

Die Anrede des heil. Vaterunser. 1. Tim. 2, 1. So ermahne ich nun, daß man vor allen Dingen zuerst thue Bitte, Gebet, Fürbitte und Danksagung für alle Menschen. 2. Pet. 2, 6. Gott hat die Städte Sodom und Gomorra zu Asche gemacht, umgekehret und verdammet, damit ein Exempel gesetzt den Gottlosen, die hernach kommen würden.

Heut lebst du, heut bekehre dich; Ist morgen krank, ja wohl gar todt.
Eh morgen kommt, kanns ändern sich. So du nun stirbest ohne Buß,
Wer heut ist frisch, gesund und roth, Dein Leib und Seel' dort brennen muß.

10. Abrahams Bewährung. 1. Mose 21—23.

1. Gott schenkte dem Abraham, als er 100 Jahre alt war, einen Sohn und er nannte ihn Isaak. Und nachmals versuchte Gott Abraham und sprach: Nimm Isaak deinen einigen Sohn, den du lieb hast, und

gehe hin in das Land Morija und opfere ihn daselbst zum Brandopfer auf einem Berge, den ich dir sagen werde.

2. Da stand Abraham des Morgens frühe auf und gürtete seinen Esel und nahm mit sich zween Knaben und seinen Sohn Isaak und spaltete Holz zum Brandopfer und gingen hin an den Ort, davon ihm Gott gesagt hatte. Am dritten Tage hob er seine Augen auf und sah die Stätte von ferne und sprach zu den Knaben: Bleibet hier mit dem Esel; ich und der Knabe wollen dorthin gehen; und wenn wir angebetet haben, wollen wir wieder zu euch kommen. Und er nahm das Holz zum Brandopfer und legte es auf seinen Sohn Isaak; er aber nahm das Feuer und das Messer in seine Hand; und gingen die Beiden mit einander. Da sprach Isaak: Mein Vater! Abraham antwortete: Hier bin ich, mein Sohn. Und er sprach: Siehe, hier ist Feuer und Holz; wo ist aber das Schaf zum Brandopfer? Abraham antwortete: Mein Sohn, Gott wird ihm ersehen ein Schaf zum Brandopfer. Und als sie kamen an die Stätte, die ihm Gott sagte, baute Abraham einen Altar und legte das Holz darauf, band seinen Sohn Isaak, legte ihn auf den Altar oben auf das Holz und reckte seine Hand aus und faßte das Messer, daß er seinen Sohn schlachtete.

3. Da rief ihm der Engel des Herrn und sprach: Abraham! Abraham! Er antwortete: Hier bin ich. Er sprach: Lege deine Hand nicht an den Knaben und thue ihm nichts. Denn nun weiß ich, daß du Gott fürchtest und hast deines einigen Sohnes nicht verschonet um meinetwillen. Da hob Abraham seine Augen auf und sahe einen Widder hinter sich in der Hecke mit seinen Hörnern hangen; und ging hin und nahm den Widder und opferte ihn an seines Sohnes Statt. Und Abraham hieß die Stätte: Der Herr siehet. Und der Engel des Herrn rief Abraham abermal und sprach: Ich habe bei mir selbst geschworen, spricht der Herr, dieweil du solches gethan hast und hast deines einigen Sohnes nicht verschonet, daß ich deinen Samen segnen und mehren will wie die Sterne am Himmel und wie der Sand am Ufer des Meeres; und dein Same soll besitzen die Thore seiner Feinde; und **durch deinen Samen sollen alle Völker auf Erden gesegnet werden**; darum daß du meiner Stimme gehorchet hast. Also kehrte Abraham wieder zu seinem Knaben, und machten sich auf und zogen miteinander heim.

4. Sarah war 127 Jahre alt und starb zu Hebron. Und Abraham begrub Sarah, sein Weib, in der Höhle des Ackers, den er gekauft hatte zum Erbbegräbniß von Ephron, dem Hethiter.

Erklärung des 1. Gebots. 1. Cor. 10, 13. Gott ist getreu, der euch nicht lässet versuchen über euer Vermögen, sondern macht, daß die Versuchung so ein Ende gewinne, daß ihr es könnet ertragen. Röm. 8, 32. Gott hat seines einigen Sohnes nicht verschonet, sondern hat ihn für uns Alle dahin gegeben; wie sollte er mit ihm uns nicht Alles schenken?

Sollt ich meinem Gott nicht singen,	Das sein treues Herze regt,
Sollt ich ihm nicht dankbar sein?	Das ohn Ende hebt und trägt,
Denn ich seh in allen Dingen,	Die in seinem Dienst sich üben.
Wie so gut ers mit mir mein.	Alles Ding währt seine Zeit,
Ist doch nichts als lauter Lieben,	Gottes Lieb in Ewigkeit.

11. Isaaks Heirath. 1. Mose 24.

1. Abraham war alt und wohlbetaget, und der Herr hatte ihn gesegnet allenthalben. Und er sprach zu seinem ältesten Knechte Elieser: Schwöre mir bei dem Herrn, dem Gott des Himmels und der Erde, daß du meinem Sohne kein Weib nehmest von den Töchtern der Kananiter, unter welchen ich wohne, sondern daß du ziehest in mein Vaterland zu meiner Freundschaft und nehmest meinem Sohne Isaak ein Weib. So aber das Weib dir nicht folgen will, so bist du deines Eides ledig; allein bringe meinen Sohn nicht wieder dorthin. Da schwur ihm solches Elieser. Und er nahm 10 Kameele und allerlei Güter seines Herrn und machte sich auf und zog gen Mesopotamien, zu der Stadt Nahors, des Bruders Abrahams. Da ließ er die Kameele sich lagern vor der Stadt bei einem Wasserbrunnen des Abends um die Zeit, wo die Weiber pflegten Wasser zu schöpfen. Und sprach: Herr, thue Barmherzigkeit an meinem Herrn Abraham. Siehe, ich stehe hier be dem Wasserbrunnen und der Leute Töchter in dieser Stadt werden herauskommen, Wasser zu schöpfen. Wenn nun eine Dirne kommt, zu der ich spreche: Neige deinen Krug und laß mich trinken, und sie sprechen wird: Trinke, ich will deine Kameele auch tränken, daß sie die sei, die du deinem Diener Isaak bescheret hast.

2. Und ehe er ausgeredet hatte, siehe, da kam heraus Rebecka, die Tochter Bethuels, der ein Sohn Nahors war, und trug einen Krug auf ihrer Achsel. Die stieg herab zum Brunnen und füllete den Krug und stieg herauf. Da lief ihr Elieser entgegen und sprach: Laß mich ein wenig Wasser aus deinem Kruge trinken. Und sie sprach: Trinke mein Herr; und eilend ließ sie den Krug hernieder auf ihre Hand, gab ihm zu trinken und sprach: Ich will deinen Kameelen auch schöpfen, bis sie alle getrunken haben. Und sie eilete und goß den Krug aus in die Tränke und lief abermal zum Brunnen und schöpfte allen seinen Kameelen. Da nun die Kameele alle getrunken hatten, gab ihr Elieser eine goldne Spange und zween goldne Armringe an ihre Hände und sprach: Meine Tochter, wem gehörest du an? Haben wir auch Raum in deines Vaters Hause zu herbergen? Sie sprach: Ich bin Bethuels Tochter; es ist auch viel Stroh und Futter bei uns, und Raum genug zu herbergen. Da neigte sich der Mann und betete den Herrn an und sprach: Gelobet sei Gott, der mich den Weg geführet hat zu meines Herrn Bruders Hause. Und Rebecka lief und sagte solches alles an in ihrer Mutter Hause.

3. Und Laban, Rebecka's Bruder, als er sah die Spangen und Armringe an seiner Schwester Händen und hörte die Worte Rebecka's, lief er zu Elieser und sprach: Komm herein, du Gesegneter des Herrn; warum stehest du draußen? Ich habe das Haus geräumet und für die Kameele auch Raum gemacht. Also führte er den Mann ins Haus und zäumete die Kameele ab, und gab ihnen Stroh und Futter und dem Elieser Wasser, zu waschen seine Füße, und setzte ihm Essen vor. Er sprach aber: Ich will nicht essen, bis daß ich zuvor meine Sache geworben habe. Sie antworteten: Sage her. Da erzählte Elieser alles, was geschehen war,

und sprach: Seid ihr nun die, so an meinem Herrn Freundschaft und
Treue beweisen wollt, so saget mir's. Da antworteten Laban und Be=
thuel: Das kommt vom Herrn. Da ist Rebecka, nimm sie und ziehe
hin, daß sie Isaaks Weib sei. Des Morgens aber stand er auf und
sprach: Lasset mich ziehen zu meinem Herrn. Und sie riefen Rebecka und
sprachen zu ihr: Willst du mit diesem Manne ziehen? Sie antwortete:
Ja, ich will mit ihm. Da segneten sie Rebecka und ließen sie ziehen.

4. Isaak aber war ausgegangen, zu beten auf dem Felde um den Abend.
Da kam Elieser und erzählte ihm alles. Da führte Isaak die Rebecka
in die Hütte seiner Mutter Sarah, und sie ward sein Weib, und er ge=
wann sie lieb. Und Abraham gab alles sein Gut dem Isaak und starb
in einem ruhigen Alter von 175 Jahren.

Die 4. Bitte des hl. Vaterunser. Psalm 145, 18, 19. Der Herr ist nahe Allen,
die ihn anrufen, Allen, die ihn mit Ernst anrufen. Er thut, was die Gottesfürchti=
gen begehren, und höret ihr Schreien und hilft ihnen. Psalm 127, 1. Wo der
Herr nicht das Haus bauet, so arbeiten umsonst, die daran bauen.

Du sollst in allen Sachen	Schlag an die Himmelspforten
Mit Gott den Anfang machen	Mit starken Glaubensworten,
Aus treuer Schuld und Pflicht.	Da bitte Beistand aus:
Wem hast du Dank zu geben	Daher wird Segen fließen,
Als Ihm für Heil und Leben?	Und reichlich sich ergieße
Von dir, o Mensch, entspringt es nicht.	Auf dein Geschäft und auf dein Haus.

12. Jakob und Esau. 1. Mose 25—28.

1. Isaak hatte zwei Söhne, E s a u und J a k o b. Und da die Kna=
ben groß wurden, ward Esau ein Jäger, Jakob aber ein frommer Mann
und blieb in den Hütten. Und Isaak hatte Esau lieb und aß gern von seinem
Waidwerk; Rebecka aber hatte Jakob lieb. Und Jakob kochte einst ein
Gericht Linsen; da kam Esau vom Felde und war müde und sprach zu
Jakob: Laß mich kosten das rothe Gericht. Und Jakob sprach: Verkaufe
mir heute deine Erstgeburt. Esau antwortete: Siehe, ich muß doch
sterben, was soll mir denn die Erstgeburt? Jakob sprach: So schwöre
mir heute. Und er schwur ihm und verkaufte also seine Erstgeburt und
verachtete sie. Da er aber 40 Jahre alt war, nahm er zwei Weiber
aus den Hethitern, die machten beide Isaak und Rebecka viel Herzeleid.

2. Und es begab sich, da Isaak war alt geworden, daß seine Augen
dunkel wurden zu sehen, rief er Esau und sprach: Siehe, ich bin alt ge=
worden und weiß nicht, wann ich sterben soll; so nimm deinen Köcher und
Bogen, gehe auf's Feld, fange mir ein Wildpret und mache mir ein Essen,
wie ich's gern habe, und bringe mir's herein, daß ich esse und dich meine
Seele segne, ehe ich sterbe. Rebecka aber hörte solche Worte. Und
Esau ging hin auf's Feld, daß er ein Wildpret jagte. Da sprach Re=
becka zu Jakob: Gehe hin zu der Heerde und hole mir zwei gute Böck=
lein, daß ich deinem Vater ein Essen davon mache, wie er's gerne hat.
Das sollst du deinem Vater hineintragen, daß er's esse, auf daß er dich
segne vor seinem Tode. Jakob aber sprach zu seiner Mutter: Siehe,
mein Bruder Esau ist rauh, und ich bin glatt; so möchte vielleicht mein

2

Vater mich begreifen, und ich würde vor ihm geachtet, als ob ich ihn betrügen wollte, und brächte über mich einen Fluch, und nicht einen Segen. Da sprach seine Mutter zu ihm: Der Fluch sei auf mir; gehorche nur meiner Stimme; gehe und hole mir. Da ging er hin und brachte es seiner Mutter. Da machte seine Mutter ein Essen, wie es sein Vater gerne hatte, und nahm Esau's köstliche Kleider und zog sie Jakob an. Aber die Felle von den Böcklein that sie ihm um seine Hände, und wo er glatt war am Halse. Und er ging hinein zu seinem Vater und sprach: Mein Vater! Er antwortete: Hier bin ich. Wer bist du, mein Sohn? Jakob sprach: Ich bin Esau; ich habe gethan, wie du mir gesagt hast; stehe auf, setze dich und iß von meinem Wildpret, auf daß mich deine Seele segne. Isaak aber sprach: Mein Sohn, wie hast du so bald gefunden? Er antwortete: Der Herr, dein Gott, bescherte mir's. Da sprach Isaak zu Jakob: Tritt herzu, mein Sohn, daß ich dich begreife. Also trat Jakob zu seinem Vater Isaak, und da er ihn begriffen hatte, sprach er: Die Stimme ist Jakob's Stimme, aber die Hände sind Esau's Hände. Und er kannte ihn nicht, und aß und trank. Darnach segnete er ihn und sprach: Gott gebe dir Korn und Wein die Fülle; Völker müssen dir dienen; sei ein Herr über deine Brüder.

3. Als nun Isaak vollendet hatte den Segen und Jakob kaum hinausgegangen war, da kam Esau von seiner Jagd und machte auch ein Essen und trug es hinein zu seinem Vater und sprach zu ihm: Stehe auf, mein Vater, und iß von dem Wildpret, daß mich deine Seele segne. Da antwortete ihm sein Vater: Wer bist du? Er sprach: Ich bin Esau, dein erstgeborner Sohn. Da entsetzte sich Isaak sehr und sprach: Wo ist denn der Jäger, der mir gebracht hat, und ich habe ihn gesegnet? Er wird auch gesegnet bleiben. Als Esau diese Rede hörte, schrie er laut, war sehr betrübt und sprach: Hast du denn nur e i n e n Segen? Segne mich auch, mein Vater. Und er hob seine Stimme auf und weinte. Da antwortete Isaak: Siehe, du wirst eine fette Wohnung haben auf Erden. Deines Schwertes wirst du dich nähren, und deinem Bruder dienen. Und es wird geschehen, daß du auch ein Herr werden und sein Joch von deinem Halse reißen wirst.

4. Und Esau wurde Jakob gram um des Segens willen und sprach in seinem Herzen: Es wird die Zeit bald kommen, daß mein Vater Leid tragen muß; denn ich will meinen Bruder Jakob erwürgen. Da sprach Rebecka zu Jakob: Mache dich auf und fliehe zu meinem Bruder Laban und bleib eine Weile bei ihm, bis sich der Grimm deines Bruders wende. Und Isaak segnete ihn und sprach: Der allmächtige Gott segne dich und mache dich fruchtbar und mehre dich und gebe dir den Segen Abrahams. Also fertigte Isaak den Jakob ab, daß er nach Mesopotamien zog zu Laban.

5. Jakob aber zog aus und kam an einen Ort, da blieb er über Nacht, denn die Sonne war untergegangen. Und nahm einen Stein und legte ihn zu seinen Häupten und legte sich schlafen. Und ihm träumte. Und siehe, eine Leiter stand auf Erden, die rührte mit der Spitze an den

Himmel, und die Engel Gottes stiegen daran auf und nieder. Und der Herr stand oben darauf und sprach: Ich bin der Herr, Abrahams, deines Vaters, Gott und Isaaks Gott. **Das Land, darauf du liegst, will ich dir und deinem Samen geben, und dein Same soll werden wie der Staub auf Erden, und durch dich und deinen Samen sollen alle Geschlechter auf Erden gesegnet werden.** Und siehe, ich bin mit dir und will dich behüten, wo du hinziehest, und will dich wieder herbringen in dieses Land. Da nun Jakob von seinem Schlaf erwachte, sprach er: Gewißlich ist der Herr an diesem Orte, und ich wußte es nicht. Und fürchtete sich und sprach: Wie heilig ist diese Stätte! Hier ist nichts anders, denn Gottes Haus, und hier ist die Pforte des Himmels. Und Jakob stand des Morgens frühe auf und richtete den Stein auf zu einem Male und goß Oel oben darauf und hieß die Stätte Bethel. Und Jakob that ein Gelübde und sprach: So Gott wird mit mir sein und mich behüten auf dem Wege und Brod zu essen geben und Kleider anzuziehen und mich mit Frieden wieder heimbringen, so soll der Herr mein Gott sein, und dieser Stein, den ich aufgerichtet habe zu einem Male, soll ein Gotteshaus werden.

6. Da hob Jakob seine Füße auf und ging in das Land, das gegen Morgen liegt. Und siehe, da war ein Brunnen auf dem Felde; drei Heerden Schafe lagen dabei und lag ein großer Stein vor dem Loch des Brunnens, und sie pflegten den Stein von dem Brunnen zu wälzen. Und Jakob sprach zu den Hirten: Liebe Brüder, wo seid ihr her? Sie antworteten: Von Haran. Er sprach: Kennt ihr auch Laban, den Sohn Nahors? Sie antworteten: Wir kennen ihn wohl, siehe, da kommt seine Tochter Rahel mit den Schafen. Da aber Jakob sahe Rahel, die Tochter Labans, seiner Mutter Bruders, trat er hinzu, wälzte den Stein von dem Loch des Brunnens, tränkte die Schafe Labans, küssete Rahel, weinte laut und sagte ihr an, daß er Rebeckas Sohn wäre. Da lief sie und sagte es ihrem Vater an. Da aber Laban hörte von Jakob, lief er ihm entgegen und herzete und küssete ihn und führte ihn in sein Haus.

Das 9. Gebot. Röm. 9, 16. So liegt es nun nicht an Jemandes Wollen oder Laufen, sondern an Gottes Erbarmen. Jes. 30, 15. Wenn ihr stille bliebet, so würde euch geholfen; durch Stillesein und Hoffen würdet ihr stark sein.

Alles ist an Gottes Segen	Er weiß schon nach seinem Willen,
Und an seiner Gnad' gelegen	Mein Verlangen zu erfüllen;
Ueber alles Geld und Gut:	Es hat Alles seine Zeit.
Wer auf Gott sein' Hoffnung setzet,	Ich hab ihm nichts vorzuschreiben;
Der behält ganz unverletzet	Wie Gott will, so muß es bleiben;
Einen freien Heldenmuth.	Wann Gott will, bin ich bereit.

13. Jakobs Dienst und Heimkehr. 1. Mose 29—34.

1. Da nun Jakob einen Monat bei Laban gewesen war, sprach Laban: Solltest du mir umsonst dienen? Sage an, was soll dein Lohn sein? Laban aber hatte zwei Töchter, die älteste hieß Lea und hatte ein blödes Gesicht, und die jüngste hieß Rahel und war hübsch und schön. Und Jakob

sprach: Ich will dir 7 Jahre um Rahel dienen. Also diente Jakob um Rahel 7 Jahre, und sie däuchten ihn, als wären es einzelne Tage, so lieb hatte er sie. Da aber die 7 Jahre um waren, gab ihm Laban die Lea statt der Rahel. Und Jakob sprach: Warum hast du mich denn betrogen? Laban antwortete: Es ist nicht Sitte in unserm Lande, daß man die Jüngste ausgebe vor der Aeltesten. Ich will dir aber diese auch geben für den Dienst, den du bei mir noch andere 7 Jahre dienen sollst. Jakob that also. Da gab ihm Laban Rahel zum Weibe. Und der Herr schenkte dem Jakob zwölf Söhne: Ruben, Simeon, Levi, Juda, Dan, Naphthali, Gad, Asser, Jsaschar, Sebulon, Joseph und Benjamin.

2. Und Jakob sprach zu Laban: Gieb mir meine Weiber und meine Kinder, daß ich ziehe in mein Land. Laban sprach: Ich merke, daß mich der Herr segnet um deinetwillen. Bestimme den Lohn, den ich dir geben soll. Und Jakob bat Laban um die fleckigen und bunten Schafe und Ziegen und alles, was bunt und fleckig fallen würde. Da sprach Laban: Es sei, wie du gesagt hast. Darnach diente Jakob dem Laban noch 6 Jahre, und Gott segnete den Jakob, daß er über die Maße reich ward und viele Schafe, Mägde und Knechte, Kameele und Esel hatte. Und der Herr sprach zu Jakob: Ziehe wieder in deiner Väter Land; ich will mit dir sein. Da sandte Jakob hin und ließ rufen Rahel und Lea auf's Feld und sprach zu ihnen: Ich sehe eures Vaters Angesicht, daß es nicht gegen mich ist, wie gestern und ehegestern; und ihr wißt, daß ich aus allen Kräften eurem Vater gedienet habe, und er hat mich getäuscht und nun zehnmal meinen Lohn verändert; aber Gott hat ihm nicht gestattet, daß er mir Schaden thäte. Da antworteten Rahel und Lea: Alles, was Gott dir gesagt hat, das thue. Also machte sich Jakob auf und lud seine Kinder und Weiber auf Kameele und führte weg alle seine Habe, daß er kam zu Jsaak, seinem Vater, in's Land Kanaan.

3. Am dritten Tage ward es Laban angesagt, daß Jakob flöhe. Und er jagte ihm nach und ereilte ihn auf dem Berge Gilead. Gott aber sprach zu Laban im Traum des Nachts: Hüte dich, daß du mit Jakob nicht anders redest, denn freundlich. Und Jakob und Laban machten einen Bund mit einander. Des Morgens aber stand Laban auf, küßte seine Kinder und Töchter und segnete sie und zog hin und kam an seinen Ort. Jakob aber zog seinen Weg, und es begegneten ihm die Engel Gottes. Und da er sie sah, sprach er: Es sind Gottes Heere, und hieß dieselbige Stätte M a h a n a i m.

4. Jakob aber schickte Boten vor sich her zu seinem Bruder Esau in's Land Seir und ließ ihm sagen: Laß mich Gnade vor deinen Augen finden. Und die Boten kamen wieder und sprachen: Esau ziehet dir entgegen mit 400 Mann. Da fürchtete sich Jakob sehr und theilte Alles, was er hatte, in 2 Heere und betete und sprach: Herr, der du zu mir gesagt hast: Ziehe wieder in dein Land! I c h b i n z u g e r i n g e a l l e r B a r m h e r z i g k e i t u n d a l l e r T r e u e, d i e d u a n d e i n e m K n e c h t e g e t h a n h a s t; denn ich hatte nicht mehr, denn diesen Stab,

da ich über diesen Jordan ging und nun bin ich zwei Heere geworden; errette mich von der Hand meines Bruders. Und Jakob erwählte Geschenke aus seinen Heerden und sandte sie Esau, seinem Bruder, entgegen. Und stand auf in der Nacht und zog an die Furth Jabok und führte über das Wasser, was er hatte, und blieb allein. Da rang ein Mann mit ihm, bis die Morgenröthe anbrach, und das Gelenk an der Hüfte Jakobs ward über dem Ringen verrenket. Und der Mann sprach: Laß mich gehen. Aber Jakob antwortete: Ich lasse dich nicht, du segnest mich denn. Er sprach: Wie heißest du? Er antwortete: Jakob. Er sprach: Du sollst nicht mehr Jakob heißen, sondern Israel (Gotteskämpfer). Denn du hast mit Gott und mit Menschen gekämpfet und bist obgelegen. Und er segnete ihn daselbst. Und Jakob hieß die Stätte Pniel (Angesicht Gottes) und sprach: Ich habe Gott von Angesicht zu Angesicht gesehen und meine Seele ist genesen.

5. Jakob hob seine Augen auf und sah seinen Bruder Esau kommen mit 400 Mann. Und er ging ihm entgegen und neigete sich siebenmal zur Erde. Esau aber lief ihm entgegen, fiel ihm um den Hals und küssete ihn, und sie weineten. Und Jakob sprach: Habe ich Gnade gefunden vor dir, so nimm mein Geschenk von meiner Hand. Und Esau wollte nicht; da nöthigte er ihn, daß ers nahm. Danach zog Esau seines Weges. Und Jakob ließ sich nieder bei Sichem und kaufte ein Stück Ackers; daselbst richtete er seine Hütte auf. Er baute einen Altar und rief an den Namen des starken Gottes Israels. Darnach sprach Gott zu Jakob: Mache dich auf und zeuch gen Bethel und mache daselbst einen Altar dem Gott, der dir erschien, da du flohest vor deinem Bruder Esau, wie du gelobet hast. Und Jakob that also. Darnach kam Jakob zu seinem Vater Isaak gen Mamre. Und Isaak war 180 Jahre alt und nahm ab und starb und ward versammelt zu seinem Volk, alt und lebenssatt. Und seine Söhne Esau und Jakob begruben ihn.

Erklärung des 2. Gebotes, Schluß. Psalm 33, 15. Gott lenket ihnen allen das Herz; er merket auf alle ihre Werke. Psalm 145, 18. Der Herr ist nahe allen, die ihn anrufen, allen die ihn mit Ernst anrufen.

Ringe mit Gebet und Schreien, Laß dich keine Zeit gereuen
Halte damit feurig an, Wär's auch Tag und Nacht gethan.

14. Josephs Jugend. 1. Mose 37.

1. Joseph, Jakobs Sohn, war 17 Jahre alt, da er ein Hirte des Viehes ward mit seinen Brüdern; und brachte vor ihren Vater, wo ein böses Geschrei wider sie war. Jakob aber hatte Joseph lieber, denn alle seine Kinder, und er machte ihm einen bunten Rock. Da das seine Brüder sahen, waren sie ihm feind und konnten ihm kein freundlich Wort zusprechen. Da hatte Joseph einmal einen Traum und sprach zu seinen Brüdern: Höret, was mir doch geträumet hat. Mich däuchte, wir bänden Garben auf dem Felde, und meine Garbe richtete sich auf und stand, und eure Garben umher neigten sich gegen meine Garbe. Da sprachen seine Brüder zu ihm: Solltest du unser König werden und über uns

herrschen? Und wurden ihm noch feinder. Und er hatte noch einen an=
dern Traum, den erzählte er seinen Brüdern, und sprach: Siehe, ich
habe noch einen Traum gehabt; mich däuchte, die Sonne, der Mond und
elf Sterne neigten sich vor mir. Und da das seinem Vater gesagt ward,
strafte ihn sein Vater und sprach zu ihm: Was ist das für ein Traum?
Soll ich und deine Mutter und deine Brüder kommen und dich anbeten?
Und seine Brüder neideten ihn. Aber sein Vater behielt diese Worte.

2. Da nun seine Brüder hingingen, zu weiden das Vieh ihres Vaters
in Sichem, sprach Jakob zu Joseph: Gehe hin und siehe, ob es wohl
stehe um deine Brüder und um das Vieh. Als diese ihn nun sahen von
ferne, sprachen sie: Sehet, der Träumer kommt daher. Lasset uns ihn
erwürgen und sagen: ein böses Thier habe ihn gefressen; so wird man
sehen, was seine Träume sind. Da das Ruben hörte, wollte er ihn
aus ihren Händen erretten, und sprach: Vergießet nicht Blut, sondern
werfet ihn in die Grube, die in der Wüste ist. Er wollte ihn aber aus
ihrer Hand erretten, daß er ihn seinem Vater wiederbrächte. Als nun
Joseph zu seinen Brüdern kam, zogen sie ihm seinen bunten Rock aus und
warfen ihn in eine Grube; aber es war kein Wasser darinnen. Und sie
setzten sich nieder zu essen.

3. Indessen hoben sie ihre Augen auf und sahen einen Haufen Is=
maeliter kommen von Gilead mit ihren Kameelen, die trugen Würze und
Balsam und Myrrhen, und zogen hinab nach Aegypten. Da sprach Juda:
Was hilft es uns, daß wir unsern Bruder erwürgen? Kommt, laßt uns ihn
den Ismaeliten verkaufen, daß sich unsre Hände nicht an ihm vergrei=
fen; denn er ist unser Bruder. Und sie gehorchten ihm. Da zogen sie
ihn heraus aus der Grube und verkauften ihn um 20 Silberlinge. Als
nun Ruben wieder zur Grube kam und fand Joseph nicht, zerriß er sein
Kleid und kam wieder zu seinen Brüdern und sprach: Der Knabe ist
nicht mehr da; wo soll ich hin? Da schlachteten sie einen Ziegenbock und
tauchten den Rock ins Blut und schickten ihn ihrem Vater und ließen ihm
sagen: Diesen Rock haben wir gefunden; siehe, ob es deines Sohnes
Rock sei. Er kannte ihn aber und sprach: Es ist meines Sohnes Rock;
ein böses Thier hat ihn gefressen, ein reißend Thier hat Joseph zerrissen.
Und trug Leid um seinen Sohn lange Zeit.

Das 5. Gebot. Jak. 3, 16. Wo Neid und Zank ist, da ist Unordnung und ei=
tel böses Ding. Psalm 4, 4. Erkennet doch, daß der Herr seine Heiligen wunder=
lich führet.

> Sollt' es gleich bisweilen scheinen,   Hilfe, die er aufgeschoben,
> Als wenn Gott verließ die Seinen,   Hat er d'rum nicht aufgehoben;
> O, so glaub' und weiß ich dieß: Hilft er nicht zu jeder Frist,
> Gott hilft endlich noch gewiß.   Hilft er doch, wenn's nöthig ist.

15. Josephs Gefangenschaft und Erhöhung. 1. Mose 39—41.

1. Joseph ward hinab nach Aegypten geführt, und Potiphar, des
Königs Kämmerer, kaufte ihn. Und der Herr war mit Joseph; denn
zu Allem, was er that, gab der Herr Glück. Da setzte Potiphar ihn
über sein Haus. Von der Zeit an segnete der Herr des Aegypters Haus

um Josephs willen. Und Joseph war schön von Angesicht. Es begab
sich aber darnach, daß seines Herrn Weib ihre Augen auf Joseph warf
und wollte ihn zur Unzucht verführen. Er aber sprach zu ihr: Wie
sollte ich ein solch' großes Uebel thun, und wider
Gott sündigen? Und sie trieb solche Worte gegen Joseph täglich;
aber er gehorchte ihr nicht und flohe und lief zum Hause hinaus. Da
rief sie das Gesinde im Hause und sprach zu ihnen: Sehet, Potiphar hat
uns den ebräischen Mann herein gebracht, daß er uns zu Schanden mache.
Und als sein Herr heim kam, sagte sie zu ihm eben dieselben Worte. Da
ward Potiphar zornig und nahm Joseph und legte ihn ins Gefängniß, da
des Königs Gefangene lagen. Aber der Herr war mit Joseph und ließ
ihn Gnade finden vor dem Amtmann über das Gefängniß, daß er ihm
unter seine Hand befahl alle Gefangenen.

2. Und es begab sich, daß sich der Schenke des Königs und der
Bäcker versündigten an ihrem Herrn. Und Pharao ward zornig und ließ
sie setzen ins Gefängniß, wo Joseph gefangen lag. Und es träumte
ihnen Beiden in e i n e r Nacht, einem jeglichen ein eigner Traum. Da
nun des Morgens Joseph zu ihnen hinein kam und sahe, daß sie traurig
waren, fragte er sie und sprach: Warum seid ihr heute so traurig? Sie
antworteten: Es hat uns geträumt und haben Niemand, der es uns aus-
lege. Joseph antwortete: Auslegen gehöret Gott zu; doch erzählet mir's.
Da erzählte der oberste Schenke: Mir hat geträumt, daß ein Weinstock
vor mir wäre, der hatte drei Reben, und er grünete, wuchs und blühte,
und seine Trauben wurden reif; und ich hatte den Becher Pharaos in
meiner Hand und nahm die Beeren und zerdrückte sie in den Becher und
gab ihn dem Pharao in die Hand. Joseph sprach: Drei Reben sind
drei Tage. Ueber drei Tage wird Pharao dein Haupt erheben und dich
wieder an dein Amt stellen. Aber gedenke meiner, wenn dir's wohl gehet,
daß du Pharao erinnerst, daß er mich aus diesem Hause führe; denn ich
bin aus dem Lande der Ebräer heimlich gestohlen; dazu habe ich auch
hier nichts gethan, daß sie mich eingesetzt haben. — Da der oberste
Bäcker sah, daß die Deutung gut war, sprach er: Mir hat auch geträumt,
ich trüge drei weiße Körbe auf meinem Haupte, und im obersten Korbe
allerlei gebackene Speise, und die Vögel aßen aus dem Korbe. Joseph
antwortete: Drei Körbe sind drei Tage. Nach drei Tagen wird
Pharao dein Haupt erheben und dich an den Galgen henken, und die
Vögel werden dein Fleisch essen. Und es geschah also. Pharao setzte
den Schenken wieder in sein Amt, aber den Bäcker ließ er henken. Aber
der Schenke gedachte nicht an Joseph, sondern vergaß seiner.

3. Und nach zwei Jahren hatte Pharao einen Traum, wie er stände
am Wasser und sähe aus dem Wasser steigen sieben schöne fette Kühe, die
gingen an der Weide. Nach diesen sahe er andere sieben Kühe aufstei-
gen, die waren häßlich und mager und traten neben die Kühe am Ufer;
und die häßlichen und magern fraßen die schönen, fetten Kühe. Da
erwachte Pharao. Und er schlief wieder ein; und ihm träumte abermal,
und er sah, daß sieben Aehren wuchsen auf e i n e m Halm, voll und dick.

Darnach sah er sieben dürre und versengte Aehren aufgehen; und die sieben magern Aehren verschlangen die sieben dicken und vollen Aehren. Da erwachte Pharao und merkte, daß es ein Traum war. Und da es Morgen ward, ließ er rufen alle Wahrsager und alle Weisen in Aegypten und erzählte ihnen seine Träume; aber da war keiner, der sie ihm deuten konnte. — Da sprach der oberste Schenke: Ich gedenke heute an meine Sünde. Da Pharao zornig ward über seine Knechte und mich mit dem obersten Bäcker ins Gefängniß legte, da träumte uns Beiden in einer Nacht. Da war bei uns ein ebräischer Jüngling dem erzählten wir's; und er deutete uns unsre Träume. Und wie er uns deutete, so ist's ergangen. Da sandte Pharao hin und ließ Joseph rufen. Da sprach Pharao zu ihm: Mir hat geträumet, und ist Niemand, der es deuten kann; ich habe aber gehört, wenn du einen Traum hörest, so kannst du ihn deuten. Joseph antwortete: Das stehet bei mir nicht; Gott wird doch Pharao Gutes weissagen. Und Pharao sagte Joseph beide Träume. Und Joseph antwortete: Beide Träume sind einerlei: Gott verkündet Pharao, was er vor hat. Siehe, sieben reiche Jahre werden kommen in ganz Aegyptenland, und nach denselben werden sieben Jahre theure Zeit kommen. Daß aber dem Pharao zum andernmal geträumt hat, bedeutet, daß Gott solches gewiß und eilend thun wird. Nun sehe Pharao nach einem verständigen und weisen Manne, den er über Aegyptenland setze, und nehme den Fünften in Aegyptenland in den sieben reichen Jahren, und sammele alle Früchte der guten Jahre, und lasse Getreide aufschütten in die Kornhäuser, zum Vorrath für die sieben theuren Jahre, daß nicht das Land vor Hunger verderbe.

4. Die Rede gefiel Pharao und allen seinen Knechten wohl. Und er sprach: Wie könnten wir einen solchen Mann finden, in dem der Geist Gottes sei? Weil Gott dir solches Alles hat kund gethan, ist keiner so verständig und weise als du. Du sollst über mein Haus sein, und deinem Wort soll alles mein Volk gehorsam sein; allein des königlichen Stuhles will ich höher sein, denn du. Und er that seinen Ring von seiner Hand und gab ihn Joseph an seine Hand und kleidete ihn mit weißer Seide und hing ihm eine goldene Kette um seinen Hals und ließ ihn auf seinem Wagen fahren und vor ihm her ausrufen: Der ist des Landes Vater. Dazu gab er Joseph die Tochter des Priesters zu On zum Weibe. Und Joseph war 30 Jahre alt, da er vor Pharao stand. Das Land aber trug überschwänglich in den sieben reichen Jahren. Und Joseph schüttete das Getreide auf, über die Maßen viel, wie Sand am Meere. Und es wurden ihm zwei Söhne geboren, ehe denn die theure Zeit kam, und hieß den ersten Manasse, den andern Ephraim. Da nun die sieben reichen Jahre um waren, fingen an die sieben theuren Jahre zu kommen. Und es ward eine Theuerung in allen Landen, die wurde je länger, je größer. Aber in Egypten war Brod, denn Joseph that allenthalben die Kornhäuser auf. Und alle Lande kamen nach Aegypten, zu kaufen bei Joseph.

Die 6. Bitte. Psalm 111, 10. Die Furcht des Herrn ist der Weisheit Anfang; das ist eine feine Klugheit; wer darnach thut, deß Lob bleibet ewiglich. Psalm: 119, 9. Wie wird ein Jüngling seinen Wege unsträflich gehen? Wenn er sich hält nach deinen (Gottes) Worten.

Sollt' ich meinem Gott nicht trauen,	Sollt' ich auf den Fels nicht bauen,
Der mich liebt so väterlich,	Der mir ewig bleibet fest,
Der so herzlich sorgt für mich?	Der die Seinen nicht verläßt?

16. Prüfung der Brüder Josephs. 1. Mose 42—45.

1. Da Jakob sahe, daß Getreide in Aegypten feil war, sprach er zu seinen Söhnen: Ziehet hinab und kaufet uns Getreide, daß wir leben und nicht sterben. Also zogen hinab zehn Brüder Josephs; aber Benjamin ließ Jakob nicht mit ihnen ziehen, denn er sprach: Es möchte ihm ein Unfall begegnen. Da nun die Brüder zu Joseph kamen, fielen sie nieder zur Erde auf ihr Antlitz. Und er sah sie an und er kannte sie und stellte sich fremd gegen sie und redete hart mit ihnen und sprach: Woher kommt ihr? Sie sprachen: Aus dem Lande Kanaan, Speise zu kaufen. Aber sie erkannten ihn nicht. Und Joseph gedachte an seine Träume und sprach zu ihnen: Ihr seid Kundschafter und seid gekommen zu sehen, wo das Land offen ist. Sie antworteten: Nein, mein Herr, deine Knechte sind gekommen, Speise zu kaufen. Wir sind redlich und nie Kundschafter gewesen. Wir sind zwölf Brüder, eines Mannes Söhne im Lande Kanaan, und der jüngste ist noch bei unserm Vater; aber der eine ist nicht mehr vorhanden. Joseph sprach zu ihnen: Ihr sollt nicht von dannen kommen, es komme denn her euer jüngster Bruder. Sendet Einen unter euch hin, der euren Bruder hole; ihr aber sollt gefangen sein. Also will ich prüfen eure Rede, ob ihr mit Wahrheit umgehet oder nicht. Und er ließ sie zusammen verwahren drei Tage lang. Am dritten Tage aber sprach er zu ihnen: Wollt ihr leben, so lasset eurer Brüder einen gebunden liegen in eurem Gefängniß; ihr aber ziehet hin und bringet heim, was ihr gekauft habt für den Hunger; und bringet euren jüngsten Bruder zu mir; so will ich euren Worten glauben. Sie aber sprachen unter einander: Das haben wir an unserm Bruder verschuldet, daß wir sahen die Angst seiner Seele, da er uns flehete, und wir wollten ihn nicht erhören; darum kommt nun diese Trübsal über uns. Ruben antwortete: Sagte ich euch nicht: Versündigt euch nicht an dem Knaben! und ihr wolltet nicht hören? Nun wird ein Blut gefordert. Sie mußten aber nicht, daß es Joseph verstand; denn er redete mit ihnen durch einen Dolmetscher. Und er wandte sich von ihnen und weinte. Da er sich nun wieder zu ihnen wandte, nahm er aus ihnen Simeon und band ihn vor ihren Augen. Und Joseph that Befehl, daß man ihre Säcke mit Getreide füllete und ihr Geld wieder gebe, einem Jeglichen in seinen Sack, dazu auch Zehrung auf den Weg; und man that also. Und sie luden ihre Waare auf ihre Esel und zogen von dannen.

2. Da sie nun heim kamen zu ihrem Vater, sagten sie ihm Alles, was ihnen begegnet war. Und da sie die Säcke ausschütteten, fand ein Jeg-

licher sein Bündlein Geld in seinem Sacke. Und sie erschraken sammt ihrem Vater. Und Jakob sprach: Ihr beraubet mich meiner Kinder: Joseph ist nicht mehr vorhanden; Simon ist nicht mehr vorhanden; Benjamin wollt ihr hinnehmen; es geht Alles über mich. Mein Sohn soll nicht mit euch hinabziehen, denn sein Bruder ist todt und er ist allein übergeblieben; wenn ihm ein Unfall auf dem Wege begegnete, würdet ihr meine grauen Haare mit Herzeleid in die Grube bringen.

3. Die Theurung aber drückte das Land, und da es verzehret war, was sie an Getreide aus Aegypten gebracht hatten, sprach ihr Vater zu ihnen: Ziehet wieder hin und kaufet uns ein wenig Speise. Da antwortete Juda und sprach: Der Mann band uns das hart ein und sprach: Ihr sollt mein Angesicht nicht sehen, es sei denn euer Bruder mit euch. So laß nun den Knaben mit uns ziehen; ich will Bürge für ihn sein. Wenn ich dir ihn nicht wieder bringe, so will ich mein Leben lang die Schuld tragen. Da sprach Israel: Muß es denn ja also sein, so thut's und nehmet von des Landes besten Früchten in eure Säcke, überbringet dem Manne Geschenke hinab, ein wenig Balsam und Honig und Würze und Myrrhen und Datteln und Mandeln. Nehmet auch ander Geld mit euch; und das Geld, das euch in euren Säcken geworden ist, bringet auch mit; vielleicht ist ein Irrthum da geschehen. Aber der allmächtige Gott gebe euch Barmherzigkeit vor dem Manne, daß er euch lasse euren andern Bruder und Benjamin. Ich aber muß sein, wie Einer, der seiner Kinder gar beraubt ist.

4. Da nahmen die Brüder Benjamin, zogen hin nach Aegypten und traten vor Joseph. Und Joseph sprach zu seinem Haushalter: Führe diese Männer in's Haus und schlachte und richte zu; denn sie sollen zu Mittag mit mir essen. Und der Mann that, wie ihm Joseph gesagt hatte. Sie fürchteten sich aber und sprachen: Wir sind hereingeführt um des Geldes willen, das wir in unsern Säcken vorhin wiedergefunden haben, daß er's auf uns bringe und fälle ein Urtheil über uns, damit er uns nehme zu eigenen Knechten. Der Haushalter aber sprach: Fürchtet euch nicht. Euer Gott hat euch einen Schatz gegeben in eure Säcke. Euer Geld ist mir geworden. Und er führte Simeon zu ihnen hinaus. Da nun Joseph zum Hause einging, brachten sie ihm das Geschenk und fielen vor ihm nieder zur Erde. Er aber grüßte sie freundlich und sprach: Gehet es eurem Vater wohl? Lebet er noch? Sie antworteten: Es gehet unserm Vater wohl und er lebet noch. Und er sah seinen Bruder Benjamin und sprach: Ist das euer jüngster Bruder? Gott sei dir gnädig, mein Sohn. Und Joseph eilte, denn sein Herz entbrannte ihm gegen seinen Bruder und ging in seine Kammer und weinete daselbst. Und da er sein Angesicht gewaschen hatte, ging er heraus und hielt sich fest und sprach: Leget Brod auf! Und man setzete sie ihm gegenüber nach ihrem Alter. Deß verwunderten sie sich unter einander. Und man trug ihnen Essen vor; aber dem Benjamin ward fünfmal mehr als den andern.

5. Darauf befahl Joseph seinem Haushalter: Fülle den Männern ihre Säcke mit Speise und lege Jeglichem sein Geld oben in seinen Sack und meinen silbernen Becher in des Jüngsten Sack. Der that, wie ihm

Joseph gesagt hatte. Des Morgens ließen sie die Männer ziehen. Da sie aber zur Stadt hinaus waren, sprach Joseph zu seinem Haushalter: Auf! und jage den Männern nach, und wenn du sie ergreifest, so sprich zu ihnen: Warum habt ihr Gutes mit Bösem vergolten, und meines Herrn Becher gestohlen? Und als er sie ergriff, redete er mit ihnen solche Worte. Sie antworteten ihm: Es sei ferne von deinen Knechten, ein Solches zu thun. Bei welchem er gefunden wird, der sei des Todes; dazu wollen auch wir deines Herrn Knechte sein. Und ein Jeglicher legte seinen Sack auf die Erde und that ihn auf, und da fand sich der Becher in Benjamin's Sack. Da zerrissen sie ihre Kleider und zogen wieder in die Stadt und gingen in Pharao's Haus und fielen vor ihm nieder, auf die Erde. Joseph aber sprach: Wie habt ihr das thun dürfen? Juda sprach: Was sollen wir sagen meinem Herrn, oder wie können wir uns rechtfertigen? Gott hat die Missethat deiner Knechte gefunden. Siehe da, wir sind meines Herrn Knechte. Joseph aber sprach: Das sei ferne; der, bei dem der Becher gefunden ist, soll mein Knecht sein; ihr aber ziehet mit Frieden zu eurem Vater. Da sprach Juda zu ihm: Mein Herr, wenn ich heim käme, und der Knabe wäre nicht mit uns, so würden wir die grauen Haare unsers Vaters mit Herzeleid in die Grube bringen. Denn ich bin Bürge geworden für den Knaben gegen meinen Vater. Darum laß mich hier bleiben an seiner Statt, als Knecht meines Herrn, und laß den Knaben mit seinen Brüdern hinaufziehen.

6. Da konnte sich Joseph nicht länger enthalten, und rief: Lasset Jedermann von mir hinausgehen! Und er weinte laut und sprach zu seinen Brüdern: Ich bin Joseph. Lebet mein Vater noch? Und seine Brüder konnten ihm nicht antworten, so erschraken sie. Er aber sprach: Tretet doch her zu mir! Ich bin Joseph, euer Bruder, den ihr nach Egypten verkauft habt. Und nun bekümmert euch nicht und denket nicht, daß ich darum zürne; denn um eures Lebens willen hat mich Gott vor euch hergesandt. Eilet nun zu meinem Vater und saget ihm: Das läßt dir Joseph, dein Sohn sagen: Gott hat mich zum Herrn in ganz Aegypten gesetzet; komm' herab zu mir; säume dich nicht; du wirst im Lande Gosen wohnen, und ich will dich daselbst versorgen; denn es sind noch fünf Jahre der Theuerung. Und er fiel seinem Bruder Benjamin um den Hals und weinete, und Benjamin weinete auch an seinem Halse. Und er küssete alle seine Brüder und weinete über sie. Darnach redeten seine Brüder mit ihm. Und Joseph gab ihnen, nach dem Befehl Pharao's, Wagen und Zehrung auf den Weg und gab einem Jeglichen ein Feierkleid; aber Benjamin gab er 300 Silberlinge und 5 Feierkleider. Und seinem Vater sandte er 10 Esel und 10 Eselinnen mit Getreide und Gut beladen. Also ließ er seine Brüder ziehen und sprach zu ihnen: Zanket nicht auf dem Wege!

Das Stück von der Beichte. Welche Sünden soll man beichten? Welche sind die? 1. Chron. 30, 17. Ich weiß, mein Gott, daß du das Herz prüfest, und Aufrichtigkeit ist dir angenehm. Pf. 32, 5. Ich sprach: Ich will dem Herrn meine Uebertretung bekennen. Da vergabst du mir die Missethat meiner Sünde.

Seine Strafen, seine Schläge,	Und mich von der schnöden Welt,
Ob sie mir gleich bitter sind,	Die uns hart gefangen hält
Dennoch, wenn ich's recht erwäge,	Durch das Kreuze zu ihm lenke.
Sind es Zeichen, daß mein Freund,	Alles Ding währt seine Zeit
Der mich liebet, mein gedenke	Gottes Lieb in Ewigkeit

17. Jakob in Aegypten. 1. Mose 46—50.

1. Josephs Brüder kamen zu ihrem Vater Jakob und verkündigten ihm und sprachen: Joseph lebet noch und ist ein Herr im ganzen Aegyptenlande. Aber sein Herz gedachte gar viel anders und glaubte ihnen nicht. Da sagten sie ihm alle Worte Josephs. Und da er sah die Wagen, die ihm Joseph gesandt hatte, ward der Geist Jakobs lebendig, und er sprach: Ich habe genug, daß mein Sohn Joseph noch lebet; ich will hin und ihn sehen, ehe ich sterbe; Israel zog nun hin mit Allem, was er hatte. Und da er gen Berfaba kam, opferte er und Gott sprach zu ihm des Nachts im Gesicht: Ich bin der Gott deines Vaters. Fürchte dich nicht, in Aegypten hinabzuziehen; denn daselbst will ich dich zum großen Volke machen. Alle Seelen aber des Hauses Jakobs, die nach Aegypten kamen, waren 70, ohne das Gesinde und ohne die Weiber seiner Söhne. Und Jakob sandte Juda vor ihm hin zu Joseph. Da zog Joseph hinauf seinem Vater Israel entgegen gen Gosen. Und da er ihn sah, fiel er ihm um den Hals und weinte lange an seinem Halse. Da sprach Israel: Ich will nun gerne sterben, nachdem ich dein Angesicht gesehen habe, daß du noch lebest.

2. Da kam Joseph und sagte es Pharao an. Und Pharao sprach: Es ist dein Vater, und sind deine Brüder; das Land Aegypten steht dir offen; laß sie am besten Orte des Landes, in Gosen wohnen. Joseph brachte auch seinen Vater Jakob vor Pharao. Pharao fragte Jakob: Wie alt bist du? Er sprach: Die Zeit meiner Wallfahrt ist 130 Jahre; wenig und böse ist die Zeit meines Lebens und langet nicht an die Zeit meiner Väter in ihrer Wallfahrt. Und Jakob segnete den Pharao. Und Jakob lebte noch 17 Jahre in Aegypten, daß sein ganzes Alter ward 147 Jahre.

3. Da nun die Zeit herbei kam, daß er sterben sollte, rief er seinen Sohn Joseph und sprach zu ihm: Schwöre mir, daß du die Liebe an mir thust und begrabest mich nicht in Aegypten, sondern in meiner Väter Begräbniß. Und Joseph schwur es ihm. Darnach ward Joseph gesagt: Siehe, dein Vater ist krank. Und er nahm mit sich seine beiden Söhne, Manasse und Ephraim. Da machte sich Israel stark und setzte sich im Bette und sprach zu Joseph: Wer sind die? Joseph antwortete: Es sind meine Söhne, die mir Gott gegeben hat. Und Israel streckte seine Hände aus und sprach: Der Gott, vor dem meine Väter Abraham und Isaak gewandelt haben, der segne die Knaben, daß sie wachsen und viel werden auf Erden. Und Jakob sprach weiter zu Joseph: Siehe, ich sterbe, und Gott wird mit euch sein und wird euch wieder bringen in das Land eurer Väter.

4. Und Jakob berief seine 12 Söhne und gab einem Jeglichen einen

Segen. Vor Allen aber segnete er J u d a und sprach: Juda, du bist es. Dich werden deine Brüder loben; und vor dir werden deines Vaters Kinder sich neigen. Juda ist ein junger Löwe. Du bist hoch gekommen, mein Sohn, durch große Siege. E s w i r d d a s S c e p t e r v o n J u d a n i c h t e n t w e n d e t w e r d e n, n o c h e i n M e i s t e r v o n s e i n e n F ü ß e n, b i s d e r H e l d k o m m e, u n d d e m s e l b e n w e r d e n d i e V ö l k e r a n h a n g e n. Und da Jakob vollendet hatte, verschied er. Da fiel Joseph auf seines Vaters Angesicht und weinete über ihm, und küßete ihn. Und er befahl den Aerzten, daß sie seinen Vater salbeten. Und die Aegypter beweineten ihn 70 Tage. Darnach zogen Joseph und seine Brüder ins Land Kanaan und begruben Jakob in der Höhle, da Abraham und Isaak begraben lagen.

5. Aber die Brüder Josephs fürchteten sich, da ihr Vater gestorben war, und sprachen: Joseph möchte uns gram sein und vergelten alle Bosheit, die wir an ihm gethan haben. Darum ließen sie ihm sagen: Dein Vater befahl vor seinem Tode und sprach: Also sollt ihr Joseph sagen: Lieber, vergieb deinen Brüdern die Missethat und ihre Sünde, daß sie übel an dir gethan haben. Aber Joseph weinte, da sie solches mit ihm redeten und sprach: F ü r c h t e t e u c h n i c h t, d e n n i c h b i n u n t e r G o t t. I h r g e d a c h t e t e s b ö s e m i t m i r z u m a c h e n, G o t t a b e r g e d a c h t e e s g u t z u m a c h e n, d a ß e r t h ä t e, w i e e s j e t z t a m T a g e i s t, z u e r h a l t e n v i e l V o l k s. Und er tröstete sie und redete freundlich mit ihnen. Und Joseph sprach: Ich sterbe und Gott wird euch aus diesem Lande führen in das Land, das er Abraham, Isaak und Jakob geschworen hat. Wenn mich Gott heimsuchen wird, so führet meine Gebeine von dannen. Und Joseph starb, da er 110 Jahre alt war.

Das 4. Gebot: Erklärung. Eph. 6, 2. Ehre Vater und Mutter, das ist das erste Gebot, das Verheißung hat. Hebr. 11, 13. Diese alle sind gestorben im Glauben und haben die Verheißung nicht empfangen, sondern sie von ferne gesehen und sich der vertröstet und wohl begnügen lassen, und bekannt, daß sie Gäste und Fremdlinge auf Erden sind.

Ich bin ein Gast auf Erden	Hier reis' ich aus und abe,
Und hab hier keinen Stand:	Dort in der ewgen Ruh
Der Himmel soll mir werden,	Ist Gottes Gnadengabe,
Da ist mein Vaterland.	Die schleußt all Arbeit zu.

18. Hiob. Das Buch Hiob.

1. Es war ein Mann im Lande Uz, der hieß H i o b. Derselbe war gottesfürchtig und meidete das Böse. Er hatte 7 Söhne und 3 Töchter, und seines Viehes waren 7000 Schafe, 3000 Kameele, 500 Joch Rinder und 500 Eselinnen und sehr viel Gesinde. Hiobs Söhne machten Wohlleben, ein jeglicher in seinem Hause auf seinen Tag, und luden ihre 3 Schwestern dazu ein. Wenn aber ein Tag des Wohllebens um war, opferte Hiob Brandopfer; denn er gedachte: Meine Söhne möchten gesündigt haben.

2. Eines Tages aber da seine Söhne und Töchter aßen und Wein

tranken, kam ein Bote zu Hiob und sprach: Die Rinder pflügten und die Eselinnen gingen an der Weide, da fielen die aus dem Reiche Arabien herein, nahmen sie, schlugen sie mit dem Schwert; und ich bin allein entronnen, daß ich dir's ansagte. Da er noch redete, kam ein Anderer und sprach: Das Feuer Gottes fiel vom Himmel und verbrannte Schafe und Knaben; und ich bin allein entronnen, daß ich dir's ansagte. Da er noch redete, kam Einer und sprach: Die Chaldäer nahmen die Kameele und schlugen die Knaben mit der Schärfe des Schwerts; und ich bin allein entronnen, daß ich dirs ansagte. Da er noch redete, kam Einer und sprach: Deine Söhne und Töchter aßen und tranken; siehe, da kam ein großer Wind von der Wüste her und stieß auf das Haus und warf es auf die Knaben, daß sie starben. Da stand Hiob auf, zerriß sein Kleid, raufte sein Haupt, fiel auf die Erde, betete an und sprach: Der Herr hat es gegeben, der Herr hat es genommen, der Name des Herrn sei gelobt.— Da fuhr der Satan aus vom Angesicht des Herrn und schlug Hiob mit bösen Schwären von der Fußsohle bis zum Scheitel. Und er nahm einen Scherben und schabte sich und saß in der Asche Und sein Weib sprach zu ihm: Hältst du noch fest an deiner Frömmigkeit? Ja, segne Gott und stirb! Er aber sprach: Haben wir Gutes empfangen von Gott und sollten das Böse nicht auch annehmen? In diesem allen versündigte sich Hiob nicht.

3. Da kamen Eliphas, Bildad und Zophar, die 3 Freunde Hiobs, ihn zu trösten, und sie kannten ihn nicht wieder und weineten. Sieben Tage und Nächte saßen sie mit ihm auf der Erde und redeten nichts mit ihm, weil sie sahen, daß der Schmerz sehr groß war. Darnach that Hiob seinen Mund auf und verfluchte den Tag seiner Geburt. Da beschuldigten ihn seine Freunde, daß er vor allen andern Menschen ein Sünder sein müsse, weil Gott ihm mehr Leiden zugeschickt habe als allen andern Menschen. Hiob rechtfertigte sich dagegen und wollte mit Gott rechten. Da kam der Herr hernieder in einem Wetter und sprach: Wo warest du, da ich die Erde gründete, da mich die Morgensterne mit einander lobten und jauchzten alle Kinder Gottes? Hiob antwortete: Ich bekenne, daß ich habe unweislich geredet, das mir zu hoch ist und ich nicht verstehe. Darum schuldige ich mich und thue Buße in Staub und Asche. Da sahe der Herr Hiob an und wandte sein Elend; er segnete ihn und gab ihm zwiefältig so viel, als er gehabt hatte. Sieben Söhne und drei Töchter gab ihm der Herr, und Hiob sahe Kinder und Kindeskinder bis in's vierte Glied und starb alt und lebenssatt.

Die 7. Bitte. Hebr. 12, 5—7. Achte nicht gering die Züchtigung des Herrn und verzage nicht, wenn du von ihm gestraft wirst. Denn welchen der Herr lieb hat, den züchtiget er; er stäupet aber einen jeglichen Sohn, den er aufnimmt. So ihr die Züchtigung erduldet, so erbietet sich euch Gott als Kindern. Denn wo ist ein Sohn, den der Vater nicht züchtiget?

Je größer Kreuz, je näher Himmel;
Wer ohne Kreuz, ist ohne Gott.
Bei dem verlarvten Weltgetümmel
Vergißt man Hölle, Fluch und Tod.
O selig ist der Mensch geschätzt,
Den Gott in Kreuz und Trübsal setzt!

Je größer Kreuz, je besser Christe;
Gott streicht uns an den Probestein.
Wie mancher Garten lieget wüste,
Wo keine Thränenregen sein.
Das Gold wird auf dem Feuerheerd,
Ein Christ in mancher Noth bewährt.

III. Die Geschichte des Volkes Israel. 1500—1 v. Chr.

A. Bis zur Eroberung des Landes Kanaan. 1500—1450 v. Chr.

19. Moses Geburt und Flucht. 2. Mose 1 u. 2.

1. Da nun Joseph gestorben war, mehrten sich die Kinder Israel sehr. Da kam ein neuer König auf in Aegypten, der wußte nichts von Joseph und sprach: Siehe, der Kinder Israel sind mehr, denn wir; wohlan, wir wollen sie mit List dämpfen; denn so sich ein Krieg erhöbe, möchten sie sich zu unsern Feinden schlagen. Und man setzte Frohnvögte über sie, die sie mit schweren Diensten in Thon und Ziegeln drücken sollten. Aber je mehr sie das Volk drückten, je mehr es sich mehrte. Da gebot Pharao seinem Volk: Alle Söhne, die geboren werden, werfet ins Wasser, und alle Töchter lasset leben!

2. Und es ging hin ein Mann vom Hause Levi, der hieß Amram, und nahm eine Tochter Levi, die hieß Jochebeth. Und sie gebar einen Sohn. Und da sie sah, daß es ein fein Kind war, verbarg sie es drei Monate. Da sie es aber nicht länger verbergen konnte, machte sie ein Kästlein von Rohr und verklebte es mit Thon und Pech und legte das Kind darein und legte es in das Schilf am Ufer des Wassers. Aber seine Schwester (Mirjam) stand von ferne, daß sie erführe, wie es ihm gehen würde. Und die Tochter Pharaos ging hernieder und wollte baden im Wasser. Da sie das Kästchen im Schilfe sah, sandte sie ihre Magd hin und ließ es holen. Und da sie es aufthat, sah sie das Kind; und siehe, es weinete. Da jammerte es sie und sprach: Es ist der hebräischen Kindlein eins. Und es trat herzu des Kindleins Schwester und sprach: Soll ich hingehen und der hebräischen Weiber eine rufen, daß sie dir das Kindlein säuge? Sie sprach: Gehe hin! Und sie holete ihre Mutter. Und die Tochter Pharaos sprach: Nimm hin das Kindlein und säuge mir's; ich will dir lohnen. Und da das Kindlein groß ward, brachte sie es der Tochter Pharao und es ward ihr Sohn, und sie hieß ihn Mose; denn sie sprach: Ich habe ihn aus dem Wasser gezogen.

3. Und da Mose 40 Jahre alt war, gedachte er zu besehen seine Brüder, die Kinder Israel. Und er sah ihre Last und ward gewahr, daß ein Aegypter schlug seiner Brüder einen. Da erschlug er den Aegypter und verscharrete ihn in den Sand. Auf einen andern Tag ging er auch aus und sah zwei Hebräer sich mit einander zanken; und sprach zu dem Ungerechten: Warum schlägest du deinen Nächsten? Er aber sprach: Wer hat dich zum Richter über uns gemacht? Willst du mich auch erwürgen, wie du den Aegypter erwürget hast? Und Mose fürchtete sich und sprach: Wie ist das laut worden? Und es kam vor Pharao, der trachtete nach Mose, daß er ihn erwürgete. Da floh Mose in's Land Midian und blieb bei einem Priester, mit Namen Reguel. Dieser gab ihm seine Tochter zum Weibe.

1. Artikel. Erklärung: Wider alle Fährlichkeit beschirmet Hiob 10, 12. Leben und Wohlthun hast Du an mir gethan, und Dein Aufsehen bewahret meinen Odem.

Hebr. 11, 24. 25. Durch den Glauben wollte Mose, da er groß ward, nicht mehr ein Sohn heißen der Tochter Pharao und erwählte viel lieber, mit dem Volke Gottes Ungemach zu leiden, denn die zeitliche Ergötzung der Sünde zu haben.

Lobe den Herren, der künstlich und fein dich bereitet,
Der dir Gesundheit verliehen, dich freundlich geleitet;
In wie viel Noth Hat nicht der gnädige Gott
Ueber dir Flügel gebreitet.

20. Moses Berufung. 2. Mose 3. u. 4.

1. Mose hütete die Schafe des Priesters in Midian und kam an den Berg Horeb. Und der Engel des Herrn erschien ihm in einer feurigen Flamme aus dem Busch. Und er sah, daß der Busch mit Feuer brannte und ward doch nicht verzehrt. Da aber der Herr sah, daß er hin ging zu sehen, rief ihm Gott aus dem Busche und sprach: Mose, Mose! Er antwortete: Hier bin ich! Er sprach: Tritt nicht herzu! Zeuch deine Schuhe aus; denn das Land, da du stehest, ist ein heiliges Land. Ich bin der Gott deines Vaters, der Gott Abrahams, der Gott Isaaks, der Gott Jakobs. Und Mose verhüllte sein Gesicht, denn er fürchtete sich, Gott anzuschauen. Und der Herr sprach: Ich habe gesehen das Elend meines Volkes in Aegypten und bin herniedergefahren, daß ich sie errette von der Aegypter Hand. So gehe nun hin; ich will dich zu Pharao senden, daß du mein Volk aus Aegypten führest. Mose sprach: Wer bin ich, daß ich zu Pharao gehe? Er sprach: Ich will mit dir sein. Und das soll dir das Zeichen sein, daß ich dich gesandt habe: Wenn du mein Volk aus Aegypten geführet hast, werdet ihr Gott opfern auf diesem Berge. Und also sollst du zum Volke sagen: Jehovah, der hat mich zu euch gesandt.

2. Mose antwortete: Siehe, sie werden mir nicht glauben. Der Herr sprach: Was ist's, das du in deiner Hand hast? Er sprach: Ein Stab. Und der Herr sprach: Wirf ihn auf die Erde. Er that's, und da ward er zur Schlange. Und Mose floh vor ihr. Aber der Herr sprach: Erfasse sie beim Schwanze. Mose that's, und sie ward zum Stabe in seiner Hand. Und der Herr sprach weiter: Stecke deine Hand in deinen Busen. Und Mose that's und zog sie wieder heraus, und siehe, sie war aussätzig wie Schnee. Und er sprach: Thue sie wieder in deinen Busen. Da ward sie wieder, wie sein ander Fleisch. Der Herr sprach: Wenn sie aber diesen zweien Zeichen nicht glauben, so nimm Wasser aus dem Strom und gieß es auf's Land, so wird es Blut werden. Mose sprach: Ach mein Herr, ich bin je und je nicht wohl beredt gewesen, denn ich habe eine schwere Zunge. Der Herr sprach: Wer hat dem Menschen den Mund geschaffen! Oder wer hat den Stummen oder Tauben gemacht? Habe ich es nicht gethan, der Herr? So gehe nun hin; Ich will mit deinem Munde sein und dich lehren, was du sagen sollst. Mose sprach: Mein Herr, sende, welchen du senden willst. Da ward der Herr sehr zornig und sprach: Weiß ich denn nicht, daß dein Bruder Aaron beredt ist? Und siehe, er wird herausgehen dir entgegen. Und er soll für dich zum Volke reden.

3. Mose ging hin zu Jethro, seinem Schwager, und nahm sein Weib

und seine Söhne und führte sie auf einem Esel und zog wieder in Aegypten und nahm den Stab Gottes in seine Hand. Und der Herr sprach zu Aaron: Gehe Mose entgegen in die Wüste. Und er ging hin und begegnete ihm am Berge Gottes und küßte ihn. Und Mose sagte Aaron Alles und sie gingen hin und versammelten die Aeltesten der Kinder Israel. Und Aaron redete alle Worte, die der Herr mit Mose geredet hatte, und Mose that die Zeichen vor dem Volk. Und das Volk glaubte und betete an vor dem Herrn, daß Er sie heimgesucht und ihr Elend angesehen hätte.

Erklärung des 3. Artikels. 2. Cor. 12, 9. Laß dir an meiner Gnade genügen, denn meine Kraft ist in den Schwachen mächtig. Phil. 4, 13. Ich vermag Alles durch Den, der mich mächtig macht, Christus.

Mit uns'rer Macht ist nichts gethan,	Fragst du, wer der ist?
Wir sind gar bald verloren,	Er heißet Jesus Christi,
Es streit't für uns der rechte Mann,	Der Herr Zebaoth,
Den Gott selbst hat erkoren.	Und ist kein and'rer Gott,
	Das Feld muß er behalten.

21. Die ägyptischen Plagen und der Auszug Israels.
2. Mose 5—14.

1. Darnach gingen Mose und Aaron zu Pharao und sprachen: So saget der Herr, der Gott Israels: Laß mein Volk ziehen. Pharao antwortete: Wer ist der Herr, dessen Stimme ich hören müsse und Israel ziehen lassen? Ich weiß nichts von dem Herrn, will auch Israel nicht ziehen lassen. Und er befahl desselben Tages den Vögten des Volkes: Man drücke die Leute mit Arbeit, daß sie zu schaffen haben und sich nicht kehren an falsche Rede. — Mose aber kam wieder zu dem Herrn und sprach: Herr, warum thust du so übel an diesem Volk? Denn seitdem, daß ich hineingegangen bin zu Pharao, hat er das Volk noch härter geplagt und du hast dein Volk nicht errettet. Der Herr sprach zu Mose: Die Aegypter sollen es inne werden, daß ich der Herr bin, wenn ich nun meine Hand über Aegypten ausstrecken und die Kinder Israels wegführen werde.

2. Da ließ der Herr zehn Plagen über das Land kommen. Nach seinem Gebot hob Aaron den Stab auf und schlug in's Wasser, und das Wasser ward in Blut verwandelt; und die Fische im Strom starben, und der Strom ward stinkend, daß die Aegypter nicht trinken konnten. Aber Pharaos Herz blieb verstockt. Und Aaron reckte seine Hand aus über die Wasser in Aegypten, und es kamen Frösche herauf, daß Aegypten damit bedeckt ward. Da sprach Pharao zu Mose und Aaron: Bittet den Herrn für mich, daß er die Frösche von uns nehme, so will ich euer Volk ziehen lassen. Und Mose schrie zum Herrn und die Frösche starben. Als aber Pharao sah, daß er Luft gekriegt hatte, verhärtete er sein Herz und hörte nicht. Und der Herr schickte nach und nach noch andere Plagen über Pharao und sein Land, als da sind: Läuse an Menschen und Vieh; Ungeziefer über Pharao und sein Volk; Pestilenz über alles Vieh der Aegypter; Blatterge-

3

schwüre an Menschen und Vieh; einen sehr großen Hagel, der schlug Alles, was auf dem Felde war, Menschen und Vieh, Kraut und Bäume; Heuschrecken, die alles Grüne auf dem Felde fraßen und selbst Pharaos und aller Aegypter Häuser fülleten, und eine breitägige dicke Finsterniß. Aber Pharaos Herz blieb verstockt, daß er die Kinder Israel nicht ziehen lassen wollte. Und der Herr sprach zu Mose: Ich will noch eine Plage kommen lassen; darnach wird er euch lassen von hinnen. Ich will zu Mitternacht ausgehen in Aegyptenland, und alle Erstgeburt soll sterben, vom ersten Sohne Pharaos bis an den ersten Sohn der Magd und alle Erstgeburt unter dem Vieh; aber bei allen Kindern Israel soll nicht ein Hund mucken, auf daß ihr erfahret, wie der Herr Aegypten und Israel scheide. Dann werden sie kommen und sagen: Ziehe aus, du und alles Volk.

3. Und der Herr sprach weiter zu Mose und Aaron: Am zehnten Tage des Monats Abib nehme ein jeglicher Hausvater ein Lamm, da kein Fehler an ist, und sollt es behalten bis an den vierzehnten Tag des Monats und sollt es dann schlachten zwischen Abends. Und sollt das Blut nehmen und beide Pfosten an der Thür und die oberste Schwelle damit bestreichen an den Häusern, da sie es innen essen. Und sollt es essen in derselben Nacht mit ungesäuertem Brode und nichts überlassen bis morgen. Um eure Lenden sollt ihr gegürtet sein und eure Schuhe an euren Füßen haben und Stäbe in euren Händen, als die hinwegeilen. Denn ich will in derselben Nacht durch Aegyptenland gehen und alle Erstgeburt schlagen. Und das Blut soll euer Zeichen sein an den Häusern, darinnen ihr seid, daß, wenn ich das Blut sehe, ich vor euch übergehe, und euch nicht die Plage verderbe, wenn ich Aegyptenland schlage. Und ihr sollt diesen Tag feiern dem Herrn zum Fest, ihr und alle eure Nachkommen. Und wenn ihr in's Land kommt, das euch der Herr geben wird, und eure Kinder werden zu euch sagen: Was habt ihr da für einen Dienst? so sollt ihr sagen: Es ist das Passah (Vorübergang) des Herrn, der vor den Kindern Israel vorüberging, da er die Aegypter plagte.

4. Und um Mitternacht schlug der Herr alle Erstgeburt unter Menschen und Vieh. Da ward ein großes Geschrei in Aegypten; denn es war kein Haus, darin nicht ein Todter war. Und Pharao forderte Mose und Aaron vor sich und sprach: Machet euch auf und ziehet aus von meinem Volk. Und die Aegypter drängten das Volk, daß sie es aus dem Lande trieben; denn sie sprachen: Wir sind alle des Todes! Also zogen die Kinder Israel aus, 600,000 Mann zu Fuß, ohne die Kinder, viel Pöbelvolk und Schafe und Rinder. Die Zeit aber, die die Kinder Israel in Aegypten gewohnt haben, ist 430 Jahre. Und Mose nahm mit sich die Gebeine Josephs. Und der Herr führte sie auf der Straße durch die Wüste am Schilfmeer; und er zog vor ihnen her, des Tages in einer Wolkensäule, daß er sie den rechten Weg führete, und des Nachts in einer Feuersäule, daß er ihnen leuchtete zu reisen Tag und Nacht.

5. Und da es dem Könige in Aegypten ward angesagt, daß das Volk war geflohen, sprach er: Warum haben wir das gethan, daß wir Israel

haben gelassen, daß sie uns nicht dieneten? Und spannte seine sechshundert Wagen an und jagte ihnen nach und ereilete sie, da sie sich gelagert hatten am Meer. Und die Kinder Israel hoben ihre Augen auf, und siehe, die Aegypter zogen hinter ihnen her, und sie fürchteten sich sehr. Mose sprach zum Volk: Fürchtet euch nicht, stehet fest und sehet zu, was für ein Heil der Herr heute an euch thun wird. Der Herr wird für euch streiten und ihr werdet stille sein. Und der Herr sprach zu Mose: Sage den Kindern Israel, daß sie ziehen. Du aber hebe deinen Stab auf und recke deine Hand über das Meer und theile es von einander, daß die Kinder Israel hineingehen. Da erhob sich der Engel Gottes, der vor Israel herzog und machte sich hinter sie und kam zwischen das Heer der Aegypter und das Heer Israels, daß sie die ganze Nacht, diese und jene, nicht konnten zusammenkommen. Da nun Mose seine Hand reckte über das Meer, ließ es der Herr hinwegfahren durch einen starken Ostwind die ganze Nacht und die Wasser theilten sich von einander, und die Kinder Israel gingen hinein mitten in's Meer auf dem Trockenen und das Wasser war ihnen für Mauern zur Rechten und zur Linken. Und die Aegypter folgten und gingen hinein, ihnen nach. Als nun die Morgenwache kam, schaute der Herr aus der Feuer= und Wolkensäule auf das Heer der Aegypter und machte einen Schrecken in ihrem Heer. Da sprachen die Aegypter: Lasset uns fliehen, der Herr streitet für Israel. Aber der Herr sprach zu Mose: Recke deine Hand aus über das Meer! Und das Meer kam wieder in seinen Strom und die Aegypter flohen ihm entgegen. Und der Herr stürzte sie mitten in's Meer und bedeckte Wagen und Reiter und alle Macht Pharao, daß nicht Einer aus ihnen überblieb. Also half der Herr Israel an dem Tage von der Aegypter Hand. Und das Volk fürchtete den Herrn und glaubte ihm und seinem Knecht Mose. Da sangen Mose und die Kinder Israel dem Herrn ein Lied (Siehe den Lobgesang 2. Mose 15, 1—19).

Schluß der Gebote: Erklärung. Psalm 50, 15. Rufe mich an in der Noth, so will ich dich erretten, so sollst du mich preisen. Psalm 73, 19. Wie werden sie (die Gottlosen) so plötzlich zu nichte! Sie gehen unter und nehmen ein Ende mit Schrecken.

Der Herr ist noch und immer nicht	Ihr, die ihr Christi Namen nennt,
Von seinem Volk geschieden.	Gebt unserm Gott die Ehre!
Er bleibet ihre Zuversicht,	Ihr, die ihr Gottes Macht bekennt,
Ihr Segen, Heil und Frieden.	Gebt unserm Gott die Ehre!
Mit Mutterhänden leitet er	Die falschen Götzen macht zu Spott;
Die Seinen stetig hin und her.	Der Herr ist Gott, der Herr ist Gott!
Gebt unserm Gott die Ehre!	Gebt unserm Gott die Ehre!

22. Der Zug Israels bis zum Sinai. 2. Mose 15—17.

1. Und Mose ließ die Kinder Israel vom Schilfmeer ziehen und sie wanderten drei Tage in der Wüste, daß sie kein Wasser fanden. Da kamen sie gen Mara; aber sie konnten das Wasser zu Mara nicht trinken, denn es war sehr bitter. Da murrte das Volk wider Mose. Er schrie zum Herrn; und der Herr wies ihm einen Baum, den that er in's Wasser;

da ward das Wasser süß. Und sie kamen in die Wüste Sin. Da murre=
ten die Kinder Israel und sprachen: Wollte Gott, wir wären in Aegypten
gestorben, da wir bei den Fleischtöpfen saßen; denn ihr habt uns darum
ausgeführet in die Wüste, daß ihr uns Hunger sterben lasset. Da sprach
der Herr zu Mose: Ich habe der Kinder Israel Murren gehört. Sage
ihnen: Zwischen Abend sollt ihr F l e i s ch zu essen haben und am Morgen
B r o d s satt werden und inne werden, daß ich der Herr, euer Gott, bin.

2. Und am Abend kamen W a ch t e l n herauf und bedeckten das
Lager. Und am Morgen lag der Thau um das Lager her; und als der
Thau weg war, siehe, da lag es auf der Fläche der Wüste rund und
klein, weiß, wie der Reif auf dem Lande, und hatte einen Geschmack wie
Semmel und Honig. Und da es die Kinder Israel sahen, sprachen sie:
M a n hu? (Was ist das?) denn sie wußten nicht, was es war. Mose sprach:
Das ist das B r o d, das euch der Herr vom Himmel zu essen gegeben hat;
ein Jeglicher sammle deß, so viel er für sich essen mag. Und sie thaten also
und sammelten, Einer viel, der Andre wenig. Und da man's maß, fand
der nicht drüber, der viel gesammelt hatte, und der nicht drunter, der
wenig gesammelt hatte, sondern Jeder so viel, als er für sich essen mochte.
Und Mose sprach: Niemand lasse davon übrig bis morgen. Aber Et=
liche ließen etwas übrig; da wuchsen Würmer darin und ward stinkend.
Und des sechsten Tages sammelten sie zwiefältig. Und Mose sprach:
Backet und kochet, und was übrig ist, das behaltet bis morgen. Da
ward es nicht stinkend und war auch kein Wurm darin. Da sprach
Mose: Heute ist der Sabbath des Herrn, und ihr werdet es heute nicht
finden auf dem Felde. Aber Etliche vom Volke gingen hinaus zu sam=
meln und fanden nichts. Und Mose sprach zu Aaron: Nimm ein Krüg=
lein, fülle es mit Man und lege es in's Heiligthum, zu behalten auf
eure Nachkommen. Und die Kinder Israel aßen Manna 40 Jahre, bis
sie zu der Grenze des Landes Kanaan kamen.

3. Und die Gemeinde zog aus der Wüste Sin und lagerte sich in
R a p h i d i m. Da hatten sie kein Wasser und zankten mit Mose und
sprachen: Gebet uns Wasser! Mose schrie zum Herrn, und der Herr
sprach: Nimm deinen Stab, damit du den Strom schlugest, und gehe
hin; siehe, ich will stehen vor dir auf einem Fels in Horeb; da sollst du
den Felsen schlagen, so wird Wasser herauslaufen, daß das Volk trinke.
Mose that also. Da hieß man den Ort M a s s a und M e r i b a, um
des Z a n k s willen der Kinder Israel und daß sie den Herrn v e r s u ch t
hatten.— Darnach kamen die A m a l e k i t e r und stritten wider Israel
in Raphidim. Und Josua zog aus zu streiten wider Amalek. Mose
aber und Aaron und Hur gingen auf die Spitze des Hügels, und die=
weil Mose seine Hände emporhielt, siegte Israel, wenn er aber seine
Hand niederließ, siegte Amalek. Aber die Hände Mose wurden schwer;
da unterhielten Aaron und Hur seine Hände. Also dämpfte Josua den
Amalek.

4. Bitte: „Daß er's uns erkennen lasse und mit Danksagung empfangen unser
täglich Brod." Psalm 145, 15, 16. Aller Augen warten auf dich und du giebst ih=

nen ihre Speise zu seiner Zeit. Du thust deine Hand auf und erfüllest alles, was
lebt, mit Wohlgefallen. Matth. 6, 31. 32. Darum sollt ihr nicht sorgen und sa=
gen: Was werden wir essen? Was werden wir trinken? Womit werden wir uns
kleiden? Nach solchem allen trachten die Heiden. Denn euer himmlischer Vater
weiß, daß ihr deß alles bedürfet.

Warum willst du doch für morgen,	Gott hat dir geschenkt das Leben,
Armes Herz, immerwärts	Seel' und Leib, darum bleib
Als ein Heide sorgen?	Ihm allein ergeben;
Wozu dient dein täglich Grämen,	Er wird ferner alles schenken,
Weil Gott will, in der Still'	Traue fest, er verläßt
Sich der Noth annehmen?	Nicht, die an ihn denken.

23. Die Gesetzgebung auf Sinai. 2. Mose 19—24.

1. Im dritten Monat nach dem Auszug aus Aegypten kamen die
Kinder Israel in die Wüste S i n a i und lagerten sich daselbst dem
Berge gegenüber. Und Mose stieg hinauf und der Herr rief ihn und
sprach: So sollst du sagen zum Hause Jakob: Ihr habt gesehen, was ich
den Aegyptern gethan habe, und wie ich euch getragen habe auf Adlers
Flügeln und habe euch zu mir gebracht. Werdet ihr nun meiner
Stimme gehorchen und meinen Bund halten, so sollt ihr mein E i g e n=
t h u m vor allen Völkern, ein p r i e s t e r l i c h e s K ö n i g r e i c h und
ein h e i l i g e s V o l k sein. Mose forderte die Aeltesten im Volke und
legte ihnen alle diese Worte vor und alles Volk antwortete zugleich:
Alles, was der Herr geredet hat, das wollen wir thun. Und der Herr
sprach zu Mose: Gehe hin zum Volke und heilige sie, daß sie bereit seien
auf den dritten Tag, und mache ein Gehege um den Berg, denn wer den
Berg anrühret, soll des Todes sterben, es sei ein Thier oder ein Mensch.
Als nun der dritte Tag kam, erhob sich ein Donnern und Blitzen und
eine dicke Wolke auf dem Berge und ein Ton einer sehr starken Posaune;
das ganze Volk aber, das im Lager war, erschrak. Und Mose führte
das Volk Gott entgegen, und sie traten unten an den Berg. Der ganze
Berg Sinai aber rauchte und bebte sehr, und der Posaune Ton ward
immer stärker.

2. Und Gott redete alle diese Worte: I c h b i n d e r H e r r, d e i n
G o t t, der ich dich aus Aegyptenland, aus dem Diensthause, geführet
habe. D u s o l l s t k e i n e a n d e r n G ö t t e r h a b e n, n e b e n
m i r. Du sollst dir kein Bildniß noch irgend ein Gleichniß machen,
weder deß, das oben im Himmel, noch deß, das unten auf Erden, oder
deß, das im Wasser unter der Erde ist. Bete sie nicht an und diene ih=
nen nicht. D u s o l l s t d e n N a m e n d e s H e r r n, d e i n e s
G o t t e s, n i c h t m i ß b r a u c h e n; denn der Herr wird den nicht un=
gestraft lassen, der seinen Namen mißbrauchet. Gedenke des S a b=
b a t h t a g e s, d a ß d u i h n h e i l i g e s t. Sechs Tage sollst du arbeiten
und alle deine Dinge beschicken; aber am siebenten Tage ist der Sabbath
des Herrn, deines Gottes; da sollst du kein Werk thun, noch dein Sohn,
noch deine Tochter, noch dein Knecht, noch deine Magd, noch dein Vieh,
noch dein Fremdling, der in deinen Thoren ist. D u s o l l s t d e i n e n

Vater und deine Mutter ehren, auf daß du lange lebest im Lande, das dir der Herr, dein Gott, giebt. Du sollst nicht tödten. Du sollst nicht ehebrechen. Du sollst nicht stehlen. Du sollst nicht falsch Zeugniß reden wider deinen Nächsten. Laß dich nicht gelüsten deines Nächsten Hauses. Laß dich nicht gelüsten deines Nächsten Weibes, noch seines Knechtes, noch seiner Magd, noch seines Ochsen, noch seines Esels, noch alles, was dein Nächster hat.

3. Da aber das Volk solches hörete und sah, floh es und sprach zu Mose: Rede du zu uns, wir wollen gehorchen; laß aber Gott nicht mit uns reden, wir möchten sonst sterben. Mose sprach: Fürchtet euch nicht; denn Gott ist gekommen, auf daß seine Furcht euch vor Augen wäre und ihr nicht sündiget. Also trat das Volk von ferne; aber Mose machte sich hinzu in's Dunkle, darinnen Gott war. Der Herr redete mit Mose, und Mose erzählte dem Volke alle Worte des Herrn und alle Rechte. Da antwortete das Volk mit einer Stimme: Alle Worte, die der Herr gesagt hat, wollen wir thun.

4. Da schrieb Mose alle Worte des Herrn in das Buch des Bundes und machte sich des Morgens frühe auf, bauete einen Altar unten am Berge mit 12 Säulen, nach den 12 Stämmen Israels, und hieß die Jünglinge Opfer bringen. Die eine Hälfte des Blutes von den Opferthieren that Mose in ein Becken, die andre Hälfte sprengte er an den Altar. Darnach nahm er das Buch des Bundes und las es vor den Ohren des Volkes, und sie sprachen: Alles, was der Herr gesagt hat, wollen wir thun und gehorchen. Da nahm Mose das Blut und besprengte das Volk damit und sprach: Sehet, das ist das Blut des Bundes, den der Herr mit euch macht über allen diesen Worten.

1. Bitte: Erklärung. Matth. 22, 37—40. Du sollst lieben Gott, deinen Herrn, von ganzem Herzen, von ganzer Seele und von ganzem Gemüthe. Dieß ist das vornehmste und größte Gebot. Das andre aber ist dem gleich: Du sollst deinen Nächsten lieben als dich selbst. In diesen zweien Geboten hanget das ganze Gesetz und die Propheten. 1. Joh. 5, 3. Das ist die Liebe zu Gott, daß wir seine Gebote halten und seine Gebote sind nicht schwer.

Die Gebot all uns geben sind,	Das helf uns der Herr Jesus Christ,
Daß du dein Sünd, o Menschenkind,	Der unser Mittler worden ist.
Erkennen sollst und lernen wohl,	Es ist mit unserm Thun verlor'n,
Wie man vor Gott leben soll, Kyrieleis.	Verdienen doch eitel Zorn, Kyrieleis.

24. Das goldene Kalb. 2. Mose 32—38.

1. Der Herr sprach zu Mose: Komm herauf zu mir auf den Berg und bleibe daselbst, daß ich dir gebe steinerne Tafeln und Gesetze und Gebote, die du sie lehren sollst. Und Mose stieg auf den Berg und blieb 40 Tage und 40 Nächte. Da aber das Volk sah, daß er verzog, von dem Berge zu kommen, sammelte sich's wider Aaron und sprach: Auf, und mache uns Götter, die vor uns hergehen! Denn wir wissen nicht, was diesem Manne Mose widerfahren ist, der uns aus Aegypten geführet

hat. Aaron sprach: Reißet ab die goldenen Ohrenringe an den Ohren eurer Weiber, eurer Söhne und eurer Töchter, und bringet sie zu mir. Da riß alles Volk seine goldenen Ohrenringe von ihren Ohren und brachten sie zu Aaron; und er nahm sie und machte ein gegossenes Kalb. Und sie sprachen: Das sind deine Götter, Israel, die dich aus Aegypten geführt haben! Da das Aaron sah, bauete er einen Altar und ließ ausrufen: Morgen ist des Herrn Fest! Und sie standen des Morgens frühe auf und opferten Brandopfer und Dankopfer. Darnach setzte sich das Volk, zu essen und zu trinken, und standen auf zu spielen. Der Herr aber sprach zu Mose: Gehe, steige hinab; denn dein Volk, das du aus Aegypten geführet hast, hat's verderbet. Sie sind schnell von dem Wege getreten, den ich ihnen geboten habe. Ich sehe, daß dieß ein halsstarriges Volk ist, und nun laß mich, daß mein Zorn über sie ergrimme und sie vertilge; so will ich dich zum großen Volke machen. Mose aber flehete vor dem Herrn und sprach: Ach, Gott, kehre dich von dem Grimme deines Zornes; gedenke an deine Diener Abraham, Isaak und Israel, denen du bei dir selbst geschworen und verheißen hast: Ich will euren Samen mehren, wie die Sterne am Himmel. Also gereuete den Herrn das Uebel, das er dräuete, seinem Volke zu thun.

2. Mose stieg vom Berge und hatte zwei Tafeln des Zeugnisses in seiner Hand, die waren geschrieben auf beiden Seiten, und Gott hatte sie selbst gemacht und die Schrift darein gegraben. Als aber Mose nahe zum Lager kam und das Kalb und den Reigen sah, ergrimmte er und warf die Tafeln aus seiner Hand und zerbrach sie unten am Berge; und nahm das Kalb und verbrannte es mit Feuer und zermalmte es zu Pulver und stäubte es aufs Wasser und gab es den Kinder Israel zu trinken. Und Mose trat in das Thor des Lagers und sprach: Her zu mir, wer dem Herrn angehört! Da sammelten sich zu ihm alle Kinder Levi. Und er gebot ihnen, daß sie ihr Schwert umgürteten und tödteten im Lager einen Jeglichen, der vom Herrn gewichen wäre. Und die Kinder Levi thaten, wie ihnen Mose gesagt hatte; und es fielen des Tages vom Volke bei 3000 Mann.

3. Und der Herr sprach zu Mose: Haue dir zwei steinerne Tafeln, daß ich die Worte darauf schreibe, die auf den ersten Tafeln waren, und tritt zu mir auf des Berges Spitze. Mose that also und war allda bei dem Herrn 40 Tage und 40 Nächte und aß kein Brod und trank kein Wasser. Da nun Mose vom Berge Sinai ging, hatte er die zwei Tafeln des Zeugnisses in seiner Hand und wußte nicht, daß die Haut seines Angesichtes glänzte davon, daß der Herr mit ihm geredet hatte. Und Aaron und alle Kinder Israel fürchteten sich, ihm zu nahen. Und er legte eine Decke auf sein Angesicht, und gebot ihnen Alles, was der Herr mit ihm geredet hatte.

4. Und Gott gebot Mose, daß er sollte eine Stiftshütte bauen. Diese aber bestand aus dem Allerheiligsten und aus dem Heiligthum. Dazwischen war ein Vorhang. Im Allerheiligsten stand die Bundeslade mit den Gesetzestafeln; in dem Heiligthum stand der Rauchopferaltar.

Im Vorhofe, der die Stiftshütte umgab, stand der Brandopferaltar. Das Volk Israel feierte den Sabbath, das Passah, Pfingsten, das Laubhüttenfest und den Versöhnungstag; auch brachten sie Opfer dar und hatten einen Hohenpriester, Priester und Leviten.

Das 1. Gebot mit dem Zusatz: „Du sollst dir kein Bildniß machen." Matth. 4, 10. Du sollst anbeten Gott, deinen Herrn, und ihm allein dienen. Matth. 6, 24. Niemand kann zween Herren dienen. Entweder er wird einen hassen und den andern lieben, oder wird einem anhangen und den andern verachten. Ihr könnet nicht Gott dienen und dem Mammon.

Die Liebe leidet nicht Gesellen,
Im Fall sie treu und redlich brennt.
Zwo Sonnen mögen nicht erhellen
Beisammen an dem Firmament:
Wer Herren, die einander feind,
Bedienen will, ist keines Freund.

Warum sollt' ich doch das umfangen,
Das ich so bald verlassen muß?
Was mir nach abgekürztem Prangen
Brächt' ewig Eckel und Verdruß?
Sollt' ich um einen Dienst und Schein
Ein Scheusal heil'gen Geistes sein?

25. Der Zug in der Wüste. 4. Mose 13. 14. 16. 20.

1. Die Kinder Israel lagerten fast ein Jahr lang am Berge Sinai. Darnach zogen sie in die Wüste Paran. Und der Herr redete mit Mose: Sende Männer aus, die das Land Kanaan erkundigen. Und Mose sandte aus 12 Männer, aus jedem Stamm einen, und sprach zu ihnen: Ziehet hinauf und besehet das Land und das Volk. Und sie gingen hinauf und kamen bis an den Bach Eskol und schnitten daselbst eine Rebe ab mit einer Weintraube und ließen sie von Zween auf einem Stecken tragen, dazu auch Granatäpfel und Feigen. Und sie kehrten um nach 40 Tagen und erzählten: Wir sind in's Land gekommen, darinnen Milch und Honig fließt, und dieß ist seine Frucht. Ohne, daß starkes Volk darinnen wohnet, und sehr große feste Städte sind, und sahen auch Enakskinder (Riesen) daselbst, und waren vor ihren Augen wie Heuschrecken.

2. Da fuhr die ganze Gemeine auf und schrie und murrte wider Mose und Aaron und sprach: Ach, daß wir in Aegyptenland gestorben wären, oder noch stürben in dieser Wüste! Lasset uns einen Hauptmann aufwerfen und wieder in Aegypten ziehen! Mose aber und Aaron fielen auf ihr Angesicht vor der ganzen Versammlung der Gemeine der Kinder Israel. Und Josua und Kaleb, die auch das Land erkundet hatten, zerrissen ihre Kleider und sprachen: Das Land ist sehr gut; wenn der Herr uns gnädig ist, so wird er uns in das Land bringen. Fallet nicht ab vom Herrn und fürchtet euch vor dem Volke dieses Landes nicht; es ist ihr Schutz von ihnen gewichen; der Herr aber ist mit uns. Da sprach das ganze Volk, man sollte sie steinigen. Da erschien die Herrlichkeit des Herrn in der Hütte des Stifts allen Kindern Israel, und der Herr sprach zu Mose: Wie lange lästert mich das Volk? Und wie lange wollen sie nicht an mich glauben? So wahr ich lebe, so soll alle Welt der Herrlichkeit des Herrn voll werden. Denn alle die Männer, die meine Herrlichkeit und meine Zeichen gesehen haben, die ich gethan habe in Aegypten und in der Wüste, und mich nun zehnmal versucht und meiner Stimme nicht gehorchet haben, derer soll keiner das Land sehen, das ich ihren Vä=

tern geschworen habe, von 20 Jahren und drüber, ohne Kaleb und Josua. Eure Kinder will ich hineinbringen, daß sie erkennen sollen das Land, das ihr verwerfet; und sollen Hirten sein in der Wüste 40 Jahre, nach der Zahl der 40 Tage, darin ihr das Land erkundet habt; daß ihr inne werdet, was es sei, wenn ich die Hand abziehe. Ich, der Herr, habe es gesagt; ich will es auch thun.

3. Korah, aus dem Stamm Levi, sammt Dathan und Abiram, aus dem Stamme Ruben, und zweihundert und fünfzig der Vornehmsten in der Gemeine, empörten sich wider Mose und Aaron und sprachen zu ihnen: Ihr machet es zu viel! Denn die ganze Gemeine ist überall heilig, und der Herr ist unter ihnen. Warum erhebet ihr euch über die Gemeine des Herrn? Da das Mose hörete, schickte er hin und ließ Dathan und Abiram rufen. Sie aber sprachen: Wir kommen nicht hinauf. Ist es zu wenig, daß du uns aus dem Lande geführet hast, da Milch und Honig fließet, daß du uns tödtest in der Wüste? Du mußt auch noch über uns herrschen? Und Korah versammelte die ganze Gemeine vor die Thür der Hütte des Stifts wider Mose und Aaron. Und Mose redete mit der Gemeine und sprach: Weichet von den Hütten dieser gottlosen Menschen und rühret nichts an, was ihr ist, daß ihr nicht vielleicht umkommet in ihrer Sünden einer. Und Mose sprach: Dabei sollt ihr merken, daß mich der Herr gesandt hat. Werden sie sterben, wie alle Menschen sterben, oder heimgesucht, wie alle Menschen heimgesucht werden; so hat mich der Herr nicht gesandt. Wird aber der Herr etwas Neues schaffen, daß die Erde ihren Mund aufthut und verschlinget sie mit Allem, das sie haben; so werdet ihr erkennen, daß diese Leute den Herrn gelästert haben. Und als er diese Worte hatte ausgeredet, zerriß die Erde unter ihnen und that ihren Mund auf und verschlang sie mit ihren Häusern und mit allen Menschen, die bei Korah waren. Und ganz Israel, das um sie her war, floh vor ihrem Geschrei. Dazu fuhr das Feuer aus von dem Herrn und fraß die zweihundert und fünfzig Männer, die mit Korah, Dathan und Abiram sich empört hatten wider Mose und Aaron.

4. Im ersten Monat des vierzigsten Jahres, nach dem Auszug aus Aegypten, kamen die Kinder Israel in die Wüste Sin und lagerten sich zu Kades. Und die Gemeine hatte kein Wasser, haderte mit Mose und Aaron und sprach: Ach, daß wir umgekommen wären, da unsre Brüder umkamen vor dem Herrn! Warum habt ihr die Gemeine des Herrn in die Wüste gebracht, daß wir hinsterben mit unserm Vieh? Mose und Aaron gingen zu der Thür der Stiftshütte und fielen auf ihr Angesicht. Und der Herr redete mit Mose und sprach: Nimm den Stab und versammle die Gemeine, du und dein Bruder Aaron, und redet mit dem Fels vor ihren Augen, der wird sein Wasser geben. Da versammelten Mose und Aaron die Gemeine vor den Fels und sprachen zu ihnen: Höret, ihr Ungehorsamen, werden wir euch auch Wasser bringen aus diesem Felsen? Und Mose hob seine Hand auf und schlug den Fels mit dem Stabe zweimal, da ging viel Wasser heraus. Der Herr aber sprach zu Mose und Aaron: Darum, daß ihr nicht an mich geglaubt habt, daß ihr mich heiliget vor den Kindern Is-

rael, sollt ihr diese Gemeine nicht in das Land bringen, das ich ihnen ge=
ben werde. Und der Herr sprach zu Mose: Aaron soll nicht in das Land
kommen, darum daß ihr meinem Worte ungehorsam gewesen seid bei dem
Haderwasser. Nimm aber Aaron und führe ihn auf den Berg Hor;
daselbst soll er sterben. Und sie stiegen auf den Berg, vor der ganzen
Gemeine. Und Aaron starb daselbst, oben auf dem Berge, und die ganze
Gemeine beweinete ihn dreißig Tage.

Die 3. Bitte. Hebr. 3, 17. 19. Ueber welche aber ward der Herr entrüstet
vierzig Jahre lang? Ist es nicht also, daß über die, so da sündigten, deren Leiber
in der Wüste verfielen? Und wir sehen, daß sie nicht haben können hinein kommen
um des Unglaubens willen. Röm. 13, 2. Wer sich wider die Obrigkeit setzet, der
widerstrebet Gottes Ordnung; die aber widerstreben, werden über sich ein Urtheil
empfangen.

Herr, ohne Glauben kann	Herr, laß mich auf dein Wort
Dir Niemand wohlgefallen,	Von ganzem Herzen trauen
Ach, darum lege mir	Und stets auf deine Treu
Vor andern Gaben allen	Und Wahrheit feste bauen.
Den wahren Glauben bei.	Gieb, daß ich dir in Noth,
Denn der ist, wie du weißt,	In Kreuz und Tod getreu,
Nicht Jedermannes Ding,	Und durch des Glaubens Kraft
Und kommt von deinem Geist.	Allzeit gehorsam sei.

26. Moses letzte Tage. 4. Mose 21. 27. 5. Mose 1—35.

1. Da zogen die Kinder Israel vom Gebirge Hor auf dem Wege zum
Schilfmeer, daß sie um der Edomiter Land hinzögen. Und das Volk ward
verdrossen auf dem Wege und redete wider Gott und wider Mose:
Warum hast du uns aus Aegypten geführt, daß wir sterben in der Wüste?
Denn es ist kein Brod noch Wasser hier und unsre Seele ekelt über dieser
losen Speise. Da sandte der Herr feurige Schlangen unter sie, die bissen
das Volk, daß Viele starben. Da kamen sie zu Mose und sprachen: Wir
haben gesündigt; bitte den Herrn, daß er die Schlangen von uns nehme.
Mose bat für das Volk und der Herr sprach zu ihm: Mache dir eine eherne
Schlange und richte sie zum Zeichen auf. Wer gebissen ist und siehet sie
an, der soll leben. Mose that also; und wenn Jemanden eine Schlange
biß, so sahe er die eherne Schlange an und blieb leben.

2. Darnach lagerten sich die Kinder Israel im Gefilde Moab, Jericho
gegenüber, jenseits des Jordans. Da sprach der Herr zu Mose: Steige
auf die Höhe des Gebirges und besiehe das Land, das ich den Kindern
Israel geben werde. Und wenn du es gesehen hast, sollst du dich sammeln
zu deinem Volke, wie Aaron, dieweil ihr meinem Worte ungehorsam ge=
wesen seid in der Wüste Zin. Und Mose redete mit dem Herrn und sprach:
Der Herr wolle einen Mann setzen über die Gemeine, daß sie nicht sei
wie die Schafe ohne Hirten. Der Herr sprach: Nimm Josua, den
Sohn Nun, zu dir, der ein Mann ist, in dem der Geist ist, und lege die
Hand auf ihn und stelle ihn vor die ganze Gemeine, daß ihm gehorche
die ganze Gemeine der Kinder Israel. Und Mose that also.

3. Darnach rief Mose das ganze Israel und sprach: Höre, Israel, die
Gebote und Rechte, auf daß ihr lebet. Ihr sollt nichts dazu thun und

sollt auch nichts davon thun. Höre, Israel, der Herr, unser Gott, ist ein einiger Herr; und du sollst den Herrn, deinen Gott, lieb haben von ganzem Herzen, von ganzer Seele, von allem Vermögen. Und die Worte, die ich dir heute gebiete, sollst du zu Herzen nehmen und sie deinen Kindern einschärfen und davon reden, wenn du in deinem Hause sitzest oder auf dem Wege gehest, wenn du dich niederlegest oder aufstehest. Wenn dich der Herr in das Land bringet und ausrottet viele Völker vor dir, so sollst du dich mit ihnen nicht befreunden. Du sollst auch nicht lernen thun die Greuel dieser Völker; denn sie gehorchen den Zauberern und Weissagern. **Einen Propheten, wie mich, wird der Herr, dein Gott, dir erwecken aus dir und deinen Brüdern, dem sollt ihr gehorchen.** Darnach segnete Mose die Kinder Israel und sprach: Wohl dir, Israel! Wer ist dir gleich? O Volk, das du durch den Herrn selig wirst, der deiner Hülfe Schild und das Schwert deines Sieges ist! Deinen Feinden wird's fehlen; aber du wirst auf ihrer Höhe einhertreten.

4. Nachdem Mose vollendet hatte diese Reden, ging er auf den Berg Nebo, Jericho gegenüber. Da zeigte ihm der Herr das ganze Land und sprach: Dies ist das Land, das ich Abraham, Isaak und Jakob geschworen habe. Du hast es mit deinen Augen gesehen, aber du sollst nicht hinübergehen. Also starb daselbst Mose nach dem Wort des Herrn, und er begrub ihn im Thal im Lande der Moabiter, und hat Niemand sein Grab erfahren bis auf den heutigen Tag. Und Mose ward 120 Jahre alt, da er starb. Seine Augen waren nicht dunkel geworden, und seine Kraft war nicht verfallen. Und die Kinder Israel beweinten Mose 30 Tage. Und stand hinfort kein Prophet in Israel auf wie Mose, den der Herr erkannt hätte von Angesicht zu Angesicht.

Die 7. Bitte. Dan. 12, 3. Die Lehrer werden leuchten wie des Himmels Glanz und die, so Viele zur Gerechtigkeit weisen, wie die Sterne immer und ewiglich. Hebr. 13, 7. Gedenket an eure Lehrer, die euch das Wort Gottes gesagt haben, welcher Ende schauet an, und folget ihrem Glauben nach.

O Welt, ich muß dich lassen,	Mein Zeit ist nun vollendet,
Ich fahr' dahin mein Straßen	Der Tod das Leben schändet,
Ins ewge Vaterland.	Sterben ist mein Gewinn:
Mein Geist will ich aufgeben,	Kein Bleiben ist auf Erden,
Dazu mein Leib und Leben,	Das Ewig muß mir werden,
Setzen in Gottes gnädig Hand.	Mit Fried und Freud fahr ich dahin.

27. Josua.   Das Buch Josua.

1. Nach dem Tode Moses sprach der Herr zu Josua: Mache dich nun auf und ziehe über diesen Jordan in das Land, das ich euch gegeben habe. Sei nur getrost und sehr freudig, daß du thust allerdinge nach dem Gesetz, das dir Mose geboten hat. Und laß das Buch dieses Gesetzes nicht von deinem Munde kommen, sondern betrachte es Tag und Nacht. Alsdann wird dir's gelingen in Allem, das du thust, und wirst weislich handeln können. Da gebot Josua den Hauptleuten des Volks und sprach: Ueber drei Tage werdet ihr über diesen Jordan gehen, daß ihr das Land einnehmet, das euch der Herr geben wird.

2. Da nun das Volk auszog, und die Priester, welche die Lade des Bundes trugen, an den Jordan kamen, da stand das Wasser, das von oben herniederkam, aufgerichtet auf einem Haufen, aber das Wasser, das herunterlief zum Salzmeer, das nahm ab und verfloß. Und ganz Israel ging trocken durch den Jordan, während die Priester mit der Lade mitten im Jordan standen. Und sie richteten zwölf Steine auf an dem Orte, da die Priester standen; und zwölf andre Steine nahmen sie mit aus dem Jordan und richteten sie auf zu Gilgal, auf daß Kinder und Kindeskinder dabei gedenken sollten der großen That Gottes und den Herrn, ihren Gott, fürchten allezeit. Als nun alles Volk hindurchgezogen und auch die Priester aus dem Jordan hinaufgestiegen waren, kam das Wasser wieder in seine Stätte und floß wie vorhin in seinen Ufern. Und die Kinder Israel hielten Passah und aßen vom Getreide des Landes und das Manna hörte auf.

3. Der Herr aber sprach zu Josua: Siehe da, ich habe Jericho in deine Hand gegeben. Laß alle Kriegsmänner ringsum die Stadt hergehen einmal, und thue sechs Tage also. Am siebenten Tage aber laß sieben Priester, sieben Posaunen nehmen vor der Lade her und gehet desselben siebenten Tages siebenmal um die Stadt, und laß die Priester die Posaunen blasen. Und wenn ihr die Posaunen höret, so soll das ganze Volk ein Feldgeschrei machen, so werden der Stadt Mauern umfallen. Da Josua solches dem Volke gesagt hatte, trugen die sieben Priester die sieben Posaunen vor der Lade des Herrn her. Also thaten sie sechs Tage. Am siebenten Tag aber, da die Priester die Posaunen bliesen, sprach Josua zu dem Volke: Machet ein Feldgeschrei, denn der Herr hat euch die Stadt gegeben. Aber diese Stadt und Alles, was darinnen ist, soll dem Herrn verbannet sein. Da machte das Volk ein Feldgeschrei. Und die Mauern fielen um und das Volk erstieg die Stadt und gewann sie.

4. Achan aber, ein Mann aus dem Stamme Juda, vergriff sich an dem Verbanneten und nahm etwas und verbarg es. Da ergrimmete der Zorn des Herrn über die Gemeinde und er sprach zu Josua: Israel hat sich versündigt und haben meinen Bund übergangen, den ich ihnen geboten hatte; denn sie haben des Verbanneten etwas genommen und gestohlen. Ich werde hinfort nicht mit euch sein, wo ihr nicht den Bann aus euch vertilget. Stehe auf, heilige das Volk und sprich: Es ist ein Bann unter dir, Israel, darum kannst du nicht stehen vor deinen Feinden, bis daß ihr den Bann von euch thut. Da brachte Josua Israel herzu, einen Stamm nach dem andern, und ward getroffen Achan. Josua sprach: Mein Sohn, gieb dem Herrn die Ehre, und sage mir an, was hast du gethan? und leugne mir nichts. Da antwortete Achan: Wahrlich, ich habe mich versündigt an dem Herrn. Ich sah unter dem Raube einen köstlichen babylonischen Mantel und 200 Sekel Silbers und eine goldne Zunge, das gelüstete mich und nahm es. Und siehe, es ist verscharret in meiner Hütte. Da sandte Josua Boten hin, und sie brachten es zu ihm. Und Josua sprach: Weil du uns betrübet hast, so betrübe

dich der Herr. Und das ganze Israel steinigte ihn und verbrannte Alles mit Feuer und machten einen großen Steinhaufen darüber.

5. Und Josua besiegte alle Könige des Landes und nahm ihr Land ein und vertheilte es zum Erbe unter die Stämme Israel nach dem Loose. Aber dem Stamme Levi gab er kein Erbtheil, denn das Opfer des Herrn, des Gottes Israel, ist ihr Erbtheil; sondern die Leviten erhielten 48 Städte in allen Stämmen Israels.— Und nach langer Zeit, da der Herr hatte Israel zu Ruhe gebracht vor allen seinen Feinden umher, berief Josua das ganze Volk und sprach: Ich bin nun alt und wohlbetaget, und ihr habt gesehen Alles, was der Herr, euer Gott, gethan hat an allen diesen Völkern vor euch her; denn er hat selber für euch gestritten. Darum so behütet auf's fleißigste eure Seelen, daß ihr den Herrn, euern Gott, lieb habt. Wo ihr euch aber umwendet, und diesen übrigen Völkern anhanget, so werden sie euch zum Strick und Netz und Geißel werden. Siehe, ich gehe heute dahin und ihr sollt wissen, daß nicht ein Wort gefehlt hat von alle dem Guten, das der Herr euch geredet hat; es ist Alles gekommen und Keines verblieben. Gleichwie nun alles Gute gekommen ist, also wird der Herr auch über euch kommen lassen alles Böse, wenn ihr übertretet den Bund eures Gottes. So fürchtet nun den Herrn und dienet ihm treulich und rechtschaffen. Gefällt es euch aber nicht, daß ihr dem Herr dienet, so erwählet euch heute, welchem ihr dienen wollt. I ch aber und mein Haus wollen dem Herrn dienen. Da antwortete das Volk und sprach: Das sei ferne von uns, daß wir den Herrn verlassen und andern Göttern dienen; wir wollen dem Herrn dienen, denn er ist unser Gott! Also machte Josua desselben Tages einen Bund mit dem Volke, und legte ihm die Gesetze und Rechte vor zu Sichem. Und Josua starb da er 110 Jahre alt war.

Eingang zum 1. Gebot: Ich bin der Herr, dein Gott; u. das 7. Gebot: Psalm 33, 4. Des Herrn Wort ist wahrhaftig und was er zusagt, das hält er gewiß. Vers 12. Wohl dem Volk, deß der Herr sein Gott ist.

Wohl dem, der mit Lust und Freuden	Also, sag' ich, wird auch grünen,
Das Gesetz des Höchsten treibt,	Wer in Gottes Wort sich übt;
Und hier, als auf süßer Weiden,	Luft und Sonne wird ihm bienen,
Tag und Nacht beständig bleibt.	Bis er reise Früchte giebt.
Dessen Segen wächst und blüht	Seine Blätter werden alt,
Wie ein Palmbaum, den man sieht	Und doch niemals ungestalt:
Bei den Flüssen an der Seiten	Gott giebt Glück zu seinen Thaten,
Seine frischen Zweig ausbreiten.	Was er macht, muß wohl gerathen.

B. Die Zeit der Richter. 1450—1080 v. Chr.

28. Gideon.   Buch der Richter 2. 6. 7.

1. Da nun Josua gestorben war, und da auch Alle, die zu seiner Zeit gelebt hatten, zu ihren Vätern versammelt worden, kam ein ander Geschlecht auf, das den Herrn nicht kannte, noch die Werke, die er an Israel

gethan hatte. Da thaten die Kinder Israel übel vor dem Herrn und folgten andern Göttern nach. Der Herr aber gab sie in die Hand ihrer Feinde. Wenn aber der Herr ihnen Richter erweckte, so war er mit dem Richter und half ihnen aus ihrer Feinde Hand. So gab der Herr einstens die Kinder Israel unter die Hand der Midianiter sieben Jahre. Und die Kinder Israel machten Klüfte in den Gebirgen und Höhlen. Und die Midianiter kamen herauf über sie und ließen nichts übrig von Nahrung in Israel, weder Schafe, noch Ochsen, noch Esel und fielen in das Land, das sie verderbeten.

2. Und Gideon drasch Weizen an der Kelter, daß er flüchtete vor den Medianitern. Da erschien ihm der Engel des Herrn und sprach: Der Herr mit dir, du streitbarer Held! Gehe hin, du sollst Israel erlösen aus der Midianiter Händen. Und Gideon sprach: Willst du Israel durch meine Hand erlösen, so will ich ein Fell mit der Wolle auf die Tenne legen. Wird der Thau auf dem Felle allein sein, und auf der ganzen Erde trocken, so will ich merken, daß du Israel erlösen willst durch meine Hand. Und es geschah also. Und da er des andern Morgens frühe aufstand, drückte er den Thau aus und füllete eine Schale voll des Wassers. Und Gideon sprach zu Gott: Dein Zorn ergrimme nicht wider mich, daß ich noch einmal rede. Ich will's nur noch einmal versuchen mit dem Fell. Es sei allein auf dem Fell trocken, und Thau auf der ganzen Erde. Und Gott that also dieselbe Nacht, daß trocken war allein auf dem Fell, und Thau auf der ganzen Erde.

3. Da machte sich Gideon frühe auf und alles Volk, das mit ihm war. Der Herr aber sprach zu Gideon: Des Volkes ist zu viel, das mit dir ist, daß ich sollte Midian in ihre Hände geben; Israel möchte sich rühmen und sagen: Meine Hand hat mich erlöset. So laß nun ausschreien vor den Ohren des Volkes: Wer verzagt ist, der kehre um. Da kehrte das Volk um, zweiundzwanzig tausend, daß nur zehntausend überblieben. Und der Herr sprach zu Gideon: Des Volkes ist noch zu viel. Führe sie hinab an's Wasser. Welcher mit seiner Zunge das Wasser lecket, wie ein Hund lecket, den stelle besonders; desselbigen gleichen, welcher auf sein Knie fällt, zu trinken. Da war die Zahl derer, die gelecket hatten aus der Hand zum Munde, dreihundert Mann; das andre Volk aber hatte knieend getrunken. Und der Herr sprach zu Gideon: Durch die dreihundert Mann, die gelecket haben, will ich euch erlösen; aber das andre Volk laß alles gehen an seinen Ort.

4. Und Gideon theilte die dreihundert Mann in drei Haufen und gab einem Jeglichen eine Posaune in seine Hand und ledige Krüge und Fackeln darinnen. Und sprach zu ihnen: Sehet auf mich; wie ich thue, so thut ihr auch. Wenn ich die Posaune blase und Alle, die mit mir sind, so sollt ihr auch die Posaune blasen um's ganze Heer und sprechen: Hier Herr und Gideon! Also kam Gideon und hundert Mann mit ihm an den Ort des Heeres, an die ersten Wächter, und weckten sie auf und bliesen mit Posaunen und zerschlugen die Krüge in ihren Händen. Also bliesen alle drei Haufen mit Posaunen und zerbrachen die Krüge und riefen: Hier Schwert des Herrn und

Gideon! Da erschrak das ganze Heer und floh. Also wurden die Midianiter gedemüthiget vor den Kindern Israel und hoben ihr Haupt nicht wieder empor. — Darnach sprachen etliche Männer Israel's zu Gideon: Sei Herr über uns! Aber Gideon sprach: Ich will nicht Herr sein über euch, sondern der Herr soll Herr über euch sein. Und das Land war stille vierzig Jahre, so lange Gideon lebte.

Schluß der Gebote. Jer. 2, 19. Es ist deiner Bosheit Schuld, daß du so gestäupet wirst, und deines Ungehorsams, daß du so gestrafet wirst. 1. Sam. 14, 6. Es ist dem Herrn nicht schwer, durch viel oder wenig helfen.

Rüstet euch, ihr Christenleute!	Ist euch der Feind zu schnell?
Die Feinde suchen euch zur Beute;	Hier ist Immanuel.
Ja, Satan selbst hat eur begehrt.	Hosianna!
Wappnet euch mit Gottes Worte,	Der Starke fällt
Und kämpfet frisch an jedem Orte,	Durch diesen Held,
Damit ihr bleibet unversehrt.	Und wir behalten mit das Feld.

29. Simson. Richter 13—16.

1. Die Kinder Israel thaten fürder übel vor dem Herrn, und der Herr gab sie in die Hände der Philister vierzig Jahre. Da erweckte der Herr den Richter Simson, der war ein Verlobter des Herrn und war sehr stark. Einst sah Simson ein Weib zu Thimnath unter den Töchtern der Philister und begehrte sie zum Weibe. Da er nun hinabging gen Thimnath, kam ein junger Löwe brüllend ihm entgegen. Aber Simson zerriß ihn, wie man ein Böcklein zerreißet. Nach etlichen Tagen kam er wieder des Weges und siehe, da war ein Bienenschwarm in dem Aas des Löwen und Honig. Simson nahm und aß davon unterweges. Da er nun zu Thimnath Hochzeit machte, sprach er zu den Gästen: Ich will euch ein Räthsel aufgeben. Wenn ihr mir das errathet diese sieben Tage der Hochzeit, so will ich euch dreißig Hemden geben und dreißig Feierkleider; könnet ihr es aber nicht errathen, so sollt ihr mir dasselbe geben. Sie sprachen: Gieb dein Räthsel auf. Er sprach zu ihnen: Speise ging von dem Fresser und Süßigkeit von dem Starken. Da sie das Räthsel nicht errathen konnten, sprachen sie zu Simsons Weibe: Ueberrede deinen Mann, daß er uns das Räthsel sage, oder wir werden dich und deines Vaters Haus mit Feuer verbrennen. Da weinte Simsons Weib die sieben Tage der Hochzeit vor ihm, und am siebenten Tage sagte er es ihr, sie aber sagte das Räthsel ihres Volkes Kindern. Da sprachen die Männer zu ihm am siebenten Tage: Was ist süßer, denn Honig? Was ist stärker, denn der Löwe? Er aber sprach zu ihnen: Wenn ihr nicht hättet mit meinem Kalbe gepflügt, ihr hättet mein Räthsel nicht getroffen. Da ging er hinab gen Asklon, schlug dreißig Mann unter ihnen, nahm ihre Kleider und gab sie denen, die das Räthsel errathen hatten.

2. Simsons Weib ward einem andern gegeben. Da ging Simson hin, fing 300 Füchse, kehrte je einen Schwanz zum andern, that einen Brand zwischen je zwei Schwänze und ließ sie unter das Korn der Philister. Also zündete er an das Korn, die Weinberge und Oelbäume. Da zogen die Philister hinauf und belagerten Juda, daß sie sich rächten. Die

Männer von Juda aber banden Simson mit zwei neuen Stricken und führten ihn in das Lager der Philister. Die Philister aber jauchzeten ihm zu. Da gerieth der Geist des Herrn über Simson, und die Stricke an seinen Armen wurden wie Fäden, die das Feuer versengt hat. Und er fand einen Eselskinnbacken, nahm ihn und schlug damit 1000 Mann.

3. Darnach gewann Simson ein Weib lieb, die hieß Delila. Zu der kamen der Philister Fürsten und sprachen: Ueberrede Simson, daß du erfahrest, worinnen er solche große Kraft hat, so wollen wir dir geben ein jeglicher 1100 Silberlinge. Delila sprach zu Simson: Lieber, sage mir, worinnen deine große Kraft sei. Er aber täuschte sie dreimal und sagte es ihr nicht. Da sie ihn aber mit ihren Worten alle Tage zerplagte, ward seine Seele matt, und er sagte ihr: Es ist nie ein Scheermesser auf mein Haupt gekommen, denn ich bin ein Verlobter des Herrn. Wenn du mich beschörest, so wiche meine Kraft von mir, daß ich schwach würde, wie alle andre Menschen. Da ließ Delila ihn entschlafen auf ihrem Schooß und rief einen, der ihm die sieben Locken abschöre. Da war seine Kraft von ihm gewichen. Die Philister aber ergriffen ihn, stachen ihm die Augen aus, führten ihn hinab gen Gaza und banden ihn an zwei ehernen Ketten, und er mußte mahlen im Gefängniß.

4. Aber das Haar auf dem Haupte Simsons fing wieder an zu wachsen. Da nun der Philister Fürsten sich versammelten, ihrem Gott Dagon ein groß Opfer zu thun, holten sie Simson aus dem Gefängniß, daß er spielte vor ihnen und sie stelleten ihn zwischen zwei Säulen. Simson aber sprach zu dem Knaben, der ihn bei der Hand leitete: Laß mich, daß ich die Säulen betaste, auf welchen das Haus stehet, daß ich mich daran lehne. Das Haus aber war voll Männer und Weiber und auf dem Dache bei 3000. Da rief Simson den Herrn an und sprach: Herr, Herr, stärke mich doch diesmal, daß ich mich räche an den Philistern! umfassete die zwei Mittelsäulen, auf welchen das Haus gesetzet war, und neigte sich kräftiglich. Da fiel das Haus auf die Fürsten und auf alles Volk, das darinnen war, daß der Todten mehr waren, die in seinem Tode starben, denn die bei seinem Leben starben.

Die 6. Bitte. Röm. 6, 13. Begebet nicht der Sünde eure Glieder zu Waffen der Ungerechtigkeit; sondern begebet euch selbst Gott, als die da aus den Todten lebendig sind, und eure Glieder Gott zu Waffen der Gerechtigkeit. 1. Cor. 10, 12. Wer sich läßt dünken, er stehe, mag wohl zusehen, daß er nicht falle.

Ach, Gott, verlaß mich nicht!   Gieb mir den guten Geist,
Regiere du mein Wallen,   Gieb Glaubenszuversicht,
Ach, laß mich nimmermehr   Sei meine Stärk' und Kraft,
In Sünd' und Schande fallen.   Ach, Gott, verlaß mich nicht!

30. Ruth. Ruth 1—4.

1. Zu der Zeit, da die Richter regierten, war eine Theurung im Lande, und ein Mann von Bethlehem, Namens Elimelech, zog in der Moabiter Land mit seinem Weibe, Naemi, und zwei Söhnen. Und er starb daselbst. Seine Söhne aber nahmen moabitische Weiber, die eine hieß Arpa und die andre Ruth. Nach zehn Jahren starben aber

auch die beiden Söhne. Da machte sich Naemi auf mit ihren beiden
Schwiegertöchtern und zog wieder aus der Moabiter Lande; denn sie
hatte erfahren, daß der Herr seinem Volke wieder Brod gegeben hatte.
Und auf dem Wege sprach sie zu ihren Schwiegertöchtern: Kehret um,
meine Töchter! der Herr thue an euch Barmherzigkeit, wie ihr an den
Todten und an mir gethan habt. Da erheben sie ihre Stimme und
weineten. Und Arpa küßte ihre Schwiegermutter und kehrte um. Ruth
aber blieb bei ihr. Naemi aber sprach: Siehe, deine Schwägerin ist
umgewandt; kehre du auch um! Da antwortete Ruth: Wo du hingehest,
da will ich auch hingehen; wo du bleibest, da bleibe ich auch. Dein
Volk ist mein Volk, und dein Gott ist mein Gott. Wo du stirbst, da
sterbe ich auch; der Tod muß mich und dich scheiden. Also gingen die
Beiden mit einander und kamen gen Bethelem.

2. Es war aber um die Zeit der Gerstenernte. Und da Ruth hin-
ging, Aehren zu lesen, kam sie auf das Feld eines Mannes, der hieß
Boas. Da kam Boas zu seinen Schnittern und sprach zu ihnen: Der
Herr sei mit euch! Sie antwortete ihm: Der Herr segne dich! Boas
sprach: Weß ist die Dirne? Da er erfuhr, daß es die Moabitin sei, die
mit Naemi gekommen, sprach er zu ihr: Höre, meine Tochter, du sollst
nicht gehen auf einen andern Acker, aufzulesen, sondern halte dich zu
meinen Dirnen; wo sie schneiden, da gehe ihnen nach; und wenn dich
dürstet, so gehe hin zu dem Gefäß und trinke; und wenn es Essenszeit
ist, so mach dich herzu und iß des Brodes. Da sprach sie: Womit habe
ich Gnade gefunden, vor deinen Augen, die ich doch fremd bin? Er antwortete: Es ist mir angesagt Alles, was du gethan hast an deiner
Schwiegermutter. Der Herr vergelte dir deine That, zu welchem du
gekommen bist, daß du unter seinen Flügeln Zuversicht hättest! Und
Boas gebot seinen Knaben: Lasset sie auch zwischen den Garben lesen
und beschämet sie nicht; auch von den Haufen lasset überbleiben, daß sie
es auflese. Also las sie auf dem Felde bis zum Abend.

3. Und als ihre Schwiegermutter sah, wie viel sie gelesen hatte,
sprach sie: Wo hast du heute gelesen? Sie sprach: Der Mann heißt
Boas. Naemi aber sprach: Gesegnet sei er dem Herrn. Der Mann
gehört uns zu und ist unser Erbe. Also las sie, bis die Ernte aus war,
und kam wieder zu ihrer Schwiegermutter. Naemi sprach: Boas worfelt
heute Gerste auf seiner Tenne; so lege deine Kleider an und gehe hinab
auf die Tenne. Sie ging hinab und that, wie ihre Schwiegermutter geboten hatte, und sprach zu Boas: Breite deine Flügel über deine Magd;
denn du bist der Erbe. Boas aber sprach: Es ist wahr; aber es ist Einer
näher, denn ich. So er dich nicht nimmt, so will ich dich nehmen, so
wahr der Herr lebt! Und Boas ging hin und sprach zu dem Erben vor
den Aeltesten: Willst du das Feld Elimelechs beerben? Da sprach er:
Ich mag es nicht beerben; kaufe du es. Da sprach Boas zu den Aeltesten: Ihr seid heute Zeugen. Sie sprachen: Wir sind Zeugen. Der
Herr mache das Weib, das in dein Haus kommt, wie Rahel und Lea!
Also kaufte Boas das Feld und nahm Ruth zum Weibe. Und der Herr

schenkte der Ruth einen Sohn, den nannten sie Obed. Dieser war der
Vater Isais, welcher war der Vater Davids.

Das 4. Gebot. Sprüch. 19, 17. Wer sich des Armen erbarmet, der leihet dem
Herrn, der wird ihm wieder Gutes vergelten. 1. Tim. 4, 8. Die Gottseligkeit ist zu
allen Dingen nütze und hat die Verheißung dieses und des zukünftigen Lebens.

Wer nur den lieben Gott läßt walten,	Sing, bet und geh auf Gottes Wegen,
Und hoffet auf ihn allezeit,	Berricht das Deine nur getreu,
Den wird er wunderlich erhalten	Und trau des Himmels reichem Segen,
In aller Noth und Traurigkeit;	So wird er bei dir werden neu;
Wer Gott dem Allerhöchsten traut,	Denn welcher seine Zuversicht
Der hat auf keinen Sand gebaut.	Auf Gott setzt, den verläßt er nicht.

31. Eli und Samuel. 1. Sam. 1—6.

1. Zur Zeit des Hohenpriesters Eli, der Israel vierzig Jahre lang
richtete, lebte ein Mann zu Ramath auf dem Gebirge Ephraim, der hieß
Elkana; und Hanna, sein Weib, hatte keine Kinder. Derselbige
ging alljährlich gen Silo zur Stiftshütte, daß er anbetete und opferte dem
Herrn, und Hanna war mit ihm. Und sie betete zum Herrn und gelobte
ein Gelübde und sprach: Herr Zebaoth, wirst du deiner Magd Elend an=
sehen und an mich gedenken und deiner Magd einen Sohn geben, so will
ich ihn dem Herrn geben sein Lebenlang. Und da sie lange betete, hatte
Eli acht auf ihren Mund. Denn Hanna redete in ihrem Herzen; allein
ihre Lippen regten sich, aber ihre Stimme hörte man nicht. Da meinte
Eli, sie wäre trunken und sprach zu ihr: Wie lange willst du trunken sein?
Hanna aber antwortete und sprach: Nein, mein Herr, ich bin ein betrüb=
tes Weib; ich habe mein Herz vor dem Herrn ausgeschüttet. Eli sprach:
Gehe hin mit Frieden, der Gott Israels wird dir geben deine Bitte, die
du von ihm gebeten hast. Und der Herr gedachte an sie, und sie gebar
einen Sohn und hieß ihn Samuel. Nachdem sie nun den Knaben ent=
wöhnt hatte, brachte sie ihn zu Eli und sprach: Mein Herr, ich bin das
Weib, das hier bei dir stand, da ich um diesen Knaben bat. Nun hat der
Herr meine Bitte gegeben; darum gebe ich ihn dem Herrn wieder sein
Lebenlang, weil er vom Herrn erbeten ist. Und der Knabe ward
des Herrn Diener vor dem Priester Eli und nahm zu und war angenehm
bei dem Herrn und bei den Menschen.

2. Aber die Söhne Elis, Hophni und Pinehas, welche Priester
waren zu Silo, waren böse Buben und fragten nicht nach dem Herrn noch
nach dem Recht der Priester. Eli aber war sehr alt und erfuhr Alles was
seine Söhne thaten, und sprach zu ihnen: Warum thut ihr Solches?
Nicht, meine Kinder, das ist nicht ein gutes Gerücht, das ich höre. Aber sie
gehorchten ihres Vaters Stimme nicht.—Und es kam ein Mann Gottes zu
Eli und sprach: So spricht der Herr: Du ehrest deine Söhne mehr, denn
mich. Wer mich ehret, den will ich auch ehren; wer aber
mich verachtet, der soll wieder verachtet werden. Siehe,
deine beiden Söhne werden auf einen Tag sterben. Ich aber will mir
einen treuen Priester erwecken, der soll thun, wie es meinem Herzen gefällt.

3. Und es begab sich zu derselbigen Zeit, daß Samuel sich gelegt hatte

im Hause des Herrn. Und der Herr rief Samuel. Da lief Samuel zu Eli und sprach: Siehe, hier bin ich; du hast mich gerufen. Er aber sprach: Ich habe dich nicht gerufen; gehe wieder hin und lege dich schlafen. Und der Herr rief abermal und zum drittenmal und Samuel that gleich also. Da merkte Eli, daß der Herr den Knaben rief und sprach zu ihm: So du wieder gerufen wirst, so sprich: Rede, Herr, denn dein Knecht höret. Samuel ging hin und legte sich an seinen Ort; da kam der Herr und rief wie vormals: Samuel! Samuel! Und Samuel sprach: Rede, Herr, denn dein Knecht höret. Und der Herr sprach: Siehe, ich will erwecken über Eli, was ich wider sein Haus geredet habe, darum, daß er wußte, wie seine Kinder sich schändlich hielten, und hat nicht einmal sauer dazu gesehen. Am Morgen fürchtete Samuel sich aber, das Gesicht dem Eli anzusagen. Da rief ihn Eli und sprach: Was ist das Wort, das dir gesagt ist? Verschweige mir nichts! Da sagte ihm Samuel Alles an; und Eli sprach: Es ist der Herr; er thue, was ihm wohlgefällt! Samuel aber nahm zu, der Herr war mit ihm, und fiel keines unter allen seinen Worten auf die Erde. Und ganz Israel erkannte, daß Samuel ein treuer Prophet des Herrn war.

4. Israel aber zog aus, den Philistern entgegen, in den Streit; und auch die zwei Söhne Elis mit der Bundeslade. Aber Israel ward geschlagen, und es fielen dreißigtausend Mann Fußvolks, und die Lade Gottes ward genommen, und die Söhne Elis, Hophni und Pinehas, starben. Da lief Einer aus dem Heer und kam gen Siloh, und hatte seine Kleider zerrissen und Erde auf sein Haupt gestreuet, und sagte es Eli an. Da Eli aber der Lade Gottes gedachte, fiel er zurück vom Stuhl und brach den Hals und starb, da er acht und neunzig Jahre alt war.

5. Da aber der Herr die Philister heimsuchte mit allerlei Plagen, brachten sie wieder die Lade Gottes. Samuel aber sprach zu dem ganzen Israel: So ihr euch mit ganzem Herzen bekehret zu dem Herrn, so thut von euch die fremden Götter und richtet euer Herz zu dem Herrn und dienet ihm allein, so wird er euch erretten aus der Philister Hand. Da thaten sie die fremden Götter von sich und dienten dem Herrn allein. Und Samuel versammelte das ganze Israel gen Mizpa und schrie zum Herrn für Israel, und der Herr erhörete ihn. Und indem Samuel opferte, kamen die Philister heran, zu streiten wider Israel; aber der Herr schreckte sie durch einen großen Donner, daß sie von Israel geschlagen wurden. Da richtete Samuel einen Stein auf und hieß ihn Eben=Ezer und sprach: Bis hieher hat uns der Herr geholfen. Also wurden die Philister gedämpfet und kamen nicht mehr in die Gränzen Israels, so lange Samuel lebte. Samuel aber richtete Israel sein Lebenlang.

Schluß des 4. Gebotes. Sprüche 13, 24. Wer seiner Ruthe schonet, der hasset seinen Sohn; wer ihn aber lieb hat, der züchtiget ihn bald. Spr. 8, 17. Ich liebe die mich lieben, (spricht der Herr) und die mich frühe suchen, finden mich.

Wer's gut mit seinen Kindern meint,   Was hilft die Kinder nur groß Geld
Gewiß sie zum Herrn Christo sendt.   Und viel Aecker in jedem Feld?
Wer anders thut, der ist ihr Feind,   Wer sie von Gott recht lehren läßt,
Wenn er auch schon groß Lieb' vorwendt.   Der thut an ihn' das Allerbest'.

C. Die Blüthe Israels unter den drei ersten Königen.
1080—975 vor Chr.

32. Sauls Erwählung zum König. 1. Sam. 8—11.

1. Da aber Samuel alt ward, setzte er seine Söhne zu Richtern in Is=
rael. Aber sie wandelten nicht in seinem Wege, sondern neigten sich zum
Geiz und nahmen Geschenke und beugten das Recht. Da versammelten
sich alle Aeltesten und sprachen zu ihm: Siehe, du bist alt geworden und
deine Söhne wandeln nicht in deinen Wegen; so setze nun einen König
über uns, der uns richte, wie alle Heiden haben. Das gefiel Samuel übel
und er betete vor dem Herrn. Der Herr aber sprach zu ihm: Gehorche
der Stimme des Volks; denn sie haben nicht dich, sondern mich verwor=
fen, daß ich nicht soll König über sie sein.

2. Es war aber ein Mann von Benjamin mit Namen K i s, der hatte
einen Sohn mit Namen S a u l, der war ein junger, feiner Mann, eines
Hauptes länger, denn alles Volk. Es hatte aber Kis seine Eselinnen ver=
loren. Da ging Saul hin, die Eselinnen zu suchen und kam zu der Stadt,
da der Mann Gottes Samuel war, damit er ihm ansage den Weg, den er
gehen sollte. Als nun Samuel den Saul sahe, sprach der Herr zu ihm:
Siehe, das ist der Mann, der über mein Volk herrschen soll. Da sagte
Samuel zu Saul: Du sollst heute mit mir essen; um die Eselinnen aber
kümmere dich jetzt nicht; sie sind gefunden. Und weß wird sein Alles, was
das Beste ist in Israel? Wird's nicht dein und deines Vaters ganzen
Hauses sein? Des andern Morgens nahm Samuel ein Oelglas und goß
es auf Sauls Haupt, küßte ihn und sprach: Siehest du, daß dich der
Herr zum Fürsten über sein Erbtheil gesalbet hat? Und da Saul von
Samuel ging, g a b i h m G o t t e i n a n d r e s H e r z.

3. Samuel aber berief das Volk gen Mizpa und sprach: Ihr habt heute
euren Gott verworfen, der euch aus allem eurem Unglück und Trübsal ge=
holfen hat. Wohlan, so tretet nun vor den Herrn nach euren Stämmen
und Freundschaften. Da warf Samuel das Loos, und es ward getroffen
der Stamm Benjamin und aus dem Stamm Benjamin Saul, der Sohn
Kis. Sie suchten ihn, denn er hatte sich unter die Fässer versteckt, und
holeten ihn. Da jauchzte alles Volk und sprach: Glück zu dem Könige!
Aber etliche lose Leute sprachen: Was sollte uns dieser helfen? und verach=
teten ihn. Aber er that, als hörete er es nicht.

4. Und Nahas, der König der Ammoniter, belagerte Jabes in Gilead.
Da kamen Boten von Jabes zu Saul und erzählten es. Da gerieth der
Geist Gottes über Saul, und er nahm ein Joch Ochsen und zerstückte sie
und sandte die Stücke in alle Gränzen Israels und ließ sagen: Wer
nicht ausziehet Saul und Samuel nach, deß Rindern soll man also thun.
Da fiel die Furcht des Herrn auf das Volk, daß sie auszogen, gleich als
ein einiger Mann. Und sie schlugen die Ammoniter; welche aber über=
blieben, wurden also zerstreuet, daß ihrer nicht zwei bei einander blieben.

Da sprach das Volk zu Samuel: Wer sind sie, die da sagten: Sollte Saul über uns herrschen? Gebet sie her, daß wir sie tödten. Saul aber sprach: Es soll auf diesen Tag Niemand sterben, denn der Herr hat heute Heil gegeben in Israel.

Die 2. Bitte des h. Vaterunsers. Pf. 146, 3. Verlasset euch nicht auf Fürsten; sie sind Menschen, die können ja nicht helfen. 1. Chron. 30, 12. Du herrschest über Alles; in deiner Hand stehet Kraft und Macht; in deiner Hand stehet es, Jedermann groß und stark zu machen.

Lobe den Herren, den mächtigen König der Ehren,
Meine geliebete Seele, das ist mein Begehren.
Kommet zu Hauf! Psalter und Harfe wacht auf!
Lasset den Lobgesang hören.

Lobe den Herren, der Alles so herrlich regieret,
Der dich auf Adelers Fittigen sicher geführet,
Der dich erhält, wie es dir selber gefällt;
Hast du nicht dieses verspüret?

33. Sauls Verwerfung und Davids Salbung.   1. Sam. 15. 16.

1. Samuel aber sprach zu Saul: So spricht der Herr: Ich habe bedacht, was Amalek wider Israel that, da er aus Aegypten zog. (Geschichte 22.) So zeuch nun hin und schlage die Amalekiter und verbanne sie mit Allem, das sie haben und schone ihrer nicht. Da schlug Saul die Amalekiter, und alles Volk verbannete er mit des Schwertes Schärfe. Aber er schonte ihres Königs Agag, und was gute Schafe und Rinder waren, wollte er nicht verbannen; was aber schnöde und untüchtig war, das verbannete er. Da geschah des Herrn Wort zu Samuel und sprach: Es reuet mich, daß ich Saul zum Könige gemacht habe, denn er hat meine Worte nicht erfüllet. Als nun Samuel zu Saul kam, sprach Saul: Gesegnet seist du dem Herrn! Ich habe des Herrn Wort erfüllet. Samuel antwortete: Was ist denn das für ein Blöken der Schafe und ein Brüllen der Rinder, die ich höre? Saul sprach: Das Volk verschonete der besten Schafe und Rinder um des Opfers willen des Herrn, deines Gottes; das andre haben wir verbannet. Samuel aber sprach: Ist's nicht also, da du klein warest vor deinen Augen, wurdest du das Haupt in Israel? Meinest du, daß der Herr mehr Lust habe am Opfer, als am Gehorsam der Stimme des Herrn? Siehe, Gehorsam ist besser, denn Opfer, und Aufmerken besser, denn das Fett von Widdern. Denn Ungehorsam ist eine Zaubereisünde, und Widerstreben ist Abgötterei und Götzendienst. Weil du nun des Herrn Wort verworfen hast, hat er dich auch verworfen, daß du nicht König seist. Und als sich Samuel umwandte, daß er wegginge, ergriff ihn Saul beim Zipfel seines Rockes und er zerriß. Da sprach Samuel zu ihm: Der Herr hat das Königreich heute von dir gerissen und deinem Nächsten gegeben, der besser ist, denn du. Und Samuel ging hin und sah Saul nicht mehr bis an den Tag seines Todes. Aber doch trug Samuel Leid um Saul.

2. Und der Herr sprach zu Samuel: Wie lange trägst du Leid um

Saul, den ich verworfen habe? Fülle dein Horn mit Oel und gehe hin zu dem Bethlehemiter Isai; denn unter seinen Söhnen habe ich mir einen König ersehen. Und da Samuel gen Bethlehem kam, heiligte er den Isai und seine Söhne und lud sie zum Opfer. Da sie nun herein= kamen, sah er den Eliab, Isais ältesten Sohn, und gedachte, ob der vor dem Herrn sei sein Gesalbter. Aber der Herr sprach zu ihm: Siehe nicht an seine Gestalt, noch seine große Person; ich habe ihn verworfen. Denn es gehet nicht, wie ein Mensch siehet. Ein Mensch siehet, was vor Augen ist; der Herr aber siehet das Herz an. Da ließ Isai seine sieben Söhne vor Samuel vorübergehen; aber Samuel sprach: Der Herr hat derer keinen erwählet. Sind das die Knaben alle? Isai sprach: Es ist noch übrig der kleinste; und siehe, er hütete der Schafe. Da ließ er ihn holen; und er war bräunlich, mit schönen Augen und guter Gestalt, und hieß David. Und der Herr sprach: Auf und salbe ihn, denn er ist es! Da salbte ihn Samuel mitten unter seinen Brüdern. Und der Geist des Herrn gerieth über David von dem Tage an und fürder.

3. Aber von Saul wich der Geist des Herrn, und ein böser Geist machte ihn sehr unruhig. Da sprach Saul zu seinen Knechten: Sehet nach einem Manne, der es wohl kann auf Saitenspiel und bringet ihn zu mir. Da antwortete der Diener einer: Siehe, ich habe gesehen einen Sohn Isais, der kann wohl auf Saitenspiel, und der Herr ist mit ihm. Da ließ Saul David holen. Wenn nun der böse Geist über Saul kam, so nahm David die Harfe und spielte; so erquickte sich Saul und es ward besser mit ihm, und der böse Geist wich von ihm.

Die 6. Bitte des h. Vaterunsers. 1. Chron. 29, 9. Wirst du den Herrn suchen, so wirst du ihn finden; wirst du ihn aber verlassen, so wird er dich verlassen ewiglich. 1. Chron. 30, 17. Ich weiß, mein Gott, daß du das Herz prüfest, und Aufrichtig= keit ist dir angenehm.

Den heil'gen Geist nimm nicht von mir, Beherrschet mein Herz, Sinn und Muth
Den bösen Geist vertreibe, Der heil'ge Geist, so ist es gut
Damit er mich nicht nehme dir Im Leben und im Sterben.
Und ich stets deine bleibe.

34. David und Goliath. 1. Sam. 17.

1. Die Philister sammelten ihre Heere zum Streite gegen Juda und standen auf einem Berge jenseits und die Israeliten auf einem Berge diesseits, daß ein Thal zwischen ihnen war. Da trat hervor aus den Lagern der Philister ein Riese mit Namen Goliath von Gath, sechs Ellen und eine Handbreit hoch. Der hatte einen ehernen Helm auf sei= nem Haupte und einen schuppigen Panzer an, und der Schaft seines Spießes war wie ein Weberbaum. Und er rief zu dem Heere Israels: Erwählet einen unter euch, der zu mir herabkomme; schläget er mich, so wollen wir eure Knechte sein; schlage ich ihn, so sollt ihr unsre Knechte sein. Da Saul und ganz Israel das hörete, entsetzten sie sich und fürchteten sich sehr. Aber der Philister trat herzu am Morgen und

am Abend und that also vierzig Tage. — David aber war wieder bei
seinem Vater und hütete der Schafe, und Isai schickte ihn zum Heere, da=
mit er seine Brüder besuche, ob es ihnen wohl gehe. Da nun David
zum Heere kam und seine Brüder grüßte, siehe, da trat hervor der Riese
Goliath und redete wie vorhin. Und Jedermann in Israel, wenn er den
Mann sah, flohe vor ihm und fürchtete sich sehr und sprach: Habt ihr den
Mann gesehen herauftreten, Israel Hohn zu sprechen? Wer ihn schlägt,
den will der König sehr reich machen und ihm seine Tochter geben. Da
sprach David: Was wird man dem thun, der diesen Philister schlägt und
die Schande von Israel wendet? Da sagte ihm das Volk, wie vorhin:
So wird man thun dem, der ihn schlägt. Und Eliab, sein Bruder, er=
grimmete wider ihn und sprach: Warum bist du herabgekommen und hast
die wenigen Schafe dort in der Wüste verlassen? Ich kenne deine Vermes=
senheit wohl. Du bist herabgekommen, daß du den Streit sehest.

2. Die Worte aber, die David sagte, verkündigten sie vor Saul, und er
ließ ihn holen. Und David sprach zu Saul: Es entfalle keinem Menschen
das Herz um deßwillen; dein Knecht will hingehen und mit dem Phili=
ster streiten. Saul sprach: Du kannst nicht hingehen; denn du bist ein
Knabe; dieser aber ist ein Kriegsmann von seiner Jugend auf. David
aber sprach: Dein Knecht hütete der Schafe seines Vaters, und es kam ein
Löwe und ein Bär und trug ein Schaf weg von der Heerde, und ich lief
ihm nach und errettete es aus seinem Maule und schlug ihn und tödtete
ihn. Der Herr, der mich von dem Löwen und Bären errettet hat, der
wird mich auch erretten von diesem Philister. Da sprach Saul: Gehe
hin, der Herr sei mit dir! Und Saul zog David seine Kleider an und
setzte ihm einen ehernen Helm auf sein Haupt und legte ihm einen Panzer
an; und David gürtete sein Schwert über seine Kleider und fing an zu
gehen; denn er hatte es nie versucht. Da sprach David zu Saul: Ich
kann nicht also gehen; denn ich bin es nicht gewohnt; und legte es von
sich. Und nahm seinen Stab in seine Hand und erwählete fünf glatte
Steine aus dem Bach, und that sie in die Hirtentasche und nahm die
Schleuder in seine Hand und machte sich zu dem Philister.

3. Da der Philister ihn sah, verachtete er ihn und sprach: Bin ich denn
ein Hund, daß du mit einem Stecken zu mir kommst? und fluchte dem David
und sprach: Komm her zu mir; ich will dein Fleisch geben den Vögeln
unter dem Himmel und den Thieren auf dem Felde. David aber sprach
zu dem Philister: Du kommst zu mir mit Schwert, Spieß und Schild;
ich aber komme zu dir im Namen des Herrn Zebaoth, des Gottes Israels,
den du gehöhnet hast. Heutiges Tages wird dich der Herr in meine
Hand überantworten, daß ich dich schlage und nehme dein Haupt von dir,
daß alles Land inne werde, daß Israel einen Gott hat, und daß der Herr
nicht durch Schwert und Spieß hilft. Da sich nun der Philister auf=
machte, eilte David ihm entgegen, nahm einen Stein aus seiner Tasche
und schleuderte und traf den Philister an seine Stirn, daß er zur Erde
fiel auf sein Angesicht. Und da David kein Schwert in seiner Hand
hatte, trat er zu dem Philister, zog sein Schwert aus der Scheide und hieb

ihm damit den Kopf ab. Da aber die Philister sahen, daß ihr Stärkster todt war, flohen sie, und die Männer von Israel jagten ihnen nach und schlugen sie.

Das 3. Hauptstück, der Beschluß. Spr. 16,18. Wer zu Grunde gehen soll, der wird zuvor stolz, und stolzer Muth kommt vor dem Fall. 1. Petri 5, 5. Gott widerstehet den Hoffärtigen, aber den Demüthigen giebt er Gnade.

Ein' feste Burg ist unser Gott,   Der alt' böse Feind
Ein' gute Wehr und Waffen;   Mit Ernst er's jetzt meint;
Er hilft uns frei aus aller Noth,   Groß' Macht und viel' List
Die uns jetzt hat betroffen.   Sein grausam Rüstung ist;
                         Auf Erd'n ist nicht seins gleichen.

35. David und Jonathan. 1. Sam. 18—20

1. Da David wiederkam von der Schlacht des Philisters, verband sich das Herz Jonathans, des Sohnes Sauls, mit dem Herzen Davids, und Jonathan gewann ihn lieb wie sein eigen Herz, und machten einen Bund mit einander. Es begab sich aber, daß die Weiber aus allen Städten Israels waren gegangen mit Gesang und Reigen und Pauken dem Könige Saul entgegen und sangen: Saul hat Tausend geschlagen, aber David zehn Tausend. Da ergrimmte Saul sehr, und gefiel ihm das Wort übel, und sprach: Sie haben David zehn Tausend gegeben und mir Tausend; das Königreich will noch sein werden. Und Saul sah David sauer an von dem Tage und fortan. Des andern Tages gerieth der böse Geist über Saul; David aber spielte auf den Saiten, wie er täglich pflegte. Und Saul hatte einen Spieß in seiner Hand und schoß ihn und gedachte: Ich will David an die Wand spießen. David aber wandte sich zweimal, und der Spieß fuhr in die Wand. Da that ihn Saul von sich und setzte ihn zum Fürsten über tausend Mann, und David hielt sich klüglich in all' seinem Thun, und der Herr war mit ihm, und Saul gab ihm seine Tochter Michal zum Weibe.

2. Saul aber redete mit seinem Sohn Jonathan und mit allen seinen Knechten, daß sie David sollten tödten. Aber Jonathan redete das Beste von David mit seinem Vater und sprach: Es versündige sich der König nicht an seinem Knechte David, denn er hat keine Sünde wider dich gethan und sein Thun ist dir sehr nütze. Da gehorchte Saul der Stimme Jonathans und schwur: So wahr der Herr lebet, er soll nicht sterben! Aber der böse Geist kam wieder über Saul, und er warf mit dem Spieße nach David, da er spielete, und der Spieß fuhr in die Wand. Da floh David, und Saul sandte Boten zu Davids Haus, daß sie ihn bewachten und am Morgen tödteten. Aber sein Weib Michal ließ ihn durch's Fenster, daß er entrann, und legte ein Bild in's Bett; und da die Boten kamen, sprach sie: Er ist krank. Und Saul gebot: Bringet ihn her zu mir mit dem Bette, daß er getödtet werde. Und da die Boten kamen, siehe, da lag ein Bild im Bette.—David aber kam zu Samuel gen Rama und sagte ihm an Alles, was ihm Saul gethan hatte.

3. Und David floh von Rama und redete mit Jonathan: Was habe ich gesündigt an deinem Vater, daß er nach meinem Leben stehet? Jonathan

sprach: Ich will erforschen meinen Vater, ob es wohl oder übel stehet mit David. Nach dreien Tagen komme her und verbirg dich. So will ich drei Pfeile schießen, als wenn ich zum Sichermaal schösse. Werde ich nun zu dem Knaben sagen: Gehe hin, suche die Pfeile, siehe, sie liegen hier=wärts hinter dir; so komm, denn es ist Friede. Sage ich aber: Siehe, die Pfeile liegen dortwärts vor dir; so gehe hin, denn der Herr hat dich lassen gehen. Was aber du und ich mit einander geredet haben, da ist der Herr zwischen mir und dir ewiglich. Da nun der Neumond kam, setzte sich der König zu Tisch, und man vermißte David an seinem Ort. Und Saul sprach zu seinem Sohn: Warum ist der Sohn Isais nicht zu Tische gekommen? Da Jonathan ihn entschuldigen wollte, ergrimmete Saul und sprach: Du ungehorsamer Bösewicht! Ich weiß wohl, daß du den Sohn Isais auserkoren hast, dir und deiner unartigen Mutter zur Schande. Denn so lange er lebet auf Erden, wirst du, dazu auch dein Königreich, nicht bestehen. Darum sende hin und laß ihn holen; denn er muß sterben. Jonathan antwortete: Warum soll er sterben? Was hat er gethan? Da schoß Saul den Spieß nach ihm, daß er ihn spießete. Da merkte Jonathan, daß bei seinem Vater gänzlich beschlossen war, David zu tödten, und ging hinaus auf's Feld, schoß einen Pfeil und sprach zu seinem Knaben: Der Pfeil liegt dortwärts vor dir. Da las der Knabe die Pfeile auf und brachte sie und wußte nichts um die Sache. Und Jonathan schickte den Knaben mit den Waffen in die Stadt. David aber stand auf von seinem Orte, und sie küsseten sich und weineten mit einander, David aber am allermeisten. Und Jonathan sprach zu David: Gehe hin mit Frieden! Was wir beide geschworen haben im Namen des Herrn und ge=sagt: Der Herr sei zwischen mir und dir, zwischen meinem Samen und deinem Samen; das bleibe ewiglich. Und Jonathan machte sich auf und kam in die Stadt.

Die 4. Bitte, Erklärung: Ehre, gute Freunde, getreue Nachbarn. Spr. 18, 24. Ein treuer Freund liebet mehr und stehet fester bei, denn ein Bruder. Joh. 15, 12. 13. Das ist mein Gebot, daß ihr euch unter einander liebet, gleich wie ich euch liebe. Niemand hat größere Liebe, denn die, daß er sein Leben lässet für seine Freunde.

Die Welt mag meine Feindin heißen:
Es sei also; ich brauch ihr nicht,
Wenn sie mir gleich will Lieb erweisen
Bei einem freundlichen Gesicht.
In dir vergnügt sich meine Seele,
Du bist mein Freund, den ich erwähle,
Du bleibst mein Freund, wenn Freundschaft weicht,
Der Welthaß kann mich doch nicht fällen,
Weil in den stärksten Unglückswellen
Mir deine Treu den Anker reicht.

36. Davids Verfolgungen und Sauls Ende. 1. Sam. 21—31.

1. David aber kam gen Nobe zum Hohenpriester Ahimelech, und da ihn hungerte, gab ihm Ahimelech Schaubrode zu essen; denn es war kein an=dres Brod da. Auch gab er ihm Goliaths Schwert. Und David floh zu Achis, dem Könige der Philister. Aber des Königs Knechte sprachen:

Das ist David, des Landes König, von dem sie sangen: Saul hat tausend geschlagen, David aber zehntausend. Da fürchtete sich David und verstellete seine Geberde, als wäre er unsinnig, und Achis trieb ihn von sich. Da floh er in die Höhle Adullam, und es sammelte sich um ihn seines Vaters ganzes Haus und allerlei Männer, die in Noth und betrübten Herzens waren, bei vierhundert Mann, und er war ihr Oberster. Der Edomiter Doeg hatte aber gesehen, wie Ahimelech dem David Speise und Schwert gegeben hatte, und sagte es Saul an. Und Saul ließ rufen Ahimelech und seines Vaters ganzes Haus und gebot seinen Trabanten, sie zu tödten. Aber sie wollten ihre Hände nicht legen an die Priester des Herrn. Da erschlug Doeg die Priester, daß des Tages starben fünfundachtzig Mann. Es entrann aber ein Sohn Ahimelechs, der hieß Abjathar, und floh zu David. Darnach war David in der Wüste Maon. Da zog Saul hin und umringte ihn mit seinen Männern. Aber es kam ein Bote zu Saul und sprach: Eile und komm; denn die Philister sind in's Land gefallen. Also ließ Saul ab, David zu verfolgen, und zog hin den Philistern entgegen.

2. Da nun Saul wieder kam von den Philistern, ward ihm gesagt: Siehe, David ist in der Wüste Engedi. Und Saul nahm 3000 junger Mannschaft, um David zu suchen; und als er in die Wüste kam, ging er in eine Höhle; David aber und seine Männer saßen hinten in der Höhle. Und David stand auf und schnitt leise einen Zipfel vom Rocke Sauls. Da aber Saul sich aufmachte aus der Höhle, rief ihm David hinten nach: Mein Herr König, siehe, heutiges Tages sehen deine Augen, daß dich der Herr heute in meine Hand gegeben. Siehe doch den Zipfel von deinem Rock in meiner Hand. Erkenne doch und siehe, daß nichts Böses in meiner Hand ist. Der Herr sei Richter zwischen mir und dir; aber m e i n e Hand soll nicht über dir sein. Da hob Saul seine Stimme auf und weinete und sprach: Mein Sohn David, du bist gerechter als ich. Der Herr vergelte dir Gutes für diesen Tag! Nun siehe, ich weiß, daß du König werden wirst; so schwöre mir nun, daß du nicht ausrottest meinen Samen nach mir. Da schwur David ihm und Saul zog heim. Zu der Zeit starb Samuel und ganz Israel trug Leide um ihn und begruben ihn.

3. Aber Saul machte sich abermals auf mit 3000 Mann, daß er David zu Rama suchte in der Wüste Siph. In der Nacht ging David mit Abisai, seinem Schwestersohn, in das Lager Sauls; da lag Saul und schlief und sein Spieß steckte bei ihm in der Erde und das Volk lag um ihn her. Da sprach Abisai: Ich will ihn mit dem Spieß in die Erde stechen. Aber David wehrte ihm und sprach: Wer will die Hand an den Gesalbten des Herrn legen und ungestraft bleiben? So nimm nun Spieß und Wasserbecher und laß uns gehen. Es war aber Niemand, der es merkte, noch erwachte, denn es war ein tiefer Schlaf des Herrn auf sie gefallen. Da nun David jenseits gekommen war, trat er auf des Berges Spitze und schrie das Volk an und schalt Abner, den Feldhauptmann Sauls, daß er seinen Herrn nicht behütet habe, und sprach: Siehe, hier ist der Spieß des Königs und der Wasserbecher, die zu seinen Häup-

ten waren. Da erkannte Saul die Stimme Davids und sprach: Ich habe gesündigt, mein Sohn David; ich will dir kein Leid ferner thun. Und Saul kehrte wieder an seinen Ort. — David aber gedachte in seinem Herzen: Ich werde der Tage einen Saul in die Hände fallen; es ist mir nichts Besseres, als daß ich entrinne in der Philister Land. Da machte er sich auf und ging mit den 600 Mann, die bei ihm waren, zu Achis und blieb in der Philister Land ein Jahr und vier Monate. Und da Saul angesagt ward, daß David in der Philister Land geflohen sei, hörte er auf, ihn zu suchen.

4. Da nun die Philister abermals in den Streit zogen wider Israel, verzagte Sauls Herz, und er fragte den Herrn um Rath; aber der Herr antwortete ihm nicht. Saul sprach zu seinen Knechten: Suchet mir ein Weib, das einen Wahrsagergeist hat, daß ich sie frage. Seine Knechte sprachen: Siehe, zu Endor ist ein solches Weib. Da verstellete sich Saul und kam bei der Nacht zu dem Weibe und sprach: Bringe mir Samuel herauf! Da nun das Weib Samuel sahe, schrie sie laut und fürchtete sich und sprach: Ich sehe Götter heraufsteigen aus der Erde. Es kommt ein alter Mann herauf und ist gehüllet in einen Mantel. Da vernahm Saul, daß es Samuel war, und neigete sich zur Erde und sprach: Ich bin sehr geängstet; die Philister streiten wider mich und Gott ist von mir gewichen und antwortet mir nicht; darum habe ich d i ch rufen lassen. Samuel sprach: Der Herr hat ihm gethan, wie er durch mich geredet hat, und hat das Reich von deiner Hand gerissen. Morgen wirst du und deine Söhne mit mir sein. Da fiel Saul zur Erde und erschrak. Und da er sich erholet hatte, ging er hin.

5. Die Philister stritten wider Israel, und die Männer Israel flohen vor den Philistern und fielen erschlagen auf dem Gebirge Gilboa. Und die Philister schlugen die drei Söhne Sauls. Und der Streit war hart wider Saul, und die Schützen trafen auf ihn mit Bogen, und ward sehr verwundet. Da sprach Saul zu seinem Waffenträger: Ziehe dein Schwert aus und erstich mich, daß nicht die Philister kommen und mich erstechen und treiben einen Spott mit mir. Aber sein Waffenträger wollte nicht; denn er fürchtete sich sehr. Da nahm Saul sein Schwert und fiel darein. Da nun sein Waffenträger sahe, daß Saul todt war, fiel er auf sein Schwert. Des andern Tages kamen die Philister, die Erschlagenen auszuziehen, und fanden Saul und seine drei Söhne liegen und hieben ihm sein Haupt ab und zogen ihm seine Waffen ab und sandten sie in der Philister Land umher; aber seinen Leichnam hingen sie auf die Mauer zu Bethsan. Und David klagte diese Klage über Saul und Jonathan: Ihr Berge zu Gilboa, es müsse weder thauen noch regnen auf euch! Wie sind die Helden so gefallen im Streit! Jonathan ist auf deinen Höhen erschlagen. Es ist mir Leid um dich, mein Bruder Jonathan; ich habe große Freude und Wonne an dir gehabt.

Das 5. Gebot und die 5. und 6. Bitte. Pf. 56, 5. Ich will Gottes Wort rühmen; auf Gott will ich hoffen und mich nicht fürchten; was sollte mir Fleisch thun? Phil. 2, 12. Schaffet, daß ihr selig werdet, mit Furcht und Zittern.

Wohl dem, der mit Furcht und Zittern	Wohl dem, der stets wacht und flehet
Seine Seligkeit stets schafft;	Auf der schmalen Pilgrims Bahn,
Er ist sicher vor Gewittern,	Weil er unbeweglich stehet,
Die die Sichern weggerafft.	Wenn der Feind ihn fället an.

37. Davids Herrschaft, Sünde und Buße. 2. Sam. 2—12.

1. Nach dieser Geschichte zog David auf des Herrn Wort gen Hebron, und die Männer Juda salbten ihn daselbst zum Könige über das Haus Juda. Abner aber, Sauls Feldhauptmann, machte Isboseth, Sauls Sohn, zum Könige. Also ward ein langer Streit zwischen dem Hause Sauls und dem Hause Davids. Da aber Abner und Isboseth todt waren, kamen alle Stämme Israel zu David gen Hebron und salbten David zum Könige über Israel. 30 Jahre war David alt, da er König ward, und er regierte 40 Jahre. — Und der König zog hin mit seinen Männern gen Jerusalem wider die Jebusiter, gewann die Burg Zion und wohnte auf ihr und nannte sie Davids Stadt. Da die Philister dies hörten, zogen sie herauf, David zu suchen. David zog ihnen entgegen, schlug sie und sprach: Der Herr hat meine Feinde vor mir auseinander gerissen, wie die Wasser reißen. Darnach schlug David die Moabiter und die Kinder Ammon, daß sie ihm unterthänig wurden und ihm Geschenke zutrugen. Auch machte sich David einen Namen, da er die Syrer schlug und ganz Edom sich unterwarf; denn der Herr half David, wo er hinzog.

2. David aber sammelte alle junge Mannschaft in Israel, 30,000 Mann, und ging hin, daß er die Lade Gottes von Kiriath Jearim herauf holete, wo sie geblieben war, nachdem die Philister sie wieder gebracht hatten. Da führten sie die Lade des Herrn herauf mit Jauchzen und Posaunen und stellten sie an ihren Ort mitten in der Hütte, die David für sie hatte aufgeschlagen. Und David opferte Brandopfer und Dankopfer vor dem Herrn, segnete das Volk im Namen des Herrn Zebaoth und theilte aus einem Jeglichen einen Brodkuchen und ein Stück Fleisch und Wein.

3. Da nun der König in seinem Hause saß, und der Herr ihm Ruhe gegeben hatte von allen seinen Feinden umher, sprach er zu dem Propheten Nathan. Siehe, ich wohne in einem Cedernhause, und die Lade Gottes wohnet unter den Teppichen. Nathan sprach zu dem Könige: Alles, was du in deinem Herzen hast, das thue; denn der Herr ist mit dir. Des Nachts aber kam das Wort des Herrn zu Nathan und sprach: Gehe hin und sage zu meinem Knechte David: Solltest du mir ein Haus bauen, daß ich darin wohnete? Der Herr verkündiget dir, daß der Herr dir ein Haus machen will. Wenn aber deine Zeit hin ist, daß du mit deinen Vätern schlafen liegst, soll dein Sohn meinem Namen ein Haus bauen, und ich will den Stuhl seines Königreichs bestätigen ewiglich. Ich will sein Vater sein, und er soll mein Sohn sein. Sein Haus und dein Königreich soll beständig sein ewiglich und dein Stuhl soll ewiglich bestehen.

4. Darnach zogen die Kinder Ammon aus und rüsteten sich zum Streit wider Israel. Da sandte David Joab und das ganze Israel, daß sie

die Kinder Ammon verderbeten und belagerten Rabba, ihre Hauptſtadt. **David aber blieb zu Jeruſalem.** Und es begab ſich, daß er um den Abend ging auf dem Dache ſeines Hauſes und ſahe ein Weib von ſehr ſchöner Geſtalt. Es war **Bathſeba**, das Weib Urias, wel= cher mit des Königs Heer ausgezogen war. Des Morgens ſchrieb David dieſen Brief an Joab: Stellet Uria an den Streit, da er am härteſten iſt, und wendet euch hinter ihm ab, daß er erſchlagen werde und ſterbe. Joab that alſo und Uria ſtarb. Da David dies angeſagt ward, ließ er Urias Weib in ſein Haus holen, und ſie ward ſein Weib und gebar ihm einen Sohn. — Aber die That gefiel dem Herrn übel, und der Herr ſandte Nathan, den Propheten, zu David. Da der zu ihm kam, ſprach er: Es waren zwei Männer in einer Stadt, einer reich, der andre arm. Der Reiche hatte ſehr viele Schafe und Rinder; aber der Arme hatte nichts, denn ein einziges kleines Schäflein, das er gekauft hatte; und er nährete es, daß es groß ward bei ihm und bei ſeinen Kindern zugleich; es aß von ſeinem Biſſen und trank aus ſeinem Becher und ſchlief in ſeinem Schooß, und er hielt es wie eine Tochter. Da aber dem reichen Manne ein Gaſt kam, ſchonete er, zu nehmen von ſeinen Schafen und Rindern, daß er dem Gaſt etwas zurichtete, ſondern nahm das Schaf des armen Mannes und richtete es zu. Da ergrimmete David und ſprach zu Nathan: So wahr der Herr lebet, der Mann iſt ein Kind des Todes, der das ge= than hat. Da ſprach Nathan: **Du biſt der Mann.** So ſpricht der Herr, der Gott Iſraels: Ich habe dich zum Könige geſalbet über Iſrael und habe dich errettet aus der Hand Sauls. Warum haſt du denn das Wort des Herrn verachtet, daß du ſolches Uebel vor ſeinen Augen thäteſt? Urias Weib haſt du dir zum Weibe genommen, ihn aber haſt du erwürget mit dem Schwert der Ammoniter. Siehe, ich will Un= glück über dich erwecken aus deinem eignen Hauſe. — Da ſprach David zu Nathan: Ich habe geſündigt wider den Herrn. Nathan ſprach zu David: So hat auch der Herr deine Sünde weggenommen; du wirſt nicht ſterben. Aber weil du die Feinde des Herrn haſt durch dieſe Ge= ſchichte läſtern gemacht, wird der Sohn, der dir geboren iſt, des Todes ſterben. Und das Kind ward todtkrank und ſtarb am ſiebenten Tage. Zu dieſer Zeit dichtete David den 51. Pſalm. Darnach gebar Bathſeba dem David noch einen Sohn, den hieß er **Salomo.**

Das 6. und 5. Gebot. Math. 26, 41. Wachet und betet, daß ihr nicht in Anfech= tung fallet. Der Geiſt iſt willig, aber das Fleiſch iſt ſchwach. 1. Joh. 1, 9. So wir unſere Sünden bekennen, ſo iſt er treu und gerecht, daß er uns die Sünden vergiebt und reinigt uns von aller Untugend.

Jeſus nimmt die Sünder an!   Auf verkehrten Weg verfallen.
Saget doch dies Troſtwort Allen,   Hier iſt, was ſie retten kann:
Welche von der rechten Bahn   Jeſus nimmt die Sünder an.

38. Abſalom. 2. Sam. 15 und 18.

1. Es war aber in ganz Iſrael kein Mann ſo ſchön als **Abſalom**, der Sohn Davids; von ſeiner Fußſohle an bis auf ſeinen Scheitel war nicht ein Fehler an ihm. Und wenn man ſein Haupt ſchor, ſo wog ſein Haupthaar 200 Sekel. Und Abſalon ſchaffte ſich Wagen und Roſſe und

50 Mann, die ſeine Trabanten waren. Und des Morgens frühe trat er an den Weg beim Thore. Wenn nun Jemand einen Handel hatte, daß er zum Könige vor Gericht kommen ſollte, rief ihn Abſalom zu ſich und ſprach: Aus welcher Stadt biſt du? Siehe, deine Sache iſt recht, aber du haſt keinen Verhörer beim Könige. O, wer ſetzet mich zum Richter im Lande, daß Jedermann zu mir käme, daß ich ihm zum Rechte hülfe! Und wenn Jemand vor ihm ſich niederwerfen wollte, ſo reckte er ſeine Hand aus und ergriff ihn und küſſete ihn. Auf die Weiſe that Abſalom dem ganzen Iſrael und ſtahl alſo das Herz der Männer Iſrael.

2. Und Abſalom ging nach Hebron mit 200 Mann und hatte Kundſchafter ausgeſandt in alle Stämme Iſraels und laſſen ſagen: Wenn ihr der Poſaunen Schall hören werdet, ſo ſprechet: Abſalom iſt König geworden zu Hebron. Und der Bund ward ſtark und das Volk lief zu und mehrte ſich mit Abſalom. Da kam Einer und ſagte es David an und ſprach: Das Herz Jedermanns in Iſrael folget Abſalom nach. David aber ſprach zu ſeinen Knechten: Auf, laßt uns fliehen, denn hier wird kein Entrinnen ſein vor Abſalom! Und der König ging zu Fuß hinaus mit ſeinem ganzen Hauſe. Und das ganze Land weinete mit lauter Stimme, und alles Volk ging mit. Und der König ging über den Bach Kidron, den Oelberg hinan, und weinete, und ſein Haupt war verhüllet, und ging barfuß. Dazu alles Volk, das bei ihm war, hatte ein Jeglicher ſein Haupt verhüllet, und gingen hinaus und weineten. Simei aber, einer von dem Hauſe Sauls, ging heraus und fluchte David, warf mit Steinen nach ihm und ſprach: Heraus, heraus, die Bluthund, du loſer Mann! Doch David ſprach: Laßt ihn fluchen; denn der Herr hat's ihm geheißen. — Aber Abſalom und alle Männer Iſrael kamen nach Jeruſalem.

3. Und David ordnete das Volk, das bei ihm war, und ſetzte über ſie Hauptleute. Und der König gebot ihnen: Fahret mir ſäuberlich mit dem Knaben Abſalom! Da nun das Volk hinaus kam aufs Feld erhob ſich der Streit im Walde Ephraim, und das Volk Iſrael ward daſelbſt geſchlagen. Und Abſalom begegnete den Knechten Davids und ritt auf einem Maulthier. Und da das Maulthier unter eine große dicke Eiche kam, blieb er mit ſeinem Haupthaar an ihr hängen und ſchwebte zwiſchen Himmel und Erde, aber ſein Maulthier lief unter ihm weg. Da nahm Joab drei Spieße und ſtieß ſie Abſalom ins Herz. Darnach blies er die Poſaune und brachte das Volk wieder, daß es nicht weiter Iſrael nachjagete, denn er wollte des Volkes ſchonen. Als nun David hörte, daß Abſalom todt war, weinete er und ſprach: Mein Sohn Abſalom! Mein Sohn Abſalom! Wollte Gott, ich müßte für dich ſterben! O, Abſalom, mein Sohn! mein Sohn! Und es ward aus dem Siege des Tages ein Leid unter dem ganzen Volke.

Das 4. 8. und 2. Gebot. Spr. 19, 26. Wer Vater verſtört und Mutter verjagt, der iſt ein ſchändliches und verfluchtes Kind. Spr. 30, 17. Ein Auge, das den Vater verſpottet und verachtet, der Mutter zu gehorchen, das müſſen die Raben am Bache aushacken und die jungen Adler freſſen.

Elternsegen bauet Häuser,
Bringt den Kindern Palmenreiser,
Machet groß, was schlecht und klein.
Elternsegen dämpft das Wehe,
Führt die Kinder hin zur Höhe
Und zum Ehrentempel ein.

Also geht es einst den Frechen,
Die der Eltern Ehre schwächen.
Solche trifft nur Fluch und Bann;
Unglück folget ihren Tritten,
Und auf allen ihren Schritten
Schreckt sie, was sie schrecken kann.

39. Davids Ende und Salomos Regierung.   1. Kön. 2—11.

1. Da nun David alt war und wohlbetaget, ließ er seinen Sohn Salomo salben durch den Priester Zadok und mit Posaunen blasen und ausrufen vor allem Volk: Es lebe der König Salomo! Als nun die Zeit kam, da er sterben sollte, gebot er seinem Sohne Salomo und sprach: Ich gehe hin den Weg aller Welt; so sei getrost und warte auf die Hut des Herrn, deines Gottes, daß du wandlest in den Wegen Gottes und haltest seine Sitten und Gebote, wie geschrieben stehet im Gesetze Moses, auf daß der Herr sein Wort erwecke, das er über mich geredet hat: Es soll von dir nimmer gebrechen ein Mann auf dem Stuhl Israel. Und David gebot seinem Sohn, Salomo, dem Herrn ein Haus zu bauen und sprach: Siehe, ich habe zum Hause des Herrn erschaffet Gold, Silber, Erz und Eisen ohne Zahl. So mache dich auf und richte es aus; der Herr wird mit dir sein. Und er gab ihm ein Vorbild des Tempels, dazu Vorbilder alles dessen, was in seinem Gemüthe war; und die Fürsten und alles Volk waren freiwillig zum Werk zu geben und David freute sich hoch und alles Volk lobte den Herrn. Darnach entschlief David und ward begraben in der Stadt Davids. Die Zeit aber, die David König gewesen ist über Israel, ist 40 Jahre; sieben Jahre war er König zu Hebron, und 33 Jahre zu Jerusalem. Von den 150 Psalmen führen 73 den Namen Davids in der Ueberschrift.

2. Salomo saß auf dem Stuhl seines Vaters David, und ganz Israel war ihm gehorsam und der Herr war mit ihm. Salomo aber hatte den Herrn lieb und wand-lte nach den Sitten seines Vaters Davids. Und er ging hin gen Gibeon, daselbst zu opfern. Und der Herr erschien ihm des Nachts im Traum und sprach: Bitte, was ich dir geben soll. Salomo sprach: Herr, mein Gott, du hast deinen Knecht zum Könige gemacht an meines Vaters Davids Statt. So bin ich ein kleiner Knabe, weiß weder meinen Ausgang noch Eingang; so wollest du deinem Knechte geben e i n g e h o r s a m e s H e r z, daß er dein Volk richten möge und verstehen, was gut und böse ist. Das gefiel dem Herrn wohl und er sprach: Weil du solches bittest, und bittest nicht um langes Leben, noch um Reichthum; siehe, so habe ich gethan nach deinen Worten. Siehe, ich habe dir ein weises und verständiges Herz gegeben, daß deines Gleichen vor dir nicht gewesen ist und nach dir nicht aufkommen wird. Dazu, das du nicht gebeten hast, habe ich dir auch gegeben, nämlich Reichthum und Ehre, und so du wirst in meinen Wegen wandeln, wie dein Vater David, so will ich dir geben ein langes Leben.

3. Zu der Zeit kamen zwei Weiber zum Könige, und die eine sprach: Ich und dies Weib wohnten in e i n e m Hause, und i h r Sohn starb in

der Nacht, denn sie hatte ihn im Schlafe erdrückt. Und sie nahm meinen
Sohn von meiner Seite, da ich schlief, und ihren todten Sohn legte sie an
meinen Arm. Und da ich des Morgens aufstand, meinen Sohn zu säu-
gen, siehe, da war er todt. Aber am Morgen sah ich ihn eben an, und siehe,
es war nicht mein Sohn. Das andre Weib sprach: Nicht also, mein
Sohn lebet, und dein Sohn ist todt. Und der König sprach: Holet
mir ein Schwert her! Und da es vor ihn gebracht ward, sprach er:
Theilet das lebendige Kind in zwei Theile, und gebet dieser die Hälfte und
jener die Hälfte. Da sprach das Weib, deß Sohn lebte (denn ihr müt-
terliches Herz entbrannte über ihren Sohn): Ach, mein Herr, gebt ihr
das Kind lebendig, und tödtet es nicht. Jene aber sprach: Es sei weder
mein noch dein; laßt es theilen. Da antwortete der König: Gebet dieser
das Kind lebendig und tödtet es nicht; die ist seine Mutter. Und das
Urtheil erscholl vor dem ganzen Israel, und sie sahen, daß die Weisheit
Gottes in ihm war, Gericht zu halten. Und Gott gab Salomo große
Weisheit und er war berühmt unter allen Heiden umher. Er redete
3000 Sprüche und seiner Lieder waren 1005. Und es kamen aus allen
Völkern, zu hören die Weisheit Salomos. Und Salomo war ein Herr
über alle Königreiche von dem Wasser (Euphrat) an bis an die Grenze
Aegyptens, die ihm Geschenke zubrachten und dieneten ihm. Und er hatte
Frieden von allen seinen Unterthanen umher, daß Juda und Israel sicher
wohneten, ein Jeglicher unter seinem Weinstock und unter seinem Feigenbaum von Dan bis Bersaba.

4. Und Salomo sandte zu H i r a m, dem Könige von Tyrus, und ließ
ihm sagen: Ich gedenke ein Haus zu bauen dem Namen des Herrn, meines Gottes. So befiehl nun, daß deine Knechte mit meinen Knechten
Cedern vom Libanon hauen, denn bei uns ist Niemand, der Holz zu hauen
wisse, wie die Zidonier. Und Hiram freute sich hoch und sprach: Gelobet sei der Herr heute, der David einen weisen Sohn gegeben hat. Ich
will thun nach allem deinem Begehr. Und die Bauleute Salomos und
Hirams hieben aus und bereiteten zu Holz und Steine, zu bauen das
Haus. Im 480. Jahre nach dem Auszuge der Kinder Israel aus Aegyptenland, im 4. Jahre des Königreiches Salomos, ward der Grund gelegt
zum Hause des Herrn und nach sieben Jahren ward das Haus vollendet.

5. Als das Haus des Herrn vollendet war, versammelten sich alle
Männer in Israel zum Fest der Laubhütten. Die Priester brachten die
Lade des Bundes hinauf, dazu die Hütte des Stifts und alle Geräthe
des Heiligthums. Und da die Priester aus dem Heiligthum gingen, er-
füllte eine Wolke das Haus des Herrn. Und der König segnete die ganze
Gemeinde und breitete seine Hände aus gen Himmel und sprach: Herr
Gott Israels! Siehe, der Himmel und aller Himmel Himmel mögen
dich nicht versorgen; wie sollte es denn dieß Haus thun, das ich gebauet
habe! Wende dich aber zum Gebet deines Knechtes, und laß deine Augen
offen stehen über dieß Haus Nacht und Tag. Wenn dein Volk Israel
vor seinen Feinden geschlagen wird, weil sie an dir gesündiget haben, und
bekehren sich zu dir und flehen zu dir in diesem Hause; wenn der Himmel

verschlossen wird, daß es nicht regnet, weil sie an dir gesündiget haben;
wenn eine Theuerung oder Pestilenz oder Dürre oder Brand oder Heu=
schrecken oder Raupen im Lande sein werden, oder irgend eine Plage,
oder Krankheit: so wollest du hören im Himmel.   Wenn auch ein
Fremder, der nicht deines Volkes Israel ist, kommt aus fernem Lande,
daß er bete vor diesem Hause: so wollest du hören im Himmel und thun
Alles, darum der Fremde dich anruft; auf daß alle Völker auf Erden
deinen Namen erkennen, daß sie auch dich fürchten, wie dein Volk Israel.
— Und Salomo sammt dem ganzen Israel opferten Dankopfer 22,000
Ochsen und 120,000 Schafe, und der König machte ein Fest 14 Tage
lang, und ließ dann das Volk gehen. — Und da Salomo hatte ausge=
bauet das Haus des Herrn, erschien ihm der Herr zum andernmal und
sprach: Ich habe dein Gebet gehöret und dieß Haus geheiliget.   So
du nun vor mir wandelst, wie dein Vater David, so will ich bestätigen
den Stuhl deines Königreiches ewiglich.   Werdet ihr euch aber von mir
hinten abwenden, so werde ich Israel ausrotten von dem Lande und dieß
Haus will ich verwerfen von meinem Angesicht.

6. Aber der König Salomo liebte viele ausländische Weiber von sol=
chen Völkern, davon der Herr gesagt hatte: Gehet nicht zu ihnen, und
lasset sie nicht zu euch kommen.   Da er nun alt war, neigten seine Wei=
ber sein Herz fremden Göttern nach, daß sein Herz nicht ganz war mit
dem Herrn, wie das Herz seines Vaters David.   Der Herr aber ward
zornig über Salomo und sprach: Weil du meinen Bund und meine Ge=
bote nicht gehalten hast, so will ich das Königreich von der Hand deines
Sohnes reißen und deinem Knechte geben; doch will ich e i n e n Stamm
deinem Sohne geben, um Davids willen. — Und Salomo entschlief und
ward begraben in der Stadt Davids.   Die Zeit aber, die Salomo König
war über ganz Israel, ist 40 Jahre.   Und sein Sohn R e h a b e a m
ward König an seiner Statt.

Das 3. und 6. Gebot. Jac. 1, 5.   So Jemand unter euch Weisheit mangelt, der
bitte von Gott, der da giebt einfältiglich Jedermann und rückt es Niemand auf; so
wird sie ihm gegeben werden. Ps. 26, 6 — 8.   Ich halte mich, Herr, zu deinem Al=
tar, da man höret die Stimme des Dankens, und da man prebigt alle deine Wunder.
Herr, ich habe lieb die Stätte deines Hauses und den Ort, da deine Ehre wohnet.

Thut mir auf die schöne Pforte,	Ich bin, Herr, zu dir gekommen,
Führet mich in Zion ein;	Komme du nun auch zu mir.
Ach, wie wird an diesem Orte	Wo du Wohnung hast genommen,
Meine Seele fröhlich sein.	Da ist lauter Himmel hier.
Hier ist Gottes Angesicht,	Zeuch in meinem Herzen ein,
Hier ist lauter Trost und Licht.	Laß es deinen Tempel sein.

———

D. V o n d e r T h e i l u n g d e s R e i c h s b i s z u r b a b y l o n i s c h e n
G e f a n g e n s c h a f t. Von 975—588 v. Chr.

40. Theilung des Reiches.   1. Kön. 12—14.

1. Nach Salomos Tode kam ganz Israel gen Sichem, R e h a b e a m
zum Könige zu machen, und sprachen zu ihm: Dein Vater hat unser

Joch zu hart gemacht; mache du unser schweres Joch leichter, so wollen wir dir unterthänig sein. Und Rehabeam hielt einen Rath mit den Aeltesten, die vor seinem Vater Salomo standen, und sie sprachen zu ihm: Wirst du heute dieses Volk erhören, so werden sie dir unterthänig sein dein Lebenlang. Aber er verließ den Rath der Aeltesten und hielt einen Rath mit den Jungen, die mit ihm aufgewachsen waren. Die riethen ihm: Du sollst zu dem Volke also sagen: Mein Vater hat auf euch ein schweres Joch geladen; ich aber will es noch mehr über euch machen; mein Vater hat euch mit Peitschen gezüchtiget; ich will euch mit Skorpionen züchtigen. Und Rehabeam redete mit dem Volke nach dem Rathe der Jungen. Da sprach ganz Israel: Was haben wir denn Theil an David? Israel hebe dich zu deinen Hütten! Also fiel Israel ab vom Hause Davids, und machten Jerobeam, einen streitbaren Mann aus dem Stamme Ephraim, zum Könige über ganz Israel, und folgte Niemand dem Hause Davids ohne die Stämme Juda und Benjamin.

2. Jerobeam aber gedachte: Das Königreich wird wieder zum Hause Davids fallen, so dieß Volk soll hinaufgehen, Opfer zu thun in des Herrn Hause zu Jerusalem. Und er machte zwei goldne Kälber, eins zu Bethel, und das andere zu Dan. Und das gerieth zur Sünde; denn das Volk ging hin und opferte den Kälbern. — Und siehe, ein Mann Gottes von Juda kam gen Bethel, und Jerobeam stand bei dem Altar zu räuchern. Und er rief wider den Altar: Altar! Altar! So spricht der Herr: Siehe, es wird ein Sohn vom Hause Davids geboren werden mit Namen Josia, der wird auf dir opfern die Priester, die auf dir räuchern, daß man Menschengebeine auf dir wird verbrennen. Da reckte Jerobeam seine Hand aus und sprach: Greifet ihn! Aber seine Hand verdorrete, und er konnte sie nicht wieder zurückziehen, und der Altar riß, und die Asche ward verschüttet. Da sprach der König zu dem Manne Gottes: Bitte das Angesicht des Herrn für mich! Da er nun bat, ward seine Hand wieder wie vorhin. Aber nach dieser Geschichte kehrte sich Jerobeam nicht von seinen bösen Wegen.

3. Darnach ward Abia, der Sohn Jerobeams krank. Und das Weib Jerobeams verstellete sich und ging gen Silo zu dem Propheten Ahia, daß er ihr sage, wie es dem Knaben gehen werde. Ahia aber konnte vor Alter nicht sehen. Als er aber hörte das Rauschen ihrer Füße, sprach er: Komm herein, du Weib Jerobeams, warum stellest du dich fremde. Ich bin zu dir gesandt ein harter Bote. Gehe hin und sage Jerobeam: So spricht der Herr: Du hast dir andre Götter gemacht, darum will ich dein Haus ausrotten. So mache dich auf und gehe heim. Und wenn dein Fuß zur Stadt eintritt, wird das Kind sterben. Dieser allein wird von den Nachkommen Jerobeams zu Grabe kommen, darum, daß etwas Gutes an ihm erfunden ist vor dem Herrn. Und da sie auf die Schwelle des Hauses kam, starb der Knabe.

4. Auf Jerobeam folgte sein Sohn Nadab, der nach zwei Jahren von Baesa ermordet wurde. Baesa aber that auch, das dem Herrn übel gefiel, und sein Haus ward ausgerottet. Darnach ward Amri

König, der baute Samaria und ward ärger, denn Alle vor ihm. Auf Amri folgte deſſen Sohn A h a b, der wandelte in den Sünden Jerobeams und nahm zum Weibe Jſebel, die Tochter des Königs zu Zidon, und diente dem Baal und baute ihm einen Tempel zu Samaria.

Das 1. Gebot und Schluß der Gebote. Spr. 15, 1. Eine gelinde Antwort ſtillet den Zorn; aber ein hartes Wort richtet Grimm an. Spr. 3, 7. Dünke dich nicht weiſe ſein; ſondern fürchte den Herrn und weiche vom Böſen.

Ach Gott vom Himmel, ſieh darein	Sie lehren eitel falſche Liſt,
Und laß dich deß erbarmen:	Was eigen Witz erfindet.
Wie wenig ſind der Heilgen dein,	Ihr Herz nicht eines Sinnes iſt,
Verlaſſen ſind wir Armen.	In Gottes Wort gegründet.
Dein Wort man nicht läßt haben wahr,	Der wählet dies, der Ander das,
Der Glaub' iſt auch erloſchen gar	Sie trennen uns ohn' alle Maß
Bei allen Menſchenkindern.	Und gleißen ſchön von außen.

41. Der Prophet Elias. 1. Kön. 16—2. Kön. 2.

1. Zu der Zeit trat auf der Prophet Elias, der Thisbiter, und ſprach zu Ahab: So wahr der Herr lebt, es ſoll dieſe Jahre weder Thau noch Regen kommen, ich ſage es denn. Und das Wort des Herrn kam zu ihm und ſprach: Gehe hin und verbirg dich am Bache Krith. Ich habe den Raben geboten, daß ſie dich daſelbſt ſollen verſorgen. Und er ging hin und die Raben brachten ihm Brod und Fleiſch, und er trank aus dem Bache. Da aber der Bach vertrocknete, ſprach der Herr: Gehe hin gen Zarpath; denn ich habe daſelbſt einer Wittwe geboten, daß ſie dich ver= ſorge. Und als er hin kam, ſiehe, da las eine Wittwe Holz auf, und er ſprach zu ihr: Hole mir ein wenig Waſſer und einen Biſſen Brod. Sie ſprach: So wahr der Herr lebet, ich habe nur eine Handvoll Mehl und ein wenig Oel, das will ich meinem Sohne zurichten, daß wir eſſen und ſterben. Elias ſprach: Das Mehl im Kad ſoll nicht verzehret werden und dem Oelkruge ſoll nichts mangeln bis auf den Tag, da der Herr wird regnen laſſen. Sie ging hin und that's, und es geſchah nach dem Worte des Herrn. — Darnach ward des Weibes Sohn krank und ſtarb. Und ſie ſprach: Ach, du Mann Gottes biſt zu mir gekommen, daß meiner Miſſethat gedacht werde. Da nahm Elias das Kind, legte es auf's Bette und ſtreckte ſich aus über dem Kind dreimal und betete. Und der Herr erhörte ſeine Stimme und die Seele des Kindes kam wieder zu ihm und ward lebendig.

2. Nach drei Jahren kam das Wort des Herrn zu Elias: Gehe hin und zeige dich Ahab, daß ich regnen laſſe auf Erden. Und Elias ging hin und ſprach zu Ahab: Verſammle zu mir das ganze Jſrael auf dem Berge Karmel und die 450 Propheten Baals. Ahab that alſo, und Elias ſprach zu dem Volk: Wie lange hinket ihr auf beiden Seiten? Iſt der Herr Gott, ſo wandelt ihm nach; iſt es aber Baal, ſo wandelt ihm nach! Und das Volk antwortete ihm nichts. Da ſprach Elias: Ich bin allein übrig geblieben ein Prophet des Herrn; aber der Propheten Baals ſind 450 Mann. So gebet uns nun zwei Farren zum Opfer, einen für ſie und einen für mich. So rufet ihr nun an den Namen e u r e s Gottes.

und ich will den Namen des Herrn anrufen. Welcher Gott nun mit Feuer antworten wird, der sei Gott! Und das Volk antwortete: Das ist recht. Und die Propheten Baals nahmen den Farren und richteten ihn zu und riefen von Morgen an bis den Mittag: Baal erhöre uns! Aber es war da keine Stimme, noch Antwort. Und sie hinkten um den Altar, den sie gemacht hatten. Da es nun Mittag ward, spottete ihrer Elias und sprach: Rufet laut, denn er ist ein Gott; er dichtet, oder hat zu schaffen, oder ist über Feld, oder schläft vielleicht, daß er aufwache. Und sie riefen laut und ritzten sich mit Messern; aber da war keine Stimme noch Antwort. Und am Abend, zur Zeit des Speisopfers, baute Elias einen Altar aus 12 Steinen und machte um den Altar eine Grube, legte den Farren auf das Holz und goß Wasser darauf bis die Grube voll ward. Dann betete er: Herr, Gott Abrahams, Isaaks und Jakobs, laß heute kund werden, daß du Gott in Israel bist und ich dein Knecht. Erhöre mich, Herr! erhöre mich! Da fiel das Feuer des Herrn herab und fraß das Brandopfer und leckte das Wasser auf in der Grube. Da das alles Volk sahe, fielen sie auf ihr Angesicht und sprachen: Der Herr ist Gott! Der Herr ist Gott! Und sie griffen die Propheten Baals, und Elias führte sie an den Bach Kison und schlachtete sie daselbst. Darauf sprach Elias zu Ahab: Eile, denn es rauschet, als wollte es sehr regnen. Und also bald ward der Himmel schwarz von Wolken und Wind und kam ein großer Regen.

3. Isebel aber stand dem Elias nach dem Leben. Da floh er in die Wüste, setzte sich unter einen Wachholder und sprach: Es ist genug; so nimm nun, Herr, meine Seele! und schlief, und siehe, der Engel des Herrn rührte ihn an und sprach: Stehe auf, iß und trink; denn du hast einen großen Weg vor dir. Und siehe, zu seinen Häupten lag ein geröstetes Brod und eine Kanne mit Wasser. Und er aß und trank und ging durch Kraft derselben Speise vierzig Tage und vierzig Nächte bis an den Berg Gottes Horeb und blieb über Nacht in einer Höhle. Und das Wort des Herrn kam zu ihm und sprach: Was machst du hier, Elias? Er sprach: Ich habe geeifert um den Herrn; denn die Kinder Israel haben deinen Bund verlassen und ich bin allein übrig geblieben und sie stehen darnach, daß sie mir mein Leben nehmen. Und der Herr sprach: Gehe heraus und tritt auf den Berg vor den Herrn? Und siehe, der Herr ging vorüber und ein großer starker Wind, der die Berge zerriß und die Felsen zerbrach, vor dem Herrn her; aber der Herr war nicht im Winde. Nach dem Winde aber kam ein Erdbeben; aber der Herr war nicht im Erdbeben. Und nach dem Erdbeben kam ein Feuer; aber der Herr war nicht im Feuer. Und nach dem Feuer kam ein stilles sanftes Sausen. Da das Elias hörete, verhüllete er sein Antlitz mit seinem Mantel. Und der Herr sprach zu ihm: Gehe wiederum deines Weges. Ich will mir lassen übrig bleiben sieben tausend in Israel, nämlich Alle, die ihre Knie nicht gebeugt haben vor Baal. Und er ging von dannen und fand Elisa, daß er pflügete, und warf seinen Mantel auf ihn. Und Elisa folgte ihm nach und dienete ihm.

4. Naboth aber hatte einen Weinberg zu Jesreel nahe bei dem Palaste Ahabs. Und Ahab sprach zu ihm: Gieb mir deinen Weinberg; ich will mir einen Garten daraus machen. Ich will dir einen bessern Weinberg dafür geben, oder Silber, so viel er gilt. Aber Naboth sprach: Das lasse der Herr ferne von mir sein, daß ich dir meiner Väter Erbe sollte geben. Da kam Ahab heim unmuths und zornig, legte sich auf sein Bette und aß kein Brod. Aber Isebel sprach zu ihm: Sei gutes Muthes; ich will dir den Weinberg verschaffen. Und sie sandte Briefe unter Ahabs Namen an die Aeltesten von Jesreel und schrieb ihnen: Stellet zwei lose Buben vor Naboth, die da zeugen: Du hast Gott und den König gelästert; und führet ihn hinaus und steiniget ihn. Und sie thaten also. Da sprach Isebel zu Ahab: Stehe auf und nimm ein den Weinberg; denn Naboth ist todt. Da stand Ahab auf, daß er hinginge zum Weinberge Naboths und ihn einnähme. Aber das Wort des Herrn kam zu Elias: Mache dich auf, gehe hinab zu Ahab und sprich: So spricht der Herr: An der Stätte, da Hunde das Blut Naboths geleckt haben, sollen auch Hunde dein Blut lecken; und ich will dein Haus ausrotten, wie Jerobeams Haus; und die Hunde sollen Isebel fressen an der Mauer Jesreels. Im dritten Jahre aber darnach zog Ahab in den Streit gegen die Syrer. Da spannte ein Mann den Bogen und schoß den König; und das Blut floß von den Wunden in den Wagen; der König aber starb des Abends. Und da sie den Wagen wuschen, leckten die Hunde sein Blut nach dem Worte des Herrn. Nach einiger Zeit aber wurde Isebel aus dem Fenster herabgestürzt, und die Hunde fraßen ihr Fleisch.

5. Da aber der Herr wollte Elias im Wetter gen Himmel holen, gingen Elias und Elisa miteinander. Und Elisa sprach: So wahr der Herr lebet, ich verlasse dich nicht. Und Elisa wich nicht von ihm, bis daß sie kamen nach Jericho an den Jordan. Und als sie am Jordan standen, da nahm Elias seinen Mantel und schlug in's Wasser. Das theilte sich auf beiden Seiten, daß die Beiden trocken hindurch gingen. Und Elias sprach zu Elisa: Bitte, was ich dir thun soll, ehe ich von dir genommen werde. Elisa sprach: Daß dein Geist bei mir sei zwiefältig! Und da sie miteinander gingen, siehe, da kam ein feuriger Wagen mit feurigen Rossen und schied beide von einander; und Elias fuhr also im Wetter gen Himmel. Elisa aber sah es und schrie: Mein Vater, mein Vater! Wagen Israels und seine Reiter! und sah ihn nicht mehr. Der Geist Elias aber ruhete auf Elisa.

Die 1. Bitte (und das 8. u. 9. Gebot). Jes. 42, 8. Ich der Herr, das ist mein Name, und will meine Ehre keinem Andern geben, noch meinen Ruhm den Götzen. Ps. 46, 11. Seid stille, und erkennet, daß ich Gott bin. Ich will Ehre einlegen unter den Heiden, ich will Ehre einlegen auf Erden.

Verzage nicht, du Häuflein klein,
Obschon die Feinde Willens sein
Dich gänzlich zu verstören,
Und suchen deinen Untergang,
Daran dir wird erst angst und bang:
Es wird nicht lange währen.

So wahr Gott Gott ist und sein Wort,
Muß Teufel, Welt und Höllenpfort,
Und was ihn' thut anhangen,
Endlich werden zu Hohn und Spott.
Gott ist mit uns, und wir mit Gott:
Den Sieg woll'n wir erlangen.

42. Der Prophet Elisa.　2. Kön. 2. 4. 5.

1. Als Elisa hinaufging gen Bethel, kamen kleine Knaben zur Stadt heraus, spotteten sein und sprachen: Kahlkopf, komm herauf! Kahlkopf, komm herauf! Und er wandte sich um und fluchte ihnen im Namen des Herrn. Da kamen zwei Bären aus dem Walde und zerrissen der Knaben zweiundvierzig. — Und Elisa kam gen Samaria. Und das Weib eines Prophetenjüngers schrie zu Elisa: Mein Mann ist gestorben; nun kommt der Schuldherr und will meine beiden Kinder nehmen zu Knechten. Elisa sprach: Was hast du im Hause? Sie sprach: Deine Magd hat nichts im Hause, denn einen Oelkrug. Er sprach: Gehe hin und bitte von allen deinen Nachbarinnen leere Gefäße, und derselben nicht wenig, und gieße Oel in alle Gefäße! Sie that also, und da alle Gefäße voll waren, da stand das Oel. Und der Mann Gottes sprach: Verkaufe das Oel und bezahle deinen Schuldherrn; du aber und deine Söhne nähret euch von dem Uebrigen.

2. Darauf ging Elisa gen Sunem. Daselbst war eine reiche Frau, bei der kehrte Elisa ein, so oft er durchzog. Da sprach das Weib zu ihrem Manne! Ich merke, daß dieser Mann Gottes heilig ist. Laß uns ihm eine kleine bretterne Kammer oben machen und ein Bette, Tisch, Stuhl und Leuchter hineinsetzen, daß er daselbst wohne, wenn er zu uns kommt. Und da Elisa wiederkam, sprach er zum Weibe: Du hast uns diesen Dienst gethan; was soll ich dir thun? Sie aber hatte nichts zu bitten. Und Gehasi, der Diener des Elisa, sprach zu ihm: Sie hat keinen Sohn. Da rief er sie und sprach zu ihr: Um diese Zeit über ein Jahr sollst du einen Sohn herzen. Und es geschah, wie Elisa ihr geredet hatte. Da aber das Kind groß ward, ging es einst hinaus mit seinem Vater zu den Schnittern, und sprach zu seinem Vater: O mein Haupt! Und da sie ihn zu seiner Mutter brachten, setzte sie ihn auf ihren Schooß bis an den Mittag; da starb er. Und sie legte ihn auf das Bett des Mannes Gottes und zog zu ihm auf den Berg Karmel und erzählte es ihm. Da machte sich Elisa auf, und als er in die Kammer kam, schloß er die Thür zu, betete zu dem Herrn und legte sich auf das Kind. Da schnaubte der Knabe siebenmal, und darnach that er die Augen auf.

3. Naeman, der Feldhauptmann des Königs zu Syrien war aussätzig. Die Kriegsleute aber in Syrien hatten eine kleine Dirne weggeführet aus Israel; die war im Dienste des Weibes Naemans. Die sprach zu ihrer Frau: Ach, daß mein Herr bei dem Propheten zu Samaria wäre; der würde ihn von seinem Aussatze losmachen. Also kam Naeman mit Rossen und Wagen, und hielt vor der Thür am Hause Elisas. Da sandte Elisa einen Boten zu ihm und ließ ihm sagen: Gehe hin und wasche dich siebenmal im Jordan; so wird dein Fleisch rein werden. Da erzürnte Naeman und sprach: Ich meinte, er sollte zu mir hinauskommen und den Namen des Herrn, seines Gottes, anrufen und mit seiner Hand über die Stätte fahren. Sind nicht die Wasser zu Damaskus besser, denn alle Wasser in Israel? Und er zog weg mit Zorn. Da sprachen seine Knechte: Wenn

dir der Prophet etwas Großes hätte geheißen, solltest du es nicht thun? Wie viel mehr, so er zu dir sagt: Wasche dich, so wirst du rein. Da stieg er ab und tauchte sich im Jordan siebenmal, und sein Fleisch ward rein, wie eines jungen Knaben. Und er kehrte wieder zu dem Manne Gottes und sprach: Siehe, ich weiß, daß kein Gott ist in allen Landen, ohne in Israel; so nimm nun den Segen von deinem Knechte. Er aber sprach: So wahr der Herr lebet, ich nehme es nicht. Und als er von ihm weggezogen war, jagte Gehasi ihm nach und nahm von ihm zwei Centner Silber und zwei Feierkleider. Und Gehasi trat vor seinen Herrn. Und Elisa sprach zu ihm: Woher, Gehasi? Er sprach: Dein Knecht ist weder hieher noch daher gegangen. Elisa sprach: War das die Zeit, Silber und Kleider zu nehmen? Aber der Aussatz Naemans wird dir anhangen ewiglich. Da ging er von ihm hinaus aussätzig wie Schnee.

Das 4. Hauptstück und 10. Gebot. 3. Mose 19, 32. Vor einem grauen Haupte sollst du aufstehen und die Alten ehren; denn du sollst dich fürchten vor deinem Gott; denn ich bin der Herr. 1. Tim. 6, 9. 10. Die da reich werden wollen, die fallen in Versuchung und Stricke und viele thörichte und schädliche Lüste, welche versenken die Menschen ins Verderben und Verdammniß. Denn Geiz ist eine Wurzel alles Uebels, welches hat Etliche gelüstet, und sind vom Glauben irre gegangen, und machen ihnen selbst viele Schmerzen.

So hört und merket alle wohl,	Das Aug' allein das Wasser sieht,
Was Gott heißt selbst die Taufe,	Wie Menschen Wasser gießen:
Und was ein Christe glauben soll,	Der Glaub' im Geist die Kraft versteht
Zu meiden Ketzerhaufen:	Des Blutes Jesu Christi,
Gott spricht und will, daß Wasser sei	Und ist vor ihm ein' rothe Fluth,
Doch nicht allein schlecht Wasser,	Von Christi Blut gefärbet,
Sein heiligs Wort ist auch dabei	Die allen Schaden heilen thut
Mit reichem Geist ohn' Maßen,	Von Adam her geerbet,
Der ist allhie der Täufer.	Auch von uns selbst begangen.

43. Der Prophet Jonas. Jon. 1—4.

1. Zur Zeit Jerobeams II., des Königs in Israel, lebte der Prophet Jonas. Und es geschah das Wort des Herrn zu ihm: Mache dich auf und gehe in die große Stadt Ninive, und predige darin; denn ihre Bosheit ist heraufgekommen vor mich. Aber Jonas floh vor dem Herrn gen Joppe und trat in ein Schiff, daß er aufs Meer führe. Da ließ der Herr einen großen Wind auf's Meer kommen, daß man meinte, das Schiff würde zerbrechen. Und die Schiffsleute schrien ein Jeglicher zu seinem Gott. Und Einer sprach zum Andern: Kommt, wir wollen loosen, daß wir erfahren, um welches willen es uns so übel gehe! Und da sie loseten, traf es den Jonas. Da sprachen sie zu ihm: Aus welchem Lande bist du? Er sprach: Ich bin ein Hebräer und fürchte den Herrn, den Gott vom Himmel, und ich bin vor ihm geflohen. Werfet mich ins Meer, so wird es still werden; denn ich weiß daß solch groß Ungewitter über euch kommt um meinetwillen. Da warfen sie den Jonas in's Meer, und es stand stille von seinem Wüthen. Und die Leute fürchteten den Herrn sehr und thaten ihm Opfer und Gelübde. Aber der Herr verschaffte einen großen Fisch, Jonas zu verschlingen. Und er war im Leibe des

Fisches drei Tage und drei Nächte. Da betete er zum Herrn im Leibe des Fisches. Und der Herr gebot dem Fische, und derselbe spie ihn aus an's Land.

2. Und es geschah das Wort des Herrn zum Andernmal zu Jonas: Gehe in die große Stadt Ninive und predige ihr die Predigt, die ich dir sage. Da ging Jonas hin und predigte: Es sind noch vierzig Tage, so wird Ninive untergehen. Da glaubten die Leute zu Ninive an Gott und thaten Buße, und der König von Ninive stand auf von seinem Thron und legte seinen Purpur ab und hüllete einen Sack um sich und setzte sich in die Asche und befahl: Es sollen Menschen und Thiere fasten und zu Gott rufen heftig, und ein Jeglicher bekehre sich von seinem bösen Wege. Wer weiß, Gott möchte sich wenden von seinem Zorn, daß wir nicht verderben. Da aber Gott sah, daß sie sich bekehrten, reuete ihn des Uebels, das er geredet hatte ihnen zu thun, und thats nicht.

3. Da ward Jonas zornig, und betete zum Herrn: Ach, Herr, das ist es, das ich sagte, da ich noch in meinem Lande war, darum ich auch wollte fliehen auf das Meer; denn ich weiß, daß du gnädig, barmherzig, lang= müthig und von großer Güte bist und lässest dich des Uebels reuen. Und Jonas ging zur Stadt hinaus und machte sich eine Hütte, bis er sähe, was der Stadt widerfahren würde. Gott der Herr verschaffte aber ei= nen Kürbis, der wuchs über Jonas, daß er Schatten gab über sein Haupt; und Jonas freute sich sehr über den Kürbis. Aber der Herr verschaffte einen Wurm; der stach den Kürbis, daß er verdorrete. Als nun die Sonne den Jonas auf den Kopf stach, daß er matt wurde, wünschte er sich den Tod. Da sprach Gott zu ihm: Meinest du, daß du billig zürnest um den Kürbis? Er sprach: Billig zürne ich bis an den Tod. Da sprach der Herr: Dich jammert des Kürbis, daran du nicht gearbeitet hast, hast ihn auch nicht aufgezogen, der in einer Nacht ward und in einer Nacht verdarb; und mich sollte nicht jammern Ninives, solcher großen Stadt, in welcher sind mehr denn 120,000 Menschen, die nicht wissen Unterschied, was rechts oder links ist, dazu auch viele Thiere?

Der 3. Artikel: Ich glaube an — die Vergebung der Sünden. Ps. 51, 19. Die Opfer, die Gott gefallen, sind ein geängsteter Geist; ein geängstetes und zerschlagenes Herz wirst du, Gott, nicht verachten. Ps. 103, 13. Wie sich ein Vater über Kinder erbarmet, so erbarmet sich der Herr über die, so ihn fürchten.

Ich will von meiner Missethat	Natürlich kann ein Mensch doch nicht
Zum Herren mich bekehren;	Sein Elend selbst empfinden.
Du wollest selbst mir Hülf' und Rath	Er ist ohn' deines Geistes Licht
Hierzu, o Gott, bescheren	Blind, taub und todt in Sünden;
Und deines guten Geistes Kraft,	Verkehrt ist Will', Verstand und Thun;
Der neue Herzen in uns schafft,	Des großen Jammers komm, mich nun,
Aus Gnaden mir gewähren.	O Vater, zu entbinden.

44. Untergang der Königreiche Israel und Juda.   2. Kön. 17. 24. 25.

1. Die Kinder Israel aber fuhren fort zu sündigen wider den Herrn und wandelten nach der Heiden Weise und dieneten den Götzen; und wenn der Herr sie zur Buße rief durch die Propheten, so gehorchten sie

nicht und verachteten seinen Bund und beteten an alles Heer des Himmels und dieneten Baal und gingen mit Wahrsagern und Zauberern um. Da ward der Herr sehr zornig über Israel und that sie von seinem Angesicht. Dieß geschah unter Hosea, welcher König war über Israel neun Jahre. Wider denselben zog herauf Salmanassar, der König von Assyrien. Und Hosea ward ihm unterthan, daß er ihm Geschenke gab. Da aber Salmanassar inne ward, daß Hosea einen Bund machte mit So, dem Könige in Aegypten, belagerte er Samaria drei Jahre und eroberte die Stadt und führte Israel weg nach Assyrien. (Die assyrische Gefangenschaft 722 vor Chr.) Darnach besetzte er die Städte in Samaria mit Heiden aus seinem Lande. Da sie aber den Herrn nicht fürchteten, sandte er Löwen unter sie, die sie erwürgeten. Und sie ließen dem Könige zu Assyrien sagen: Die Völker, mit denen du hast die Städte Samarias besetzt, wissen nichts von der Weise des Gottes im Lande; darum hat er Löwen unter sie gesandt. Und der König sandte der Priester Einen, die von Samaria weggeführt waren, der setzte sich zu Bethel und lehrte sie, wie sie den Herrn fürchten sollten. Also fürchteten sie den Herrn, aber dieneten daneben auch ihren Göttern, nach eines jeglichen Volkes Weise, von dannen sie hergebracht waren. So thaten auch ihre Nachkommen, die Samariter.

2. Das Reich Juda bestand noch mehr als hundert Jahre, nachdem das Reich Israel untergegangen war. Aber auch die Könige Judas thaten, was dem Herrn übel gefiel, und wandelten nach den Sitten Israels. Sie spotteten der Boten Gottes und verachteten seine Worte, bis der Grimm des Herrn über sein Volk wuchs, und er es in die Hand seiner Feinde gab. Als Jojakim, der Sohn des frommen Königs Josia, König über Juda war, kam herauf Nebukadnezar, der König zu Babel, und Jojakim ward ihm unterthänig. Und Nebukadnezar nahm mit Kinder aus königlichem Stamm und den vornehmsten Familien des Landes, unter welchen auch war Daniel. (Dieß ist die erste Wegführung und der Anfang der siebenzigjährigen babylonischen Gefangenschaft, 606 vor Chr.) Und Jojakim ward abtrünnig, und als die Chaldäer wider ihn heraufzogen, ward er in Ketten gebunden, daß er nach Babel geführt würde. Er starb aber, und sein Sohn Jojachin ward König an seiner Statt. Nebukadnezar zog wieder herauf, eroberte die Stadt im Jahre 603, führte den König mit allen Vornehmen des Landes, auch den Propheten Ezechiel, dazu alle Schmiede, Zimmerleute und starke Kriegsmänner gefangen nach Babel und machte Zedekia zum Könige.

3. Auch Zedekia that, was dem Herrn übel gefiel, hörte nicht auf das Wort des Propheten Jeremias und ward abtrünnig vom Könige zu Babel, obwohl er ihm einen Eid geschworen hatte. Da zog Nebukadnezar zum drittenmal mit aller seiner Macht wider Jerusalem und belagerte es. Und der Hunger ward stark in der Stadt, daß man nichts zu essen hatte. Da brach man in die Stadt, und Zedekia floh, aber die Chaldäer ergriffen ihn, und Nebukadnezar ließ seine Kinder vor seinen Augen töd-

ten, ihn selbst aber blenden und in Ketten nach Babel führen. Der Tempel und alle Häuser wurden verbrannt und die Mauern um Jerusalem her zerbrochen. Das Volk aber, das noch übriggeblieben war in der Stadt, führte man weg, und nur von den Geringsten im Lande ließ man zu Weingärtnern und Ackerleuten. Und alle Gefäße des Tempels und was von Gold und Silber war, nahm Nebukadnezar mit nach Babel und brachte es in das Haus seines Gottes. Also ward Juda weggeführt aus seinem Lande 588 vor Christo.

Das 1. Gebot und Schluß der Gebote. Jer. 2, 13. 19. Denn mein Volk thut eine zwiefache Sünde: mich, die lebendige Quelle, verlassen sie, und machen ihnen hier und da ausgehauene Brunnen, die doch löchricht sind und kein Wasser geben. Es ist deiner Bosheit Schuld, daß du so gestäupet wirst, und deines Ungehorsams, daß du so gestrafet wirst. Also mußt du inne werden und erfahren, was es für Jammer und Herzeleid bringet, den Herrn, deinen Gott, verlassen und ihn nicht fürchten, spricht der Herr Zebaoth.

Zion klagt mit Angst und Schmerzen,	Ach, spricht sie, wie hat mein Gott
Zion, Gottes werthe Stadt,	Mich verlassen in der Noth,
Die er trägt in seinem Herzen,	Und läßt mich so harte pressen,
Die er ihm erwählet hat.	Meiner hat er ganz vergessen.

***

E. Von der babylonischen Gefangenschaft bis zur Geburt Christi. Von 580—1 v. Chr.

45. Der Prophet Daniel. Dan. 1—6.

1. Nebukadnezar gebot seinem obersten Kämmerer, er sollte aus den Kindern Israel Knaben vom königlichen Stamme wählen, die da geschickt wären, zu dienen an des Königs Hofe und zu lernen chaldäische Schrift und Sprache. Unter diesen war auch Daniel, der den Namen Belt= sazar erhielt, und seine drei Freunde Sadrach, Mesach und Abed=Nego. Denen verschaffte der König, daß man ihnen täglich geben sollte von seiner Speise und von seinem Wein. Aber Daniel wollte sich daran nicht verun= reinigen und bat den Kämmerer, er möchte ihnen nur geben Zugemüse und Wasser. Der sprach: Ich fürchte mich vor dem Könige; wo er würde sehen, daß eure Angesichter jämmerlicher wären, denn der andern Knaben eures Alters, so brächtet ihr mich um mein Leben. Da sprach Daniel: Versuche es nur zehn Tage. Und er gehorchte ihnen darinnen, und nach den zehn Tagen waren sie schöner und besser bei Leibe als all die Knaben, die von des Königs Tische aßen. Und Gott gab diesen vier Knaben Kunst und Verstand in allerlei Schrift und Weisheit. Und da ihre Zeit um war, brachte der Kämmerer sie hinein zu Nebukadnezar. Und der Kö= nig fand sie in allen Sachen klüger und verständiger denn alle Weisen in seinem ganzen Reich, und er machte Daniel zum Fürsten über das ganze Land zu Babel und setzte ihn zum Obersten über alle Weisen zu Babel.

2. Darauf ließ Nebukadnezar ein goldenes Bild machen, sechszig Ellen hoch, und wer vor demselben nicht niederfiel und es anbetete, der sollte in

ben glühenden Ofen geworfen werden. Von Stund an traten Etliche herzu und verklagten Sadrach, Mesach und Abed=Nego, daß sie das Gebot des Königs verachtet hätten. Da befahl Nebukadnezar voll Zorn, daß man sie vor ihn stellete, und sprach zu ihnen: Wie? wollt ihr meinen Gott nicht ehren? Laßt sehen, wer der Gott sei, der euch aus meiner Hand erretten werde! Da sprachen sie: Siehe, unser Gott, den wir ehren, kann uns wohl erretten aus dem glühenden Ofen; dazu auch von deiner Hand. Und wo er es nicht thun will, so sollst du dennoch wissen, daß wir deine Götter nicht ehren, noch das goldne Bild anbeten wollen. Da ward Nebukadnezar voll Grimm und befahl, daß man den Ofen siebenmal heißer machen sollte, denn sonst. Also wurden diese Männer in den glühenden Ofen geworfen. — Da entsetzte sich der König und sprach zu seinen Räthen: Haben wir nicht drei Männer gebunden in den Ofen geworfen? Sehe ich doch vier Männer los im Feuer gehen, und der vierte ist gleich, als wäre er ein Sohn der Götter. Und Nebukadnezar trat vor das Loch des glühenden Ofens und sprach: Ihr Knechte Gottes des Höchsten, gehet heraus und kommet her. Da gingen sie heraus aus dem Feuer, und das Feuer hatte keine Macht an ihrem Leibe bewiesen und ihre Haupthaare nicht versenget, und ihre Mäntel nicht versehret, ja man konnte keinen Brand an ihnen riechen. Da sprach Nebukadnezar: Gelobet sei Gott, der seinen Engel gesandt und seine Knechte errettet hat, die ihm vertrauet haben. So sei nun dieß mein Gebot: Welcher unter allen meinen Völkern den Gott Sadrachs, Mesachs und Abed=Negos lästert, der soll umkommen; denn es ist kein andrer Gott, der also erretten kann, als dieser. Und er gab diesen drei Männern große Gewalt im Lande zu Babel.

3. Nach Nebukadnezar ward Belsazar König zu Babel. Der machte einst ein herrliches Mahl seinen Gewaltigen, und da er trunken war, hieß er die goldenen und silbernen Gefäße herbringen, die sein Vater Nebukadnezar aus dem Tempel zu Jerusalem weggenommen hatte. Und der König, seine Gewaltigen und seine Weiber tranken daraus, und lobten die Götter der Heiden. Eben zu derselbigen Stunde gingen hervor Finger, als einer Menschenhand, die schrieben gegen dem Leuchter über auf die getünchte Wand. Da das der König sahe, entfärbte er sich und seine Beine zitterten und rief überlaut, daß man alle seine Weisen und Wahrsager heraufbringen sollte. Aber sie konnten weder die Schrift lesen, noch die Deutung dem Könige anzeigen. Deß erschrak der König Belsazar noch härter. Da ward Daniel gerufen und vor den König gebracht. Der las die Schrift und zeigte dem Könige an, was sie bedeute, und sprach: Du, Belsazar, hast dein Herz nicht gedemüthigt, obwohl du Alles weißt, was deinem Vater Nebukadnezar widerfahren ist, sondern hast dich wider den Herrn des Himmels erhoben und die Gefäße seines Hauses entheiligt; dazu habt ihr gelobet die Götter, die weder sehen noch hören noch fühlen; den Gott aber, der deinen Odem und alle deine Wege in seiner Hand hat, hast du nicht geehret. Darum ist von ihm gesandt diese Hand und diese Schrift. Das ist aber die Schrift:

Mené mené tekél upharsin. Und sie bedeutet dieß: Mené d. i.
Gott hat dein Königreich g e z ä h l t und vollendet; tekél d. i. man hat
dich in einer Wage g e w o g e n und zu leicht gefunden, parsin d. i. dein
Königreich ist z e r t h e i l t und den Medern und P e r s e r n gegeben. —
Aber in derselbigen Nacht ward Belsazar getödtet, und D a r i u s aus
Medien nahm das Reich ein.

4. Darius setzte über sein Königreich 120 Landvögte, und über diese
drei Fürsten, deren Einer war Daniel. Daniel aber übertraf sie alle,
denn es war ein hoher Geist in ihm; darum gedachte der König ihn über
das ganze Königreich zu setzen. Derhalben trachteten die Fürsten und
Landvögte darnach, wie sie eine Sache wider ihn fänden, und überredeten
den König, daß er einen Befehl ausgehen ließe, daß wer in dreißig Tagen etwas bitten würde von irgend einem Gott oder Menschen, ohne von
dem Könige allein, solle zu den Löwen in den Graben geworfen werden.
Als nun Daniel solches erfuhr, ging er hinauf in sein Haus. Er hatte
aber offene Fenster gegen Jerusalem, und fiel des Tages dreimal auf
seine Knie, lobte, betete und dankte seinem Gott wie vorhin. Da kamen
jene Männer häufig und fanden ihn beten und verklagten ihn beim Könige.
Da ward der König sehr betrübt und bemühete sich, daß er Daniel errettete. Aber die Männer sprachen: Du weißt, o König, daß der Meder
und Perser Recht ist, daß alle Gebote des Königs sollen unverändert
bleiben. Da befahl der König, daß man Daniel brächte, und sie warfen
ihn in den Löwengraben. Der König aber sprach: Dein Gott, dem du
ohne Unterlaß dienest, der helfe dir! Und der König aß nichts und konnte
auch nicht schlafen, und des Morgens frühe ging er eilends zu dem Graben
und rief mit kläglicher Stimme: Daniel, du Knecht des lebendigen Gottes, hat dich auch dein Gott mögen von den Löwen erlösen? Daniel sprach:
Mein Gott hat seinen Engel gesandt, der den Löwen den Rachen zugehal-
ten hat, daß sie mir kein Leid gethan haben. Da ward der König sehr
froh und hieß Daniel aus dem Graben ziehen und die Männer, welche
ihn verklagt hatten, in den Graben werfen, sammt ihren Kindern und
Weibern. Und ehe sie auf den Boden hinabkamen, ergriffen sie die
Löwen und zermalmeten ihre Gebeine. Da ließ Darius allen Völkern
schreiben: Man soll in meinem ganzen Königreiche den Gott Daniels
fürchten. Denn er ist der lebendige Gott, der ewiglich bleibet und sein
Königreich ist unvergänglich. Er ist ein Erlöser und Nothhelfer und er
thut Zeichen und Wunder. Und Daniel ward gewaltig im Königreiche
des Darius und auch im Königreiche des K o r e s (Cyrus).

Das 8. Gebot und das 3. Hauptstück, der Beschluß. Matth. 10, 32. Wer mich·
bekennet vor den Menschen, den will ich auch bekennen vor meinem himmlischen Vater. Jes. 43, 1. 2. Fürchte dich nicht, denn ich habe dich erlöset; ich habe dich bei
beinem Namen gerufen; du bist mein. Denn so du durchs Wasser gehest, will ich bei
dir sein, daß dich die Ströme nicht sollen ersäufen; und so du ins Feuer gehest, sollst
du nicht brennen und die Flamme soll dich nicht anzünden.

Fürsten sind Menschen, vom Weib ge- boren,	Wenn nun das Grab nimmt seinen Raub.
Und kehren um zu ihrem Staub;	Weil denn kein Mensch uns helfen kann,
Ihre Anschläge sind auch verloren,	Rufe man Gott um Hülfe an. Hallelujah!

Selig, ja selig ist der zu nennen,
Des Hülfe der Gott Jakobs ist,
Welcher vom Glauben sich nicht läßt trennen
Und hofft getrost auf Jesum Christ.
Wer diesen Herrn zum Beistand hat,
Findet am besten Rath und That.
Hallelujah!

46. Die Rückkehr aus der Gefangenschaft. Esra. 1—6.

1. Im ersten Jahre Kores, des Königs von Persien, welcher das babylonische Reich, das erste Weltreich, eingenommen hatte und das zweite, das persische Weltreich, gründete, erweckte der Herr den Geist Kores, daß er ließ ausrufen durch sein ganzes Königreich: Der Herr, der Gott vom Himmel, hat mir alle Königreiche und Lande gegeben und hat mir befohlen, ihm ein Haus zu bauen zu Jerusalem. Wer nun unter euch seines Volkes ist, der ziehe hinauf gen Jerusalem und baue das Haus des Herrn, des Gottes Israels. Man helfe aber allerarten mit Silber und Gold, Gut und Vieh, aus freiem Willen, zum Hause Gottes zu Jerusalem. Da machten sich auf die obersten Väter aus Juda und Benjamin, die Priester und die Leviten, alle, deren Geist Gott erweckte, hinaufzuziehen; und alle, die um sie her waren, gaben silberne und goldene Geräthe und allerlei Gut. Der König Kores aber that heraus die Gefäße des Hauses des Herrn, die Nebukadnezar aus Jerusalem genommen hatte. Und derer, die hinaufzogen aus dem Gefängnisse zu Babel mit Serubabel, dem Fürsten Juda aus dem Hause Davids, und Josua, dem Hohenpriester, waren 42,360, ohne die Knechte und Mägde, deren waren 7,337.

2. Im zweiten Jahr ihrer Ankunft fingen sie an, zu treiben das Werk am Hause des Herrn. Da nun die Bauleute den Grund legten am Tempel des Herrn, standen die Priester mit Posaunen und die Leviten mit Cymbeln, zu loben den Herrn; und alles Volk tönete laut mit Loben; aber viele der alten Priester und Leviten und der Väter des Volks, die das vorige Haus noch gesehen hatten, weineten laut, daß man nicht erkennen konnte das Tönen mit Freuden vor dem Geschrei des Weinens im Volk.

3. Da aber die in Samarien höreten, daß die Kinder des Gefängnisses dem Herrn, dem Gott Israels, den Tempel baueten, kamen sie zu Serubabel und den obersten Vätern und sprachen: Wir wollen mit euch bauen, denn wir suchen euren Gott, gleichwie ihr. Aber Serubabel und die obersten Väter antworteten ihnen: Es ziemt sich nicht, daß wir mit euch bauen das Haus unsers Gottes; sondern wir wollen allein bauen dem Herrn. Da hinderte das Volk im Lande die Hand des Volkes Juda, und schreckten sie ab im Bauen und verklagten die Juden als ein aufrührerisches und böses Volk; und der König Artasastha verbot ihnen, weiter zu bauen. Da hörte auf das Werk am Hause des Herrn bis in's zweite Jahr des Königs Darius (Hystaspis). Da machten sich auf Serubabel und Josua und baueten das Haus und mit ihnen die Propheten Haggai und Sacharja, die sie wiederum stärkten. Und sie vollbrachten das Haus im sechsten Jahre des Darius, 516 vor Chr., und hielten die Einweihung des Hauses Gottes mit Freuden.

Das 3. und 8. Gebot. Pf. 126, 1, 2. Wenn der Herr die Gefangenen Zions er=
lösen wird, so werden wir sein wie die Träumenden. Dann wird unser Mund voll
Lachens und unsre Zunge voll Rühmens sein. Da wird man sagen unter den Heiden:
Der Herr hat großes an ihnen gethan. Haggai 2, 7, 8. Es ist noch ein Kleines dahin,
daß ich Himmel und Erde, das Meer und Trockne bewegen werde. Ja, alle Heiden
will ich bewegen. Da soll dann kommen aller Heiden Trost; und ich will dies Haus
voll Herrlichkeit machen, spricht der Herr Zebaoth.

Laß dich nicht den Satan blenden,	Wie mag es denn anders sein
Der sonst nichts denn schrecken kann;	Ich muß ja gedenken dein.
Siehe hier in meinen Händen	Deine Mauern muß ich bauen
Hab' ich dich geschrieben an.	Und dich fort und fort anschauen.

Anhang

47. Die Juden unter der griechischen Herrschaft und unter den Mak= kabäern. 1. u. 2. Makkab.

1. Die Juden lebten nach ihrer Rückkehr ruhig unter persischer Herr=
schaft, bis Alexander der Große, der König von Macedonien, den
König Darius III Codomannus von Persien besiegte, dem mächtigen per=
sischen Reiche ein Ende machte, das griechische Weltreich grün=
dete, 331 vor Chr. und auch das Land Palästina unter seine Herrschaft
brachte. Nach Alexanders Tode, 323 vor Chr., theilten sich seine Feld=
herrn in die eroberten Länder, und die Juden kamen unter die Herrschaft
Aegyptens, von 320—223 vor Chr. Während dieser Zeit hatten sie
freie Religionsübung und viele und große Vorrechte. Damals wurden
auch die heiligen Schriften des alten Testaments in Aegypten in die
griechische Sprache übersetzt. Um das Jahr 200 vor Chr. aber riß der
König von Syrien, Antiochus der Große, Palästina an sich. Sein
Nachfolger war Antiochus Epiphanes, welcher eine Zeit großer
Trübsal über die Juden brachte.

2. Antiochus eroberte Jerusalem und erwürgete, was er fand auf den
Gassen und in den Häusern, Mann und Weib und Kinder und führte
viele Juden hinweg nah Syrien. Auch raubte er die heiligen Gefäße im
Tempel, den goldnen Altar, die Leuchter, den Tisch, darauf die Schaubrode lagen, und Alles, was die andern Könige gegeben hatten zu Schmuck
und Zierde. Und Antiochus sandte Briefe gen Jerusalem, daß die Juden
den Gottesdienst der Heiden annehmen und die Brandopfer, Sabbathe
und andre Feste abthun sollten; und wer nicht gehorsam sein würde, den
sollte man tödten. Und er ließ die Bücher des Gesetzes Gottes zerreißen
und verbrennen, und Alle, die Gottes Gesetz hielten, befahl er zu tödten.
Und Viele vom Volke fielen ab vom Gesetze; aber Viele waren auch be=
ständig und erwähleten lieber den Tod, als daß sie den Bund entweiheten.
Da war großes Herzeleid; das Heiligthum war entweihet und wüste, die
Feiertage wurden eitel Trauertage, und so herrlich Jerusalem zuvor gewe=
sen war, so jämmerlich und elend mußte es da zumal sein. Antiochus ist
aber auch endlich eines schrecklichen Todes gestorben. Es wuchsen Wür=

mer aus seinem Leibe und er verfaulte lebendig mit großen Schmerzen, wie er andern Leuten gethan hatte.

3. Es war aber zu der Zeit, da Antiochus die Juden verfolgte, ein Priester M a t a t h i a s auf dem Berge Modin, der hatte fünf Söhne. Und es ging ein Jude hin vor Aller Augen und opferte den Götzen auf dem Altar zu Modin. Das ging dem Matathias durch's Herz und sein Eifer entbrannte um das Gesetz und er ging hin und tödtete den Juden und warf den Altar um und rief laut durch die Stadt: Wer den Bund Gottes mit uns halten will, der ziehe mit mir aus der Stadt! Also floh er und seine Söhne und viele fromme Leute mit ihm auf's Gebirge. Nach seinem Tode, 166 vor Chr., kam J u d a s M a k k a b ä u s (d. i. der Hammer) an seines Vaters Statt und war freudig und kühn, wie ein junger brüllender Löwe, daß allenthalben seine Feinde vor ihm erschraken und flohen, die Unterdrückten aber zu ihm liefen. Er schlug den Antiochus, der mit einer großen Macht wider ihn gezogen war, reinigte wiederum das Heiligthum zu Jerusalem und machte einen Bund mit den Römern. Als aber Judas gestorben war, 161 vor Chr., trat an seine Stelle sein Bruder J o n a t h a n, den tödteten die Syrer durch Meuchelmord. Nach diesem ward S i m o n, der dritte Bruder, Fürst und Hoherpriester. Unter ihm kam das Land zur Ruhe, und es blieb guter Friede, so lange er lebte.

4. Als aber Simons Nachkommen sich um die Herrschaft stritten, kamen die R ö m e r in's Land, um den Streit zu schlichten, und machten sich Judäa zinsbar. Darnach ernannten sie den Edomiter A n t i p a s zum Statthalter von Judäa, und als er starb, erklärten sie dessen Sohn H e r o d e s zum König von Judäa im Jahre 40 v. Chr. Damit aber wurde erfüllt die Weissagung Jakobs von J u d a. (Siehe Geschichte 17.)

Die 7. Bitte. Jes. 40, 1, 2. Tröstet, tröstet mein Volk! spricht euer Gott! Redet mit Jerusalem freundlich und predigt ihr, daß ihre Ritterschaft ein Ende hat; denn ihre Missethat ist vergeben; denn sie hat Zweifältiges empfangen von der Hand des Herrn um alle ihre Sünde.

Auf, auf, ihr Reichsgenossen,	Ihr Christen geht herfür,
Eur' König kommt heran	Laßt uns vor allen Dingen
Empfahet unverdrosse	Ihm Hosianna singen
Den großen Wundermann.	Mit heiliger Begier.

48. Weissagungen im Alten Testament von unserm Herrn Jesu Christo.

1. Die ganze biblische Geschichte des Aten Testamentes lehret uns, wie schon die ersten Menschen und ebenso ihre Nachkommen Gott den Herrn verlassen und seine heiligen Gebote übertreten haben, wie aber der liebe Gott immerfort sich ihnen erbarmend geoffenbaret hat. Er hat darum Israel zu seinem Bundes- und Erstlingsvolk gemacht, ihm das Gesetz gegeben und zu ihm die Propheten gesandt, damit von diesem Volk das Heil zu allen Völkern käme. Darum hat auch Gott aus unbegreiflicher Gnade von Anfang an dies zukünftige Heil und den dasselbe bringenden Heiland den Menschen weissagen lassen, damit durch den Glauben an diesen Alle selig werden könnten, nicht nur die, die im Neuen Testament den Heiland sehen, sondern auch die, denen er im Alten Testament verkündigt worden

ist. Aber auch um unsertwillen sind diese Weissagungen geschehen, auch „wir haben ein festes prophetisches Wort, und ihr thut wohl, daß ihr darauf achtet." 2 Petri 1, 19. Denn diese Weissagungen, die anfangs allgemein und dunkel sind und dann immer bestimmter und deutlicher werden, dienen auch uns zur Befestigung und Stärkung unseres Glaubens an Den, welcher nach dem Fleisch von Israel hergekommen, Gott über Alles ist, hochgelobt in Ewigkeit, Röm. 9, 5.

2. Schon in der ersten Zeit, sogleich, nachdem Adam und Eva von der Schlange verführt und in Sünde und Tod gefallen waren, verhieß Gott der Herr ihnen eine einstige Erlösung durch einen für sie leidenden Menschensohn, indem er zur Schlange sprach: „Und ich will Feindschaft setzen zwischen dir und dem Weibe und zwischen deinem Samen und ihrem Samen. Derselbe soll dir den Kopf zertreten, und du wirst ihn in die Ferse stechen." (Siehe Geschichte 3. 1 Mose 3, 15.) Dies Wort blieb als das erste Evangelium den ersten Menschen und ihren Nachkommen während der Urgeschichte unvergeßlich. Als aber das ganze Menschengeschlecht jener Zeit, weil es nicht auf das Wort Gottes hören wollte, in der Sündfluth untergegangen war, und nur Noah sammt den Seinen errettet wurde, verkündigte dieser den verheißenen Erlöser als einen Nachkommen seines Sohnes Sem, indem er sprach: „Gelobet sei Gott, der Herr Sems!" (Gesch. 5. 1 Mose 9, 26). Nach Noah wuchs gar bald ein neues Menschengeschlecht auf, aber es versank fast allgemein in die gräuliche Sünde der Abgötterei und des Götzendienstes. Da offenbarte sich Gott dem Abraham, der von Sem abstammte, und verhieß ihm den zukünftigen Erlöser als seinen Nachkommen und sprach zu ihm: „Ich will dich zum großen Volk machen und will dich segnen und dir einen großen Namen machen und sollst ein Segen sein —; und in dir sollen gesegnet werden alle Geschlechter auf Erden." (Gesch. 7. 1 Mose 12, 2. 3. Auch Gesch. 10, 3. 1 Mose 22, 18). Dieselbe Verheißung wiederholt Gott dem Sohne Abrahams, Isaak, und ebenfalls dessen Sohne Jakob (Geschichte 12. 1 Mose 28, 13. 14.) Jakob aber, da er von hinnen scheiden wollte, und alle seine zwölf Söhne segnend um sich versammelt hatte, bezeichnete unter diesen Juda als den, von welchem der Weltheiland abstammen sollte, indem er sprach: „Juda ist ein junger Löwe. Du bist hoch gekommen, mein Sohn, durch große Siege. Es wird das Scepter von Juda nicht entwendet werden noch ein Meister von seinen Füßen, bis daß der Held komme, und demselben werden die Völker anhangen (Gesch. 17. 1 Mose 49, 9, 10). Nachdem der Herr in Aegypten Abrahams Nachkommen gemehrt hatte, führte er sie durch Mose aus dem Diensthause nach dem Sinai und durch die Wüste und bis an die Gränzen Kanaans. Hier verhieß er ihm aufs neue den ersehnten Heiland durch Mose, indem dieser sprach: „Einen Propheten, wie mich, wird der Herr, dein Gott, dir erwecken aus

bir und aus deinen Brüdern; dem sollt ihr gehorchen." (Gesch. 26. 5 Mose 18, 15).

3. Jahrhunderte lang wohnte darnach Israel im Lande seiner Väter, und größer und mächtiger als alle übrigen Stämme blieb allezeit der Stamm Juda. Aus ihm erwählte sich Gott den zweiten König Israels, einen Mann nach seinem Herzen, nämlich David. Als dieser dem Herrn einen Tempel bauen wollte, verkündigte ihm der Prophet Nathan, daß der verheißene Heiland der Welt ein Nachkomme Davids und durch denselben Davids Thron ein ewiger sein würde, indem er sprach: Wenn nun deine Zeit hin ist, daß du mit deinen Vätern schlafen liegest, will ich deinen Samen nach dir erwecken, dem will ich sein Reich bestätigen. Der soll meinem Namen ein Haus bauen, und ich will den Stuhl seines Königreichs bestätigen ewiglich." (Gesch. 37. 2. Sam. 7, 12. 13). Seitdem sang David von diesem Herrn und Sohn Davids in den Psalmen; z. B. Psf. 2, 45, 110, und Salomo in Psalm 72. Und von diesem ewigen Könige, der aus dem Geschlecht und dem Hause Davids kommen und in der Stadt Davids geboren werden würde, zeugten seitdem alle Propheten; wie ihr selbst in der heiligen Schrift lesen mögt bei Jesaja (zwischen 810—742 vor Chr.) Kap. 9, 6. 7. 11, 1. 2. Micha 5, 1. Jeremia 33, 14—16. Ezechiel 34, 28. Daniel 2, 44. Haggai 2, 7. Sacharja 9, 9. Ebenso der letzte aller Propheten Maleachi (400 vor Chr.) welcher weissagt Kap. 3, 1. „Siehe, ich will meinen Engel senden, der vor mir her den Weg bereiten soll. Und bald wird kommen zu seinem Tempel der Herr, den ihr suchet, und der Engel des Bundes, deß ihr begehret. Siehe, er kommt! spricht der Herr Zebaoth."

Ap.-Gesch. 10, 43. Von diesem zeugen alle Propheten, daß durch seinen Namen Alle die an ihn glauben, Vergebung der Sünden empfangen sollen. Luc. 20, 24. Viele Propheten und Könige wollten sehen, das ihr sehet, und haben es nicht gesehen, und hören, das ihr höret, und haben es nicht gehöret.

1. Auf, Seele, auf und säume nicht,
Es bricht das Licht herfür,
Der Wunderstern giebt dir Bericht,
Der Held sei vor der Thür.

2. Gieb Acht auf diesen hellen Schein,
Der dir aufgangen ist,
Er führet dich zum Kindelein,
Das heißest Jesus Christ.

3. Er ist der Held aus Davids Stamm,
Die theure Saronsblum,
Das rechte, ächte Gotteslamm,
Israels Preis und Ruhm.

Das neue Testament.

I. Das Leben unsers Herrn und Heilandes Jesu Christi.

A. Die Kindheit Jesu.

---

1. Die Verkündigung der Geburt Johannis des Täufers und unsers Herrn Jesu Christi. Luc. 1, 5—56. Matth. 1, 19—21.

1. Zu der Zeit Herodes, des Königs über Judäa war ein Priester, mit Namen Zacharias, und sein Weib hieß Elisabeth. Sie waren beide fromm vor Gott und gingen in allen Geboten des Herrn untadelig. Sie hatten aber kein Kind, und waren beide wohlbetagt. Und es begab sich, da Zacharias des Priesteramts pflegte, und an ihm war, daß er räuchern sollte, ging er in den Tempel des Herrn. Und die ganze Menge des Volkes war draußen und betete. Da erschien ihm der Engel des Herrn und stand zur Rechten am Räucheraltare. Und als Zacharias ihn sahe, erschrak er. Aber der Engel sprach zu ihm: Fürchte dich nicht, Zacharias, dein Gebet ist erhöret, und dein Weib Elisabeth wird dir einen Sohn gebären, deß Namen sollst Du Johannes heißen. Und du wirst an ihm Freude und Wonne haben, und Viele werden sich seiner Geburt freuen; denn er wird groß sein vor dem Herrn und erfüllet werden mit dem heiligen Geiste und der Kinder Israel viele zu Gott, ihrem Herrn, bekehren. Er wird vor dem Herrn hergehen im Geist und Kraft Elias, zu bekehren die Herzen der Väter zu den Kindern und der Ungläubigen zu der Klugheit der Gerechten, zuzurichten dem Herrn ein bereitet Volk. Und Zacharias sprach zu dem Engel: Wobei soll ich das erkennen? Denn ich bin alt und mein Weib ist betagt. Der Engel antwortete: Ich bin Gabriel, der vor Gott stehet, und gesandt, daß ich dir solches verkündige. Siehe, du wirst verstummen bis auf den Tag, da dies geschehen wird, darum, daß du meinen Worten nicht geglaubet hast. — Und das Volk wartete auf Zacharias und wunderte sich, daß er so lange im Tempel verzog. Und da er heraus ging und mit ihnen nicht reden konnte, merkten sie, daß er ein Gesicht gesehen hatte im Tempel. Und er winkte ihnen und blieb stumm. Und da die Zeit seines Amtes aus war, ging er heim in sein Haus.

2. Im sechsten Monat darnach ward der Engel Gabriel gesandt von Gott in eine Stadt in Galiläa, die heißt Nazareth, zu einer Jungfrau vom Hause David, mit Namen Maria, die vertrauet war einem Manne, welcher hieß Joseph. Und der Engel sprach zu ihr: Gegrüßest

seist du, Holdselige! Der Herr ist mit dir, du Gebenedeiete unter den Weibern! Sie aber erschrak über seine Rede, und gedachte: Welch ein Gruß ist das? Und der Engel sprach zu ihr: Fürchte dich nicht, Maria, du hast Gnade bei Gott gefunden. Siehe, du wirst einen Sohn gebären, deß Namen sollst du Jesus heißen; der wird groß sein, und ein Sohn des Höchsten genannt werden, und Gott der Herr wird ihm den Stuhl seines Vaters David geben, und er wird ein König sein über das Haus Jakobs ewiglich, und seines Königreiches wird kein Ende sein. Da sprach Maria zu dem Engel: Wie soll das zugehen? Der Engel antwortete: Der heilige Geist wird über dich kommen, und die Kraft des Höchsten wird dich überschatten; darum auch das Heilige, das von dir geboren wird, wird Gottes Sohn genannt werden. Denn bei Gott ist kein Ding unmöglich.— Maria aber sprach: Siehe, ich bin des Herrn Magd; mir geschehe, wie du gesagt hast! Und der Engel schied von ihr.

3. Darnach stand Maria auf und ging aufs Gebirge in das Haus Zacharias und grüßte Elisabeth. Und Elisabeth ward des heiligen Geistes voll und sprach: Gebenedeiet bist du unter den Weibern! Woher kommt mir das, daß die Mutter meines Herrn zu mir kommt? O, selig bist du, die du geglaubet hast! Und Maria sprach: Meine Seele erhebet den Herrn, und mein Geist freuet sich Gottes, meines Heilandes; denn er hat die Niedrigkeit seiner Magd angesehen. Siehe von nun an werden mich selig preisen alle Kindeskinder, denn er hat große Dinge an mir gethan, der da mächtig ist und deß Name heilig ist. Und seine Barmherzigkeit währet immer, für und für, bei denen, die ihn fürchten. Er übet Gewalt mit seinem Arm und zerstreuet, die hoffärtig sind in ihres Herzens Sinn. Er stößet die Gewaltigen vom Stuhl, und erhebet die Niedrigen. Die Hungrigen füllet er mit Gütern, und läßt die Reichen leer. Er denket der Barmherzkeit und hilft seinem Diener Israel auf; wie er geredet hat unsern Vätern Abraham und seinem Samen ewiglich. — Und Maria blieb bei Elisabeth drei Monate, darnach kehrte sie wieder heim.

4. Dem Joseph aber erschien auch ein Engel des Herrn im Traum, und sprach zu ihm: Joseph, du Sohn Davids, fürchte dich nicht, Maria, dein Gemahl, zu dir zu nehmen. Siehe, sie wird einen Sohn gebären, deß Namen sollst du Jesus heißen, denn er wird sein Volk selig machen von ihren Sünden.

2. Artikel, Erklärung: Empfangen vom heiligen Geiste u. s. w. Mal. 3, 1. Siehe, ich will meinen Engel senden, der vor mir her den Weg bereiten soll. Und bald wird kommen zu seinem Tempel der Herr, der ihn sucht und der Engel des Bundes, deß ihr begehret. Siehe er kommt, spricht der Herr Zebaoth. Joh. 20, 29: Selig sind, die nicht sehen, und doch glauben.

Gott sei Dank in alle Welt,	Was der alten Väter Schaar
Der sein Wort beständig hält	Höchster Wunsch und Sehnen war,
Und der Sünder Trost und Rath	Und was sie geprophezeit,
Zu uns hergesendet hat.	Ist erfüllt in Herrlichkeit.

2. Die Geburt Johannis des Täufers. Luc. 1, 57—80.

1. Und Elisabeth gebar einen Sohn. Und ihre Nachbarn und Gefreundeten hörten, daß der Herr große Barmherzigkeit an ihr gethan hatte, und freuten sich mit ihr. Und am achten Tage kamen sie, zu beschneiden das Kindlein und hießen ihn nach seinem Vater Zacharias. Aber seine Mutter sprach: Mit nichten, sondern er soll Johannes heißen. Sie sprachen: Ist doch Niemand in deiner Freundschaft, der also heiße. Und sie winkten seinem Vater, wie er ihn wollte heißen lassen. Er forderte ein Täflein, schrieb und sprach: Er heißt Johannes. Und sie verwunderten sich Alle. Und alsbald ward sein Mund und seine Zunge aufgethan, und er redete und lobte Gott. Und Alle, die es hörten, nahmen es zu Herzen und sprachen: Was meinest du, will aus dem Kindlein werden? Denn die Hand des Herrn war mit ihm.

2. Und sein Vater Zacharias ward des heiligen Geistes voll, weissagte und sprach: Gelobet sei der Herr, der Gott Israels, denn er hat besucht und erlöset sein Volk. Und er hat uns aufgerichtet ein Horn des Heils in dem Hause seines Dieners David, als er vor Zeiten geredet hat durch den Mund seiner heiligen Propheten, daß er uns errettete von unsern Feinden, und von der Hand Aller, die uns hassen; und die Barmherzigkeit erzeigete unsern Vätern und gedächte an seinen heiligen Bund, und an den Eid, den er geschworen hat unserm Vater Abraham, uns zu geben; daß wir, erlöset aus der Hand unserer Feinde, ihm dieneten ohne Furcht unser Lebenlang, in Heiligkeit und Gerechtigkeit, die ihm gefällig ist. Und du Kindlein wirst ein Prophet des Höchsten heißen; du wirst vor dem Herrn hergehen, daß du seinen Weg bereitest und Erkenntniß des Heils gebest seinem Volke, die da ist in Vergebung ihrer Sünden, durch die herzliche Barmherzigkeit unsers Gottes, durch welche uns besucht hat der Aufgang aus der Höhe, auf daß er erscheine denen, die da sitzen in Finsterniß und Schatten des Todes und richte unsere Füße auf den Weg des Friedens. Und das Kindlein wuchs und ward stark im Geiste. Und Johannes war in der Wüste, bis daß er sollte hervortreten vor das Volk Israel.

3. Hauptstück, der Beschluß. Jes. 23, 29. Des Herrn Rath ist wunderbarlich und führet es herrlich hinaus. 2. Pet. 1, 19: Wir haben ein festes prophetisches Wort; und ihr thut wohl, daß ihr darauf achtet als auf ein Licht, das da scheinet in einem dunkeln Ort, bis der Tag anbreche und der Morgenstern aufgehe in eurem Herzen.

Mit Ernst, o Menschenkinder,	Den Gott aus Gnad allein
Das Herz in euch bestellt!	Der Welt zum Licht und Leben
Bald wird das Heil der Sünder,	Versprochen hat zu geben,
Der wunderstarke Held,	Bei allen kehren ein.

3. Die Geburt des Heilandes. Luc. 2, 1—20.

1. Es begab sich aber zu der Zeit, daß ein Gebot vom Kaiser Augustus ausging, daß alle Welt geschätzet würde. Und Jedermann ging, daß er sich schätzen ließe, ein Jeglicher in seine Stadt. Da machte sich auch auf Joseph aus Galiläa, aus der Stadt Nazareth, in das jüdische Land, zu

der Stadt Davids, die da heißt Bethlehem; darum, daß er von dem Hause und Geschlechte Davids war, auf daß er sich schätzen ließe mit Maria, seinem vertrauten Weibe. Und als sie daselbst waren, gebar Maria ihren ersten Sohn, und wickelte ihn in Windeln und legte ihn in eine Krippe; denn sie hatten sonst keinen Raum in der Herberge.

2. Und es waren Hirten in derselbigen Gegend auf dem Felde bei den Hürden, die hüteten des Nachts ihre Heerde. Und siehe, des Herrn Engel trat zu ihnen, und die Klarheit des Herrn leuchtete um sie, und sie fürchteten sich sehr. Und der Engel sprach zu ihnen: Fürchtet euch nicht! Siehe, ich verkünde euch große Freude, die allem Volke widerfahren wird. Denn euch ist heute der Heiland geboren, welcher ist Christus der Herr, in der Stadt Davids. Und das habt zum Zeichen: Ihr werdet finden das Kind in Windeln gewickelt und in einer Krippe liegend. Und alsobald war da bei dem Engel die Menge der himmlischen Heerschaaren, die lobten Gott und sprachen: Ehre sei Gott in der Höhe, und Friede auf Erden, und den Menschen ein Wohlgefallen!

3. Und da die Engel von ihnen gen Himmel fuhren, sprachen die Hirten unter einander: Lasset uns nun gehen gen Bethlehem, und die Geschichte sehen, die da geschehen ist, die uns der Herr kund gethan hat. Und sie kamen eilend, und fanden beide, Maria und Joseph, dazu das Kind in der Krippe liegend. Da sie es aber gesehen hatten, breiteten sie das Wort aus, welches zu ihnen von diesem Kinde gesagt war. Und Alle, vor die es kam, wunderten sich der Rede, die ihnen die Hirten gesagt hatten. Maria aber behielt alle diese Worte und bewegte sie in ihrem Herzen. Und die Hirten kehrten wieder um, priesen und lobten Gott, um Alles, das sie gehört und gesehen hatten wie denn zu ihnen gesagt war.

2. Artikel: Geboren von der Jungfrau Maria. Joh. 3, 16: Also hat Gott die Welt geliebet, daß er seinen eingebornen Sohn gab, auf daß Alle, die an ihn glauben, nicht verloren werden, sondern das ewige Leben haben. Jes. 9, 6. 7: Uns ist ein Kind geboren, ein Sohn ist uns gegeben, welches Herrschaft ist auf seiner Schulter, und er heißet Wunderbar, Rath, Kraft, Held, Ewigvater, Friedefürst; auf daß seine Herrschaft groß werde und des Friedens kein Ende, auf dem Stuhl Davids, und seinem Königreich; daß er es zurichte und stärke mit Gericht und Gerechtigkeit von nun an bis in Ewigkeit. Solches wird thun der Eifer des Herrn Zebaoth.

Gelobet seist Du, Jesu Christ,
Daß Du Mensch geboren bist,
Von einer Jungfrau, das ist wahr,
Des freuet sich der Engelschaar. Kyrieleis.
　Des ewgen Vaters einig Kind
Jetzt man in der Krippe find,

In unser armes Fleisch und Blut
Verkleidet sich das ewig Gut. Kyrieleis.
　Den aller Weltkreis nie beschloß,
Der liegt in Marien Schooß,
Er ist ein Kindlein worden klein,
Der alle Ding erhält allein. Kyrieleis.

4. Die Darstellung Jesu im Tempel. Luc. 2, 21—39.

1. Und da acht Tage um waren, daß das Kind beschnitten würde, da ward sein Name genannt Jesus, welcher genannt war von dem Engel, ehe denn er im Mutterleibe empfangen ward.—Und nach sechs Wochen brachten

Joseph und Maria das Kind Jesus gen Jerusalem, auf daß sie ihn darstell=
ten dem Herrn und gäben das Opfer nach dem Gesetze, ein Paar Turtel=
tauben oder zwo junge Tauben.   Und siehe, ein Mensch war zu Jeru=
salem, mit Namen S i m e o n; derselbe war fromm und gottesfürchtig,
und wartete auf den Trost Israels, und der heilige Geist war in ihm.
Und ihm war eine Antwort geworden von dem heiligen Geiste, er sollte
den Tod nicht sehen, er hätte denn zuvor den Christ des Herrn gesehen.
Und er kam auf Anregen des Geistes in den Tempel.   Und da die Eltern
das Kind Jesus in den Tempel brachten, nahm er es auf seine Arme,
lobte Gott und sprach: H e r r, n u n l ä s s e s t d u d e i n e n D i e n e r
i n F r i e d e n f a h r e n, w i e d u g e s a g t h a s t; d e n n m e i n e
A u g e n h a b e n d e i n e n H e i l a n d g e s e h e n, w e l c h e n d u
b e r e i t e t h a s t v o r a l l e n V ö l k e r n, e i n L i c h t, z u e r=
l e u c h t e n d i e H e i d e n, u n d z u m P r e i s e d e i n e s V o l k e s
I s r a e l.
2. Und sein Vater und seine Mutter wunderten sich deß, das von ihm
geredet ward.   Und Simeon segnete sie und sprach zu Maria: S i e h e,
d i e s e r w i r d g e s e t z t z u e i n e m F a l l e u n d A u f e r s t e h n
V i e l e r i n I s r a e l, u n d z u e i n e m Z e i c h e n, d e m w i d e r=
s p r o c h e n w i r d.   U n d e s w i r d e i n S c h w e r t d u r c h d e i n e
S e e l e d r i n g e n, a u f d a ß v i e l e r H e r z e n G e d a n k e n
o f f e n b a r w e r d e n. — Und es war eine Prophetin, H a n n a, die
war wohlbetaget, und war eine Wittwe bei 84 Jahren, die kam nimmer
vom Tempel und dienete Gott mit Fasten und Beten Tag und Nacht.
Dieselbe trat auch hinzu und pries den Herrn, und redete von ihm zu
Allen, die auf die Erlösung zu Jerusalem warteten. — Und da sie es
Alles vollendet hatten nach dem Gesetze des Herrn, kehrten sie wieder nach
Galiläa, zu ihrer Stadt Nazareth.

Schluß der Gebote. Gal. 4, 4. 5. Da aber die Zeit erfüllet ward, sandte Gott
seinen Sohn, geboren von einem Weibe, und unter das Gesetz gethan, auf daß er die,
so unter dem Gesetz waren, erlösete, daß wir die Kindschaft empfingen. Apostg. 4, 12,
Und ist in keinem Andern Heil, ist auch kein anderer Name den Menschen gegeben,
darinnen wir sollen selig werden.

Es ist das Heil uns kommen her	Der Glaub sieht Jesum Christum an,
Von Gnad und lauter Güte,	Der hat gnug für uns all gethan,
Die Werk die helfen nimmermehr,	Er ist der Mittler worden.
Sie mögen nicht behüten;	

5. Die Weisen aus dem Morgenlande und die Flucht nach Aegypten.
Matth. 2.

1. Da Jesus geboren war zu Bethlehem, siehe, da kamen Weise vom
Morgenlande gen Jerusalem und sprachen: Wo ist der neugeborne König
der Juden? Wir haben seinen Stern gesehen im Morgenlande, und sind
gekommen, ihn anzubeten.   Da das der König Herodes hörte, erschrak er
und mit ihm das ganze Jerusalem.   Und er ließ versammeln alle Hohen=
priester und Schriftgelehrten unter dem Volke, und erforschte von ihnen,
wo Christus sollte geboren werden.   Und sie sagten ihm: Zu Bethlehem

im jüdischen Lande. Denn also stehet geschrieben durch den Propheten (Micha 5, 1): Und du, Bethlehem im jüdischen Lande, bist mitnichten die kleinste unter den Fürsten Judas; denn aus dir soll mir kommen der Herzog, der über mein Volk Israel ein Herr sei. Da berief Herodes die Weisen heimlich, und erforschte mit Fleiß von ihnen, wann der Stern erschienen wäre. Und wies sie gen Bethlehem und sprach: Ziehet hin und forschet fleißig nach dem Kindlein; und wenn ihr's findet, so saget mir's wieder, daß ich auch komme und es anbete.

2. Als sie nun den König gehört hatten, zogen sie hin. Und siehe, der Stern, den sie im Morgenlande gesehen hatten, ging vor ihnen hin, bis daß er kam und stand oben über, da das Kindlein war. Da sie den Stern sahen, wurden sie hoch erfreut, gingen in das Haus und fanden das Kindlein mit Maria, seiner Mutter, fielen nieder und beteten es an, und thaten ihre Schätze auf und schenkten ihm Gold, Weihrauch und Myrrhen. Und Gott befahl ihnen im Traume, daß sie sich nicht sollten wieder zu Herodes lenken. Und sie zogen durch einen andern Weg wieder in ihr Land.

3. Da sie aber hinweggezogen waren, erschien der Engel des Herrn dem Joseph im Traume und sprach: Stehe auf, nimm das Kindlein und seine Mutter zu dir, und fliehe in Aegyptenland, und bleibe allda, bis ich dir sage; denn es ist vorhanden, daß Herodes das Kindlein suche, dasselbe umzubringen. Und er stand auf, nahm das Kindlein und seine Mutter zu sich bei der Nacht und entwich in Aegyptenland; und blieb allda bis nach dem Tode Herodes. — Da Herodes nun sahe, daß er von den Weisen betrogen war, ward er sehr zornig, schickte aus und ließ alle Kinder zu Bethlehem tödten, die zweijährig und darunter waren, nach der Zeit, die er mit Fleiß von den Weisen erlernet hatte.

4. Da aber Herodes gestorben war, siehe, da erschien der Engel des Herrn dem Joseph im Traum in Aegyptenland, und sprach: Stehe auf, nimm das Kindlein und seine Mutter zu dir und ziehe hin in das Land Israel; sie sind gestorben, die dem Kindlein nach dem Leben standen. Und er machte sich auf, und kam in das Land Israel, und wohnte in der Stadt Nazareth. Aber das Kind wuchs und ward stark im Geiste, voller Weisheit; und Gottes Gnade war bei ihm.

Zweiter Artikel. 1. und 5. Gebot. Jes. 60, 3. Die Heiden werden in deinem Lichte wandeln und die Könige im Glanz, der über dir aufgeht. 2 Cor. 8, 9. Ihr wisset die Gnade unsers Herrn Jesu Christi, daß, ob er gleich reich ist, ward er doch arm um euretwillen, auf daß ihr durch seine Armuth reich würdet.

O König aller Ehren,
Jesu Christ, Davids Sohn,
Dein Reich soll ewig währen,
Im Himmel ist dein Thron:
Hilf, daß allhier auf Erden
Den Menschen weit und breit
Dein Reich bekannt mög werden
Zur Seelen Seligkeit.

Von deinem Reich auch zeugen
Die Leut aus Morgenland,
Die Knie sie vor Dir beugen,
Weil du ihn' bist bekannt.
Der neu Stern auf dich weiset,
Dazu das göttlich Wort,
Drum man dich billig preiset
Daß Du bist unser Hort.

6. Der zwölfjährige Jesus im Tempel. Luc. 2, 41—52.

1. Die Eltern Jesu gingen alle Jahre gen Jerusalem auf das Oster=
fest. Und da er zwölf Jahre alt war, gingen sie hinauf nach Gewohnheit
des Festes. Und da die Tage vollendet waren, und sie wieder nach
Hause gingen, blieb das Kind Jesus zu Jerusalem, und seine Eltern
wußten es nicht. Sie meinten aber, er wäre unter den Gefährten, und
kamen eine Tagereise, und suchten ihn unter den Gefreundten und Be=
kannten. Und da sie ihn nicht fanden, gingen sie wiederum gen Jeru=
salem und suchten ihn.

2. Und es begab sich, nach dreien Tagen fanden sie ihn im Tempel sitzen
mitten unter den Lehrern, daß er ihnen zuhörte, und sie fragte. Und
Alle, die ihm zuhörten, verwunderten sich seines Verstandes und seiner
Antwort. Und da sie ihn sahen, entsetzten sie sich. Und seine Mutter
sprach zu ihm: Mein Sohn, warum hast du uns das gethan? Siehe,
dein Vater und ich haben dich mit Schmerzen gesucht. Und er sprach zu
ihnen: Was ist's, das ihr mich gesucht habt? Wisset ihr nicht,
daß ich sein muß in dem, was meines Vaters ist? Und
sie verstanden das Wort nicht, das er mit ihnen redete. Und er ging
mit ihnen hinab, und kam gen Nazareth und war ihnen unterthan. Und
seine Mutter behielt alle diese Worte in ihrem Herzen.—Und Jesus nahm
zu an Weisheit, Alter und Gnade bei Gott und den Menschen.

3. und 4. Gebot. Psalm 26, 8. Herr, ich habe lieb die Stätte deines Hauses,
und den Ort, da deine Ehre wohnet. Eph. 6, 1—3. Ihr Kinder, seid gehorsam eu=
ren Eltern in dem Herrn; denn das ist billig. „Ehre Vater und Mutter," das ist
das erste Gebot, das Verheißung hat: „Auf daß dir's wohl gehe, und du lange lebest
auf Erden."

Nun liebster Jesu, liebstes Leben,   Und tüchtig werd zu deinem Reich;
Mach mich in Allem dir recht eben   Ach zeuch mich ganz zu dir,
Und deinem heilgen Vorbild gleich: Behalt mich für und für, treuer Heiland!
Dein Geist und Kraft mich gar durchdringe,   Jesu, Jesu, laß mich wie du,
Daß ich viel Glaubensfrüchte bringe,   Und wo du bist, einst finden Ruh.

B. Jesus lehrt und thut Wunder.

---

7. Johannes der Täufer tritt auf. Luc. 3, 1—20. Matth. 3, 1—12.

1. Im fünfzehnten Jahre des Kaisers Tiberius, da Pontius Pilatus
Landpfleger war in Judäa, und Hannas und Kaiphas Hohepriester waren,
da geschah der Befehl Gottes zu Johannes, Zacharias Sohn, in der
Wüste. Und er kam in alle Gegend um den Jordan und predigte die
Taufe der Buße zur Vergebung der Sünden und sprach: Thut Buße,
das Himmelreich ist nahe herbeigekommen. Er hatte aber
ein Kleid von Kameelhaaren und einen ledernen Gürtel um seine Lenden,
und seine Speise waren Heuschrecken und wilder Honig. Und es ging zu
ihm hinaus das ganze jüdische Land und die von Jerusalem, und ließen
sich von ihm taufen und bekannten ihre Sünden.

2. Als er nun viele Pharisäer und Saducäer sahe zu seiner Taufe kommen, sprach er zu ihnen: Ihr Otterngezüchte, wer hat denn euch gewiesen, daß ihr dem zukünftigen Zorn entrinnen werdet? Sehet zu, thut rechtschaffene Früchte der Buße. Denket nur nicht, daß ihr bei euch wollt sagen: Wir haben Abraham zum Vater. Ich sage euch: Gott vermag dem Abraham aus diesen Steinen Kindern zu erwecken. Es ist schon die Art den Bäumen an die Wurzel gelegt. Darum, welcher Baum nicht gute Früchte bringt, wird abgehauen und ins Feuer geworfen. Und das Volk fragte ihn und sprach: Was sollen wir denn thun? Er antwortete: Wer zween Röcke hat, gebe dem, der keinen hat; und wer Speise hat, thue auch also! Zu den Zöllnern sprach er: Fordert nicht mehr, als gesetzt ist! und zu den Kriegsknechten: Thut Niemand Gewalt noch Unrecht und laßt euch begnügen an eurem Solde.

3. Als aber das Volk im Wahn war und dachten von Johannes, ob er vielleicht Christus wäre? Antwortete Johannes und sprach: Ich taufe mit Wasser; aber er ist mitten unter euch getreten, den ihr nicht kennt. Der ist's, der nach mir kommen wird, welcher vor mir gewesen ist, deß ich nicht werth bin, daß ich seine Schuhriemen auflöse. Der wird euch mit dem heiligen Geist und mit Feuer taufen.

Das 4. Hauptstück und das Stück von der Beichte. Hes. 18, 21. Wo sich der Gottlose bekehret von allen seinen Sünden, die er gethan hat, und hält alle meine Rechte und thut recht und wohl; so soll er leben und nicht sterben. Ap.=Gesch. 2, 38. Thut Buße und lasse ein Jeglicher sich taufen auf den Namen Jesu Christi zur Vergebung der Sünden, so werdet ihr empfangen die Gaben des heiligen Geistes

Ich bin getauft auf deinen Namen,	Zum Volk, das dir geheiligt heißt.
Gott Vater, Sohn und heilger Geist!	Ich bin in Christum eingesenkt;
Ich bin gezählt zu deinem Samen,	Ich bin mit seinem Geist beschenkt.

8 Jesus wird getauft und versucht. Matth. 3. u. 4.

1. Zu der Zeit kam Jesus aus Galiläa an den Jordan zu Johannes, daß er sich von ihm taufen ließe Aber Johannes wehrte ihm und sprach: Ich bedarf wohl, daß ich von dir getauft werde, und du kommst zu mir? Jesus aber antwortete und sprach zu ihm: Laß es jetzt also sein! Also gebühret es uns, alle Gerechtigkeit zu erfüllen. Da ließ er es ihm zu. Und da Jesus getauft war, stieg er bald herauf aus dem Wasser. Und siehe, da that sich der Himmel auf über ihm. Und Johannes sah den Geist Gottes, gleich als eine Taube, herabfahren und über ihn kommen. Und siehe, eine Stimme vom Himmel herab sprach: Dies ist mein lieber Sohn, an welchem ich Wohlgefallen habe.

2. Darnach ward Jesus vom Geist in die Wüste geführt, auf daß er von dem Teufel versucht würde. Und da er 40 Tage und 40 Nächte gefastet hatte, hungerte ihn. Und der Versucher trat zu ihm und sprach: Bist du Gottes Sohn, so sprich, daß diese Steine Brod werden. Und er antwortete und sprach: Es stehet geschrieben: Der Mensch lebet nicht vom Brode allein, sondern von einem jeglichen Worte, das durch den Mund Gottes gehet. — Da führte ihn der Teufel mit sich in die heilige Stadt, und stellte ihn auf die Zinne des Tempels, und sprach: Bist du Gottes Sohn, so laß dich hinab!

Denn es ſtehet geſchrieben: Er wird ſeinen Engeln über dir Befehl thun, und ſie werden dich auf den Händen tragen, auf daß du deinen Fuß nicht an einen Stein ſtoßeſt. Da ſprach Jeſus: Wiederum ſtehet auch geſchrieben: Du ſollſt Gott, deinen Herrn, nicht verſuchen. — Wiederum führete ihn der Teufel mit ſich auf einen ſehr hohen Berg, und zeigte ihm alle Reiche der Welt und ihre Herrlichkeit und ſprach: Dies Alles will ich dir geben, ſo du niederfällſt und mich anbeteſt! Da ſprach Jeſus zu ihm: Hebe dich weg von mir, Satan! Denn es ſtehet geſchrieben: Du ſollſt anbeten Gott deinen Herrn, und ihm allein dienen. Da verließ ihn der Teufel. Und ſiehe, da traten die Engel zu ihm und dieneten ihm.

Sechſte Bitte. Ebr. 4, 15. Wir haben nicht einen Hohenprieſter, der nicht könnte Mitleiden haben mit unſrer Schwachheit, ſondern der verſucht iſt allenthalben gleich= wie wir, doch ohne Sünde. Ebr. 2, 17. 18. Daher mußte er allerdings ſeinen Brü= dern gleich werden, auf daß er barmherzig würde, und ein treuer Hoherprieſter vor Gott, zu verſöhnen die Sünde des Volks. Denn darinnen er gelitten hat und ver= ſucht iſt, kann er helfen denen, die verſucht werden.

Jeſu hilf ſiegen, du Fürſte des Lebens,	Jeſu hilf ſiegen und laß mich nicht ſinken,
Sieh, wie die Finſterniß bringet herein,	Wenn ſich die Kräfte der Lügen aufblähn,
Wie ſie ihr hölliſches Heer nicht vergebens	Und mit dem Schein der Wahrheit ſich
Mächtig aufführet, mir ſchädlich zu ſein;	ſchminken,
Satan, der ſinnet auf allerlei Ränke,	Laß doch viel heller dann deine Kraft ſehn!
Wie er mich ſichre, verſtöre und kränke.	Steh'mir zur Rechten, o König und Meiſter,
	Lehre mich kämpfen und prüfen die Geiſter.

9. Die erſten Jünger und die Hochzeit zu Kana. Joh. 1, 35—2, 11.

1. Als Johannes ſahe Jeſum wandeln, ſprach er: Siehe, das iſt Gottes Lamm, welches der Welt Sünde trägt. Und zween ſeiner Jünger hörten ihn reden und folgten Jeſu nach. Einer war Andreas, der Bruder des Simon Petrus. Derſelbe findet ſeinen Bruder Simon und ſpricht zu ihm: Wir haben den Meſſias gefunden. Und er führte ihn zu Jeſu. Da ihn Jeſus ſah, ſprach er: Du biſt Simon, Jonas Sohn; du ſollſt Kephas (d. i. ein Fels) heißen. Des andern Tages findet Jeſus den Philippus und ſpricht zu ihm: Folge mir nach! Philippus findet Nathaniel und ſpricht zu ihm: Wir haben den gefunden, von welchem Moſes und die Propheten geſchrieben haben, Jeſum, Joſephs Sohn, von Nazareth. Und Nathanael ſpricht zu ihm: Was kann von Nazareth Gutes kommen? Philippus ſpricht: Komm, und ſiehe es. Da Jeſus ſieht Nathanael zu ſich kommen, ſpricht er: Siehe, ein rechter Israeliter, in welchem kein Falſch iſt. Nathanael ſpricht zu ihm: Woher kennſt du mich? Jeſus antwortete: Ehe denn dich Philippus rief, da du unter dem Feigenbaum warſt, ſahe ich dich. Da ſprach Na= thanael: Rabbi, du biſt Gottes Sohn, du biſt der König von Israel! Jeſus antwortete und ſprach: Du glaubeſt, weil ich dir geſagt habe, daß ich dich geſehen habe unter dem Feigenbaum; du wirſt noch Größeres denn dieſes ſehen! Wahrlich, wahrlich, ich ſage euch, von nun an werdet ihr den Himmel offen ſehen und die Engel Gottes hinauf= und herabfahren auf des Menſchen Sohn.

2. Und am dritten Tage ward eine Hochzeit zu Kana in Galiläa, und

die Mutter Jesu war da. Jesus aber und seine Jünger wurden auch auf die Hochzeit geladen. Und da es an Wein gebrach, spricht die Mutter Jesu zu ihm: Sie haben nicht Wein. Jesus spricht zu ihr: Weib, was habe ich mit dir zu schaffen? Meine Stunde ist noch nicht gekommen. Seine Mutter spricht zu den Dienern: Was er euch saget, das thut. Es waren aber allda sechs steinerne Wasserkrüge gesetzt nach der Weise der jüdischen Reinigung. Und Jesus spricht zu ihnen: Füllet die Wasserkrüge mit Wasser. Und sie fülleten sie bis oben an. Und er spricht zu ihnen: Schöpfet nun und bringt es dem Speisemeister. Als aber der Speisemeister kostete den Wein, der Wasser gewesen war, und wußte nicht, von wannen er kam, rufet er den Bräutigam und spricht zu ihm: Jedermann giebt zum ersten guten Wein, und wenn sie trunken geworden sind, alsdann den geringern; du hast den guten Wein bisher behalten. — Das ist das erste Zeichen, das Jesus that, und offenbarte seine Herrlichkeit und seine Jünger glaubten an ihn.

Zweite Bitte. 1. Cor. 2, 9. Das kein Auge gesehen hat, und kein Ohr gehöret hat und in keines Menschen Herz gekommen ist, das hat Gott bereitet denen, die ihn lieben. Ps. 34, 9. 10. Schmecket und sehet, wie freundlich der Herr ist. Wohl dem, der auf ihn trauet! Fürchtet den Herrn, ihr seine Heiligen; denn die ihn fürchten, haben keinen Mangel.

Kommt, und laßt uns Christum ehren,
Herz und Sinnen zu ihm kehren,
Singet fröhlich, laßt euch hören,
Werthes Volk der Christenheit!

Sünd und Hölle mag sich grämen,
Tod und Teufel mag sich schämen:
Wir, die unser Heil annehmen,
Werfen allen Kummer hin.

Sehet, was hat Gott gegeben!
Seinen Sohn zum ewgen Leben.
Dieser kann und will uns heben
Aus dem Leid ins Himmels Freud.

10. Gespräch Jesu mit Nikodemus und der Samariterin. Joh. 3, 1—15. 4, 1—43.

1. Es war aber ein Mensch unter den Pharisäern, mit Namen Nikodemus, ein Oberster der Juden. Der kam zu Jesu bei der Nacht und sprach zu ihm: Meister, wir wissen, daß du bist ein Lehrer von Gott gekommen, denn Niemand kann die Zeichen thun, die du thust, es sei denn Gott mit ihm. Jesus antwortete: Wahrlich, wahrlich, ich sage dir, es sei denn, daß Jemand von neuem geboren werde, kann er das Reich Gottes nicht sehen. Nikodemus spricht zu ihm: Wie kann ein Mensch geboren werden, wenn er alt ist? Jesus antwortete: Wahrlich, wahrlich, ich sage dir, es sei denn, daß Jemand geboren werde aus dem Wasser und Geist, so kann er nicht in das Reich Gottes kommen. Was vom Fleisch geboren wird, das ist Fleisch; und was vom Geist geboren wird, das ist Geist. Nikodemus sprach zu ihm: Wie mag solches zugehen? Jesus antwortete: Bist du ein Meister in Israel, und weißt das nicht? Glaubet ihr nicht, wenn ich euch von irdischen Dingen sage, wie würdet ihr glauben, wenn ich euch von himmlischen Dingen sagen würde? Und wie Moses in der Wüste eine Schlange erhöhet hat, also muß der Menschensohn erhöhet werden,

auf daß Alle, die an ihn glauben, nicht verloren wer=
den, sondern das ewige Leben haben.

2. Darnach zog Jesus durch Samaria und kam zu der Stadt Sichar.
Daselbst war Jakobs Brunnen. Da nun Jesus müde war von der Reise,
setzte er sich auf den Brunnen. Da kommt ein Weib von Samaria,
Wasser zu schöpfen. Jesus spricht zu ihr: Gieb mir zu trinken. Spricht
das samaritische Weib zu ihm: Wie bittest du von mir zu trinken, so du
doch ein Jude bist? Jesus antwortete: Wenn du erkennetest die Gabe
Gottes, und wer der ist, der zu dir saget: Gieb mir zu trinken, du bätest
ihn, und er gäbe dir lebendiges Wasser. Spricht zu ihm das Weib:
Herr, hast du doch nichts, damit du schöpfest, und der Brunnen ist tief;
woher hast du denn lebendiges Wasser? Jesus antwortete: Wer dieses
Wasser trinkt, den wird wieder dürsten; wer aber dies Wasser trinken
wird, das ich ihm gebe, den wird ewiglich nicht dürsten. Spricht das
Weib zu ihm: Herr, gieb mir dasselbige Wasser, auf daß mich nicht dürste,
daß ich nicht herkommen müsse, zu schöpfen. Jesus spricht zu ihr: Gehe
hin, rufe deinen Mann, und komme her. Das Weib antwortete: Ich
habe keinen Mann. Jesus spricht zu ihr: Du hast recht gesagt: Fünf
Männer hast du gehabt, und den du nun hast, ist nicht dein Mann.
Spricht das Weib zu ihm: Herr, ich sehe, daß du ein Prophet bist. Un=
sere Väter haben auf diesem Berge angebetet; und ihr sagt, zu Jerusa=
lem sei die Stätte, da man anbeten soll. Jesus spricht zu ihr: Weib,
glaube mir, es kommt die Zeit, daß ihr weder auf diesem Berge, noch zu
Jerusalem werdet den Vater anbeten. Ihr wisset nicht, was ihr anbetet,
wir wissen aber, was wir anbeten, denn das Heil kommt von den Juden.
Gott ist ein Geist; und die ihn anbeten, die müssen ihn im Geist und in
der Wahrheit anbeten. Spricht das Weib zu ihm: Ich weiß, daß der
Messias kommt, der da Christus heißt. Wenn derselbige kommen wird, so
wird er es uns Alles verkündigen. Jesus spricht zu ihr: Ich bin es,
der mit dir redet. Da ließ das Weib ihren Krug stehen, und ging
hin in die Stadt, und spricht zu den Leuten: Kommt, sehet einen Men=
schen, der mir gesagt hat Alles, was ich gethan habe; ob er nicht Chri=
stus sei? Da gingen sie aus der Stadt, und kamen zu ihm und ba=
ten ihn, daß er bei ihnen bliebe; und er blieb zween Tage da. Und
viele glaubten an ihn um seines Wortes willen, und sprachen zum Weibe:
Wir glauben nun fort nicht um deiner Rede willen; wir haben selbst ge=
höret und erkannt, daß dieser ist wahrlich Christus der Welt Heiland. —
Aber nach zween Tagen zog Jesus aus von dannen und zog in Galiläa.

Viertes Hauptstück und dritter Artikel: 2. Cor. 5, 17. Ist Jemand in Christo, so
ist er eine neue Kreatur; das Alte ist vergangen, siehe, es ist Alles neu geworden.
Joh. 7, 37. 38. Wen da dürstet, der komme zu mir, und trinke; wer an mich glau=
bet, wie die Schrift sagt, von deß Leibe werden Ströme des lebendigen Wassers flie=
ßen.

O großes Werk, o heilges Bad,   Du hast recht eine Wunderkraft,
O Wasser, dessen gleichen   Und die hat der, so Alles schafft,
Man in der ganzen Welt nicht hat.   Dir durch sein Wort geschenket.
Kein Sinn kann dich erreichen!

Du bist ein schlechtes Wasser nicht,   Du bist ein Wasser, das den Geist
Wie andre Brunnen geben.   Des Allerhöchsten in sich schleußt
Was Gott in seinem Munde spricht,   Und seinen großen Namen.
Das hast du in dir leben.

11. Jesus zu Nazareth und zu Kapernaum. Luc. 4, 14—40. Marc. 1, 21—34.

1. Jesus kam gen Nazareth, da er erzogen war, und ging in die Schule nach seiner Gewohnheit am Sabbathtage, und stand auf, und wollte lesen. Da ward ihm das Buch des Propheten Jesaias gereichet. Und da er das Buch herumwarf, fand er den Ort, da geschrieben stehet: Der Geist des Herrn ist bei mir, derhalben er mich gesalbet hat, und gesandt, zu verkündigen das Evangelium den Armen, zu heilen die zerstoßenen Herzen, zu predigen den Gefangenen, daß sie los sein sollen, und den Blinden das Gesicht, und den Zerschlagenen, daß sie frei und ledig sein sollen, und zu predigen das angenehme Jahr des Herrn. (Jes. 61, 1. 2.) Und als er das Buch zuthat, gab er es dem Diener, und setzte sich. Und Aller Augen, die in der Schule waren, sahen auf ihn. Und er fing an, zu sagen zu ihnen: Heute ist diese Schrift erfüllet vor euren Ohren. Und sie wunderten sich der holdseligen Rede, die aus seinem Munde ging, und sprachen: Ist das nicht Josephs Sohn? und er sprach zu ihnen: Ihr werdet freilich zu mir sagen dies Sprüchwort: Arzt, hilf dir selber; denn wie große Dinge haben wir gehöret zu Kapernaum geschehen? Thue auch also hier in deinem Vaterlande. Wahrlich, ich sage euch: Kein Prophet ist angenehm in seinem Vaterlande. Aber in der Wahrheit sage ich euch: Es waren viele Wittwen in Israel zu Elias Zeiten, da der Himmel verschlossen war drei Jahre und sechs Monate, da eine große Theurung war im ganzen Lande; und zu deren keiner ward Elias gesandt, denn allein gen Sarepta der Sidonier, zu einer Wittwe. Und viele Aussätzige waren in Israel zu des Propheten Elisa Zeiten; und deren keiner ward gereiniget, als allein Naeman aus Syrien. Und sie wurden voll Zorns Alle, die in der Schule waren, da sie das höreten, und standen auf, und stießen ihn zur Stadt hinaus, und führeten ihn auf einen Hügel des Berges, darauf ihre Stadt gebauet war, daß sie ihn hinabstürzten. Aber er ging mitten durch sie hinweg.

2. Und Jesus kam gen Kapernaum, und lehrete sie an den Sabbathen in der Schule. Und sie verwunderten sich seiner Lehre, denn seine Rede war gewaltig, nicht wie die der Schriftgelehrten. Es war aber ein Mensch in der Schule, besessen mit einem unsaubern Geiste, der schrie und sprach: Halt, was haben wir mit dir zu schaffen, Jesu von Nazareth? Du bist gekommen, uns zu verderben. Ich weiß, wer du bist, der Heilige Gottes. Und Jesus bedrohete ihn und sprach: Verstumme und fahre aus von ihm. Und der Teufel warf ihn mitten unter sie und fuhr von ihm aus und that ihm keinen Schaden. Sie entsetzten sich aber alle und sprachen: Was ist das für ein Ding? Er gebietet mit Gewalt den unsaubern Geistern und sie gehorchen ihm. — Und sein Gerücht erscholl in alle Oerter des umliegen=

oen Landes.   Und er half vielen Kranken, die mit mancherlei Seuchen beladen waren; er legte auf einen Jeglichen die Hände, und machte sie
gesund.

Der 3. Artikel.   Erklärung: Ich glaube, daß ich nicht aus eigener Vernunft noch
Kraft — glauben kann u.s.w. 2. Thess. 2, 3.   Der Glaube ist nicht Jedermanns
Ding.   Marc. 9, 24.   Ich glaub, lieber Herr, hilf meinem Unglauben.

Herr Jesu, Gnadensonne	Beförder dein Erkenntniß
Wahrhaftes Lebenslicht,	In mir, mein Seelenhort,
Laß Leben, Licht und Wonne	Und öffne mein Verständniß
Mein blödes Angesicht	Durch dein geheiligt Wort,
Nach deiner Gnad erfreuen	Damit ich an dich gläube
Und meinen Geist erneuen,	Und in der Wahrheit bleibe
Mein Gott, versag mir's nicht!	Zu Trutz der Höllenpfort.

12. Petri Fischzug und Wahl der Apostel. Luc. 5, 6—11 u. 6, 12—16. Matth. 10, 1—8.

1. Es begab sich aber, da sich das Volk zu Jesu drang, zu hören das
Wort Gottes; und er stand am See Genezareth, und sah zwei Schiffe
am See stehen; die Fischer aber waren ausgetreten, und wuschen ihre
Netze; trat er in der Schiffe eines, welches Simonis war, und bat ihn,
daß er es ein wenig vom Lande führete; und er setzte sich, und lehrete
das Volk aus dem Schiff. — Und als er hatte aufgehöret zu reden, sprach
er zu Simon: Fahre auf die Höhe, und werfet eure Netze aus, daß ihr
einen Zug thut.   Und Simon antwortete, und sprach zu ihm: Meister,
wir haben die ganze Nacht gearbeitet, und nichts gefangen; aber auf
dein Wort will ich das Netz auswerfen.   Und da sie das thaten, beschlossen sie eine große Menge Fische, und ihr Netz zerriß.   Und sie winkten ihren Gesellen, die im andern Schiffe waren, daß sie kämen, und hül-
fen ihnen ziehen.   Und sie kamen, und fülleten beide Schiffe voll, also,
daß sie sanken.   Da das Simon Petrus sahe, fiel er Jesu zu den Knieen,
und sprach: Herr, gehe von mir hinaus; ich bin ein sündiger Mensch.
Denn es war ihn ein Schrecken angekommen, und alle, die mit ihm waren, über diesen Fischzug, den sie mit einander gethan hatten.   Desselbigen gleichen auch Jacobum und Johannem, die Söhne Zebedäi, Simonis
Gesellen.   Und Jesus sprach zu Simon: Fürchte dich nicht, denn von
nun an wirst du Menschen fangen.   Und sie führeten die Schiffe zu Lande,
und verließen Alles, und folgten ihm nach.

2. Es begab sich aber zu der Zeit, daß Jesus ging auf einen Berg zu
beten; und er blieb über Nacht in dem Gebet zu Gott.   Und da es Tag
ward, rief er seine Jünger und erwählete ihrer zwölf, welche er Apostel
nannte.   Die Namen der zwölf Apostel sind: Der erste Simon, genannt
Petrus, und Andreas, sein Bruder; Jakobus, Zebedäi Sohn, und Johannes sein Bruder; Phillippus und Bartholomäus; Thomas und Mat-
thäus der Zöllner; Jakobus, Alphäi Sohn; Judas Lebbäus; Simon
von Kana und Judas Ischarioth, welcher ihn verrieth. — Diese zwölf
sandte Jesus, gebot ihnen und sprach: Gehet hin, predigt und sprechet:

Das Himmelreich ist nahe herbei gekommen. Machet die Kranken gesund, reiniget die Aussätzigen, wecket die Todten auf, treibet die Teufel aus. Umsonst habt ihr's empfangen, umsonst gebet es auch.

Der 2. Artikel: Ich glaube, daß Jesus Christus mich armen, verlorenen u. s. w. Joh. 15, 5. Ohne mich könnet ihr nichts thun. Matth. 9, 38. Die Ernte ist groß, aber wenige sind der Arbeiter, darum bittet den Herrn der Ernte, daß er Arbeiter in seine Ernte sende.

Erhalt uns deine Lehre,
Herr, zu der letzten Zeit;
Erhalt dein Reich, vermehre
Dein edle Christenheit.
Erhalt standhaften Glauben,
Der Hoffnung Leitstern-Strahl,
Laß uns dein Wort nicht rauben
In diesem Jammerthal.

Erhalt dein Ehr und wehre
Dem, der dir widerspricht;
Erleucht, Herr, und bekehre,
Allwissend ewigs Licht,
Was dich bisher nicht kennet.
Entdecke doch der Welt,
Der du noch nicht genennet
Was einig dir gefällt.

13. Die Bergpredigt.   Matth. 5—7.   Luc. 5.

1. Es folgte aber Jesu viel Volks nach. Und da Jesus das Volk sahe, ging er auf einen Berg und setzte sich, und seine Jünger traten zu ihm. Und er that seinen Mund auf, lehrete sie und sprach: „Selig sind, die da geistlich arm sind, denn das Himmelreich ist ihr. Selig sind, die da Leid tragen, denn sie sollen getröstet werden. Selig sind die Sanftmüthigen, denn sie werden das Erdreich besitzen. Selig sind, die da hungert und dürstet nach der Gerechtigkeit, denn sie sollen satt werden. Selig sind die Barmherzigen, denn sie werden Barmherzigkeit erlangen. Selig sind die reines Herzens sind, denn sie werden Gott schauen. Selig sind die Friedfertigen, denn sie werden Gottes Kinder heißen. Selig sind die um Gerichtigkeit willen verfolgt werden, denn das Himmelreich ist ihr. Selig seid ihr, wenn euch die Menschen um meinetwillen schmähen und verfolgen und reden allerlei Uebels wider euch, so sie daran lügen. Seid fröhlich und getrost, es wird euch im Himmel wohl belohnt werden. —

2. Ihr seid das Salz der Erde. Ihr seid das Licht der Welt. Lasset euer Licht leuchten vor den Leuten, daß sie eure guten Werke sehen und euren Vater im Himmel preisen. Ihr sollt nicht wähnen, daß ich gekommen bin, das Gesetz oder die Propheten aufzulösen. Ich bin nicht gekommen aufzulösen, sondern zu erfüllen. Darum sollt ihr vollkommen sein, gleichwie euer Vater im Himmel vollkommen ist. Habt Acht auf eure Almosen, auf daß ihr die nicht gebet vor den Leuten, auf daß ihr von ihnen gesehen werdet. Wenn du Almosen giebst, so laß deine linke Hand nicht wissen, was die rechte thut, auf daß dein Almosen verborgen sei; und dein Vater, der in's Verborgene sieht, wird dir's vergelten öffentlich. Und wenn du betest, sollst du nicht sein wie die Heuchler, die da gerne stehen und beten in den Schulen und auf den Gassen, auf daß sie von den Leuten gesehen werden. Wenn du betest, so gehe in dein Kämmerlein und schließe die Thüre zu, und bete zu deinem Vater im Verborgenen; und dein Vater, der in's Verborgene sieht, wird dir's vergelten öffentlich.

3. Ihr sollt euch nicht Schätze sammeln auf Erden; sammelt euch aber Schätze im Himmel, da sie weder Motten noch Rost fressen, und da die Diebe nicht nach graben, noch stehlen. Ihr sollt nicht sorgen und sagen: Was werden wir essen, was werden wir trinken, womit werden wir uns kleiden? Nach solchem allen trachten die Heiden. Denn euer himmlischer Vater weiß, daß ihr deß alles bedürfet. Trachtet am ersten nach dem Reiche Gottes und nach seiner Gerechtigkeit, so wird euch solches alles zufallen. Alles, was ihr wollt, das euch die Leute thun sollen, das thut ihr ihnen: das ist das Gesetz und die Propheten. Gehet ein durch die enge Pforte. Denn die Pforte ist weit und der Weg ist breit, der zur Verdammniß abführt, und ihrer sind Viele die darauf wandeln. Und die Pforte ist eng und der Weg ist schmal, der zum Leben führt, und wenige sind ihrer, die ihn finden. Es werden nicht Alle, die zu mir sagen: Herr, Herr! in das Himmelreich kommen, sondern die den Willen thun meines Vaters im Himmel.

Das erste Hauptstück mit Erklärung: Pred. 12, 13. Lasset uns die Hauptsumma aller Lehre hören: fürchte Gott und halte seine Gebote; denn das gehöret allen Menschen zu. 1. Tim. 1, 5. Die Hauptsumme des Gebots ist Liebe von reinem Herzen, und von gutem Gewissen, und von ungefärbtem Glauben.

<table>
<tr><td>Ich bin bei Gott in Gnaden;</td><td>Laß alles Kreuz mich drücken,</td></tr>
<tr><td>Mich irret keine Noth:</td><td>Gott selbst verberge sich:</td></tr>
<tr><td>Kein Teufel kann mir schaden,</td><td>Sein Bund kann mich erquicken;</td></tr>
<tr><td>Nicht Sünde, Höll und Tod.</td><td>Das gläub ich sicherlich.</td></tr>
</table>

14. Jesus heilet einen Aussätzigen und des Hauptmanns Knecht, stillet den Sturm und erwecket den Jüngling zu Nain. Matth. 8; Luc. 7.

1. Da Jesus vom Berge herabging, folgete ihm viel Volks nach. Und siehe, ein Aussätziger kam, und betete ihn an und sprach: Herr, so du willst, kannst du mich wohl reinigen. Und Jesus streckte seine Hand aus, rührete ihn an und sprach: Ich wills thun, sei gereiniget. Und alsbald ward er von seinem Aussatz rein. Und Jesus sprach zu ihm: Siehe zu, sag's Niemand, sondern gehe hin und zeige dich dem Priester, und opfere die Gabe, die Mose befohlen hat, zu einem Zeugniß über sie.

2. Da aber Jesus einging zu Kapernaum, trat ein Hauptmann zu ihm, der bat ihn, und sprach: Herr, mein Knecht liegt zu Hause und ist gichtbrüchig, und hat große Qual. Jesus sprach zu ihm: Ich will kommen und ihn gesund machen. Der Hauptmann antwortete und sprach: Herr, ich bin nicht werth, daß du unter mein Dach gehest, sondern sprich nur ein Wort, so wird mein Knecht gesund; denn ich bin ein Mensch, dazu der Obrigkeit unterthan, und habe unter mir Kriegsknechte; noch wenn ich sage zu einem: Gehe hin! so geht er, und zu dem andern: Komm her! so kommt er, und zu meinem Knechte: Thue das, so thut ers. Da das Jesus hörete, verwunderte er sich, und sprach zu denen, die ihm nachfolgten: Wahrlich, ich sage euch, solchen Glauben habe ich in Israel nicht gefunden. Aber ich sage euch: Viele werden kommen vom Morgen und vom Abend, und mit Abraham und Isaak und Jakob im Himmelreich sitzen. Aber die Kinder des Reiches werden ausgestoßen in die äußerste Finsterniß hinaus,

da wird sein Heulen und Zähneklappen. Und Jesus sprach zu dem Haupt= mann: Gehe hin, dir geschehe, wie du geglaubt hast. Und sein Knecht ward gesund zu derselbigen Stunde.

3. Und Jesus trat in das Schiff, und seine Jünger folgten ihm. Und siehe, da erhob sich ein großes Ungestüm im Meer, also, daß auch das Schifflein mit Wellen bedeckt ward; und er schlief. Und die Jünger traten zu ihm und weckten ihn auf, und sprachen: Herr, hilf uns, wir verderben. Da sagte er zu ihnen: Ihr Kleingläubigen, warum seid ihr so furchtsam? und stand auf und bedrohete den Wind und das Meer; da ward es ganz stille. Die Menschen aber verwunderten sich und sprachen: Was ist das für ein Mann, daß ihm Wind und Meer gehorsam ist!

4. Und es begab sich hernach, daß Jesus in eine Stadt mit Namen Nain ging, und seiner Jünger gingen viele mit ihm, und viel Volks. Als er aber nahe an das Stadtthor kam, siehe, da trug man einen Todten heraus, der ein einiger Sohn war seiner Mutter. Und sie war eine Wittwe. Und viel Volks aus der Stadt ging mit ihr. Und da sie der Herr sahe, jam= merte ihn derselbigen und sprach zu ihr: Weine nicht! Und trat hinzu, und rührete den Sarg an, und die Träger standen. Und er sprach: Jüng= ling, ich sage dir, stehe auf! Und der Todte richtete sich auf und fing an zu reden. Und er gab ihn seiner Mutter. Und es kam sie alle eine Furcht an, und priesen Gott und sprachen: Es ist ein großer Prophet unter uns aufgestanden, und Gott hat sein Volk heimgesucht. Und diese Rede von ihm erscholl in das ganze jüdische Land, und in alle umliegenden Länder.

Der 3. Artikel; Erklärung: In welcher Christenheit er mir — täglich alle Sün= den reichlich vergiebt und am jüngsten Tage mich — auferwecken wird. Luc. 14, 11. Wer sich selbst erhöhet, der soll erniedriget werden; und wer sich selbst erniedriget, der soll erhöhet werden. Ps. 89, 10. Du herrschest über das ungestüme Meer; du stil= lest seine Wellen, wenn sie sich erheben.

Wer ist wohl, wie du	Wenn der Wellen Macht
Jesu, süße Ruh!	In der trüben Nacht
Unter vielen auserkoren,	Will des Herzens Schifflein decken,
Leben derer, die verloren,	Willst du deine Hand ausstrecken.
Und ihr Licht dazu;	Habe auf mich Acht,
Jesu, süße Ruh.	Hüter in der Nacht.

15. Vom Gichtbrüchigen und der großen Sünderin. Matth. 9. Luc. 5 u. 7.

1. Jesus kam wieder in seine Stadt (Kapernaum). Und siehe, da brachten sie zu ihm einen Gichtbrüchigen, der lag auf einem Bette; und sie suchten, wie sie ihn vor ihn brächten. Als sie es aber nicht konnten, stiegen sie auf das Dach und ließen ihn durch die Ziegeln hernieder mit dem Bettlein vor Jesum. Da nun Jesus ihren Glauben sah, sprach er zu dem Gichtbrüchigen: Sei getrost mein Sohn, deine Sünden sind dir vergeben. Und etliche unter den Schriftgelehrten sprachen bei sich selbst: Dieser lä= stert Gott. Da aber Jesus ihre Gedanken sah, sprach er: Warum denket ihr so Arges in euren Herzen? Welches ist leichter zu sagen: Dir sind deine Sünden vergeben; oder zu sagen: Stehe auf und wandle? Auf daß ihr aber wisset, daß des Menschen Sohn Macht habe auf Erden, die Sünde zu vergeben, sprach er zu dem Gichtbrüchigen: Stehe auf,

7

hebe dein Bett auf, und gehe heim! Und er stand auf und ging heim. Da das Volk das sah, verwunderte es sich, und pries Gott, der solche Macht den Menschen gegeben hat.

2. Es bat ihn aber der Pharisäer einer, daß er mit ihm äße. Und er ging hinein in des Pharisäers Haus, und setzte sich zu Tische. Und siehe, ein Weib war in der Stadt, die war eine Sünderin. Da die vernahm, daß er zu Tische saß in des Pharisäers Hause, brachte sie ein Glas mit Salben, und trat hinten zu seinen Füßen, und weinete, und fing an, seine Füße zu netzen mit Thränen, und mit den Haaren ihres Hauptes zu trocknen, und küssete seine Füße, und salbte sie mit Salben. Da aber das der Pharisäer sah, der ihn geladen hatte, sprach er bei sich selbst und sagte: Wenn dieser ein Prophet wäre, so wüßte er, wer, und welch ein Weib das ist, die ihn anrühret; denn sie ist eine Sünderin. Jesus antwortete und sprach zu ihm: Simon, ich habe dir etwas zu sagen. Es hatte ein Wucherer zween Schuldner. Einer war schuldig fünfhundert Groschen, der andere fünfzig. Da sie aber nicht hatten zu bezahlen, schenkte er es Beiden. Sage an, welcher unter denen wird ihn am meisten lieben? Simon antwortete und sprach: Ich achte, dem er am meisten geschenkt hat. Er aber sprach zu ihm: Du hast recht gerichtet. Siehest du dies Weib? Ich bin gekommen in dein Haus, du hast mir nicht Wasser gegeben zu meinen Füßen; diese aber hat meine Füße mit Thränen genetzt, und mit den Haaren ihres Hauptes getrocknet. Du hast mir keinen Kuß gegeben; diese aber, nachdem sie hereingekommen ist, hat sie nicht abgelassen, meine Füße zu küssen. Derhalben sage ich dir: Ihr sind viele Sünden vergeben, denn sie hat viel geliebet; welchem aber wenig vergeben wird, der liebet wenig. Und er sprach zu ihr: Dir sind deine Sünden vergeben. Dein Glaube hat dir geholfen; gehe hin in Frieden?

Das 4. Hauptstück; zum Zweiten: die Erklärung: Wo Vergebung der Sünde ist, da ist auch Leben und Seligkeit. Röm. 5, 12. Der Tod ist zu allen Menschen durchgedrungen, dieweil sie alle gesündiget haben. Ps. 32, 1. Wohl dem, dem die Uebertretungen vergeben sind, dem die Sünde bedecket ist.

Bei dir gilt nichts denn Gnad und Gunst,	Ob bei uns ist der Sünden viel,
Die Sünde zu vergeben.	Bei Gott ist viel mehr Gnaden,
Es ist doch unser Thun umsonst	Sein Hand zu helfen hat kein Ziel,
Auch in dem besten Leben.	Wie groß auch sei der Schaden.
Vor dir Niemand sich rühmen kann,	Er ist allein der gute Hirt,
Deß muß sich fürchten Jedermann	Der Israel erlösen wird
Und deiner Gnade leben.	Aus seinen Sünden allen.

16. Gleichnisse vom Reiche Gottes. Matth 13. Marc. 4. Luc. 8, 1—11.

1. Da viel Volks bei einander war, redete Jesus durch Gleichnisse und sprach: Es ging ein Säemann aus, zu säen. Und indem er säete, fiel Etliches an den Weg, und ward vertreten, und die Vögel unter dem Himmel fraßen es auf. Und Etliches fiel auf den Fels; und da es aufging, verdorrete es, darum, daß es nicht Saft hatte. Und Etliches fiel mitten unter die Dornen; und die Dornen gingen mit auf, und erstickten

es. Und Etliches fiel auf ein gut Land; und es ging auf, und trug hundertfältige Frucht. Da er das sagte, rief er: Wer Ohren hat, zu hören, der höre! Das ist aber das Gleichniß: Der Same ist das Wort Gottes. Die aber an dem Wege sind, das sind, die es hören; darnach kommt der Teufel, und nimmt das Wort von ihrem Herzen, auf daß sie nicht glauben und selig werden. Die aber auf dem Fels, sind die, wenn sie es hören, nehmen sie das Wort mit Freuden an; und die haben nicht Wurzel: eine Zeitlang glauben sie, und zu der Zeit der Anfechtung fallen sie ab. Das aber unter die Dornen fiel, sind die, so es hören, und gehen hin unter den Sorgen, Reichthum und Wollust dieses Lebens, und ersticken, und bringen keine Frucht. Das aber auf dem guten Lande, sind, die das Wort hören, und behalten in einem feinen, guten Herzen, und bringen Frucht in Geduld.

2. Er legte ihnen ein anderes Gleichniß vor und sprach: Das Himmelreich ist gleich einem Menschen, der guten Samen auf seinen Acker säete. Da aber die Leute schliefen, kam sein Feind und säete U n k r a u t z w i s c h e n d e n W e i z e n, und ging davon. Da nun das Kraut wuchs und Frucht brachte, da fand sich auch das Unkraut. Da sprachen die Knechte zum Hausvater: Herr, hast du nicht guten Samen auf deinen Acker gesäet? Woher hat er denn das Unkraut? Er sprach zu ihnen: Das hat der Feind gethan. Da sprachen die Knechte: Willst du denn, daß wir hingehen und es ausgäten? Er sprach: Nein, auf daß ihr nicht zugleich den Weizen mit ausraufet. Lasset beides mit einander wachsen bis zur Erndte; und um der Erndte Zeit will ich den Schnittern sagen: Sammelt zuvor das Unkraut und bindet es in Bündlein, daß man es verbrenne; aber den Weizen sammelt mir in meine Scheuern.

3. Ein anderes Gleichniß legte er ihnen vor, und sprach: Das Himmelreich ist gleich einem S e n f k o r n, das ein Mensch nahm, und säete es auf seinen Acker. Welches das kleinste ist unter allen Samen; wenn es aber erwächst, so ist es das größte unter dem Kohl, und wird ein Baum, daß die Vögel unter dem Himmel kommen, und wohnen unter seinen Zweigen.

4. Ein anderes Gleichniß redete er zu ihnen: Das Himmelreich ist einem S a u e r t e i g e gleich, den ein Weib nahm, und vermengte ihn unter drei Scheffel Mehls bis daß es gar durchsäuret ward.

5. Abermal ist gleich das Himmelreich einem verborgenen S c h a t z im A c k e r, welchen ein Mensch fand, und verbarg ihn, und ging hin vor Freuden über denselbigen und verkaufte Alles, was er hatte, und kaufte den Acker.

6. Abermal ist gleich das Himmelreich einem Kaufmann, der gute Perlen suchte. Und da er Eine k ö s t l i c h e P e r l e fand, ging er hin, verkaufte Alles was er hatte, und kaufte dieselbe.

Drittes Hauptstück, 2. Bitte. Luc. 17, 20. 21. Das Reich Gottes kommt nicht mit äußerlichen Geberden. Man wird auch nicht sagen: Siehe hier, oder, da ist es, denn sehet, das Reich Gottes ist inwendig in euch. Röm. 14, 17. Das Reich Gottes ist nicht Essen oder Trinken, sondern Gerechtigkeit, und Friede, und Freude in dem heiligen Geist.

Es komm dein Reich zu dieser Zeit,   Mit seinen Gaben mancherlei;
Und dort hernach in Ewigkeit.   Des Satans Zorn und groß' Gewalt
Der heilge Geist uns wohne bei   Zerbrich, vor ihm dein Kirch' erhalt.

17. Die Auferweckung der Tochter des Jairus und die Heilung des Wassersüchtigen. Matth. 9. Luc. 1.

1. Siehe, der Obersten einer, mit Namen Jairus, kam zu Jesu und sprach: Herr, meine Tochter ist jetzt gestorben: aber komm und lege deine Hand auf sie, so wird sie lebendig. Und Jesus stand auf und folgte ihm nach und seine Jünger. Und siehe, ein Weib, das zwölf Jahre den Blut= gang gehabt, trat von hinten zu ihm, und rührete seines Kleides Saum an. Denn sie sprach bei sich selbst: Möchte ich nur sein Kleid anrühren, so würde ich gesund. Da wandte sich Jesus um und sahe sie, und sprach: Sei getrost meine Tochter, dein Glaube hat dir geholfen. Und das Weib ward gesund zu derselbigen Stunde. Und als er in des Obersten Haus kam und sahe die Pfeifer und das Getümmel des Volks, sprach er zu ihnen: Wei= chet, denn das Mägdlein ist nicht todt; sondern es schläft. Und sie verlachten ihn. Als aber das Volk ausgetrieben war, ging er hinein, und ergriff sie bei der Hand; da stand das Mägdlein auf. Und dies Gerücht erscholl in das= selbige ganze Land.

2. Und es begab sich, daß Jesus kam in ein Haus eines Obersten der Pharisäer auf einen Sabbath, das Brod zu essen, und sie hielten auf ihn. Und siehe, da war ein Mensch vor ihm, der war wassersüchtig. Und Jesus antwortete, und sagte zu den Schriftgelehrten und Pharisäern, und sprach: Ist's auch recht, auf den Sabbath heilen? Sie aber schwiegen stille. Und er griff ihn an und heilete ihn, und ließ ihn gehen. Und antwortete und sprach zu ihnen: Welcher ist unter euch, dem sein Ochse oder Esel in den Brunnen fällt, und er nicht alsbald ihn herausziehet am Sabbathtage. Und sie konnten ihm darauf nicht wieder Antwort geben.

Das 3. Gebot. Joh. 11, 25. Jesus spricht zu ihr: Ich bin die Auferstehung und das Leben. Wer an mich glaubet, der wird leben, ob er gleich stürbe. Matth. 12, 8. Des Menschen Sohn ist ein Herr auch über den Sabbath.

Gottlob! der Sonntag kommt herbei;   Mein Gott, laß mir dein Lebenswort;
Die Woche wird nun wieder neu.   Führ mich zur Himmelsehrenpfort;
Heut hat mein Gott das Licht gemacht,   Laß mich hier leben heiliglich
Mein Heil hat mir das Leben bracht.   Und dir lobsingen ewiglich.
                Hallelujah.   Hallelujah.

18 Johannis des Täufers Gefängniß und Tod. Matth. 14, 1—12, 11, 1—11. Marc. 6, 17—29.

1. Herodes aber hatte Johannes gegriffen, gebunden und in das Ge= fängniß gelegt um Herodias willen, seines Bruders Weib, denn er hatte sie gefreiet. Johannes aber hatte zu ihm gesagt: Es ist nicht recht daß du sie habest. Und Herodias stellte ihm nach und wollte ihn tödten. Herodes aber fürchtete sich vor dem Volk, denn sie hielten ihn für einen Propheten.

2. Da aber Johannes im Gefängniß die Werke Christi hörete, sandte er seiner Jünger zween, und ließ ihm sagen: Bist du, der da kommen soll,

oder sollen wir eines andern warten? Jesus antwortete: Gehet hin und saget Johanni wieder, was ihr sehet und höret: Die Blinden sehen, die Lahmen gehen, die Aussätzigen werden rein, die Tauben hören, die Todten stehen auf und den Armen wird das Evangelium gepredigt. Und selig ist, wer sich nicht an mir ärgert. Da die hingingen, fing Jesus an zu reden zu dem Volke von Johanne: Dieser ist's, von dem geschrieben steht: Siehe, ich sende meinen Engel vor dir her, der deinen Weg vor dir bereiten soll. Und so ihr's wollt annehmen, er ist Elias, der da soll zukünftig sein.

3. Da aber Herodes seinen Jahrestag beging, tanzte die Tochter der Herodias vor ihnen. Das gefiel Herodes wohl. Darum verhieß er ihr mit einem Eide und wollte ihr geben, was sie fordern würde. Sie ging hinaus und sprach zu ihrer Mutter: Was soll ich bitten? Die sprach: Das Haupt Johannis des Täufers. Der König ward traurig; doch um des Eides willen, und derer, die mit ihm zu Tische saßen, schickte er den Henker hin und hieß sein Haupt herbringen. Der ging hin und enthauptete Johannes im Gefängniß und trug her sein Haupt auf einer Schüssel, und gab es dem Mägdlein; und sie brachte es ihrer Mutter. Da das seine Jünger höreten, kamen sie, und nahmen seinen Leib und begruben ihn.

Das 6. und 5. Gebot. Matth. 5, 10. Selig sind, die um Gerechtigkeit willen verfolget werden, denn das Himmelreich ist ihr. Matth. 16, 28. Wer sein Leben erhalten will, der wird es verlieren; wer aber sein Leben verlieret um meinetwillen, der wird es finden.

Wer überwindet, soll auf dem Thron	So streit denn wohl, streit keck und kühn,
Mit Christo Jesu sitzen,	Daß du mögst überwinden!
Soll glänzen wie ein Gottessohn	Streng alle Kräfte an, alln Sinn,
Ins hohen Himmels Spitzen,	Daß du dies Gut mögst finden!
Soll ewig herrschen und regieren,	Wer nicht will streiten um die Kron,
Soll ewiglich den Himmel zieren.	Bleibt ewiglich in Spott und Hohn.

19. Speisung der 5000 Mann und Jesu Wandeln auf dem Meere.
Matth. 14. Marc. 6. Luc. 9. Joh. 6.

1. Darnach kam Jesus in eine Wüste und ging hinauf auf einen Berg, und setzte sich daselbst mit seinen Jüngern. Es war aber nahe die Ostern, der Juden Fest. Da hob Jesus seine Augen auf, und siehet, daß viel Volks zu ihm kommt; und es jammerte ihn desselben; denn sie waren wie die Schafe, die keinen Hirten haben. Und fing an eine lange Predigt vom Reich Gottes, und machte gesund, die es bedurften. Am Abend aber traten zu ihm die Zwölfe, und sprachen: Laß das Volk von dir, daß sie hingehen in die Märkte und ihnen Speise kaufen, denn sie haben nichts zu essen. Er aber sprach zu Philippo: Wo kaufen wir Brod, daß diese essen? Das sagte er aber, ihn zu versuchen; denn er wußte wohl, was er thun wollte. Philippus antwortete ihm: Zweihundert Pfennige werth Brods ist nicht genug unter sie, daß ein Jeglicher unter ihnen ein wenig nehme. Spricht zu ihm einer seiner Jünger, Andreas: Es ist ein Knabe hier, der hat fünf Gerstenbrode und zween Fische; aber was ist das unter so

Viele? Jesus aber sprach: Schaffet, daß sich das Volk lagere. Es war aber viel Gras an dem Ort. Da lagerten sich bei fünftausend Mann. Jesus aber nahm die Brode, dankte, und gab sie den Jüngern, die Jünger aber denen, die sich gelagert hatten; desselbigen gleichen auch von den Fischen, wie viel er wollte. Da sie aber satt waren, sprach er zu seinen Jüngern: Sammelt die übrigen Brocken, daß nichts umkomme. Da sammelten sie, und fülleten zwölf Körbe mit Brocken von den fünf Gerstenbroden, die überblieben denen, die gespeiset worden. Da nun die Menschen das Zeichen sahen, das Jesus that, sprachen sie: Das ist wahrlich der Prophet, der in die Welt kommen soll. Da Jesus nun merkte, daß sie kommen würden, und ihn haschen, daß sie ihn zum Könige machten, entwich er abermals auf den Berg, er selbst allein.

2. Die Jünger aber gingen hinab an das Meer, und traten in das Schiff, und fuhren gen Kapernaum. Und es war schon finster geworden, und Jesus war nicht zu ihnen gekommen. Und das Meer erhob sich von einem großen Winde, und sie litten Noth von den Wellen. Aber in der vierten Nachtwache kam Jesus zu ihnen, und ging auf dem Meer. Und da ihn die Jünger sahen auf dem Meer gehen, erschraken sie und sprachen: Es ist ein Gespenst, und schrieen vor Furcht. Aber alsbald redete Jesus mit ihnen und sprach: Seid getrost, ich bin's. Petrus aber sprach: Herr, bist du es, so heiß mich zu dir kommen auf dem Wasser. Und er sprach: Komm her! Und Petrus trat aus dem Schiff, und ging auf dem Wasser, daß er zu Jesu käme. Er sah aber einen starken Wind, da erschrak er, hob an zu sinken, schrie, und sprach: Herr hilf mir! Jesus aber reckte die Hand aus, und ergriff ihn, und sprach: O du Kleingläubiger, warum zweifeltest du? Und sie traten in das Schiff, und der Wind legte sich und alsobald war das Schiff an dem Lande.

Das 3. Hauptstück: die 4. Bitte und das letzte Hauptstück. Joh. 6, 51. Ich bin das lebendige Brod, vom Himmel gekommen. Und das Brod, das ich geben werde, ist mein Fleisch, welches ich geben werde für das Leben der Welt. Jes. 43, 2. So du durch's Wasser gehest, will Ich bei dir sein, daß dich die Ströme nicht sollen ersäufen.

Gott wills machen,	Gottes Hände
Daß die Sachen	Sind ohn Ende,
Gehen, wie es heilsam ist,	Sein Vermögen hat kein Ziel.
Laß die Wellen	Ist's beschwerlich,
Sich verstellen,	Scheints gefährlich?
Wenn du nur bei Jesu bist.	Deinem Gott ist nichts zu viel.
Wann die Stunden	Und dein Grämen
Sich gefunden,	Zu beschämen
Bricht die Hilf mit Macht herein,	Wird es unversehens sein.

20. Von dem kananäischen Weibe, dem Taubstummen und den zehn Aussätzigen. Matth. 15. Marc. 7. Luc. 17.

1. Und Jesus entwich in die Gegend von Tyrus und Sidon. Und siehe ein kananäisches Weib kam, und schrie ihm nach, und sprach: Ach Herr, du Sohn Davids, erbarme dich mein! Meine Tochter wird vom Teufel übel geplaget. Und er antwortete ihr kein Wort. Da traten zu

ihm seine Jünger, baten ihn, und sprachen: Laß sie doch von dir, denn sie schreiet uns nach. Jesus aber antwortete: Ich bin nicht gesandt, denn nur zu den verlorenen Schafen von dem Hause Israel. Sie kam aber, und fiel vor ihm nieder, und sprach: Herr, hilf mir. Aber er antwortete, und sprach: Es ist nicht fein, daß man den Kindern ihr Brod nehme, und werfe es vor die Hunde. Sie sprach: Ja, Herr! aber doch essen die Hündlein von den Brosamlein, die von ihrer Herren Tische fallen. Da antwortete Jesus, und sprach zu ihr: O Weib, dein Glaube ist groß! Dir geschehe, wie du willst. Und ihre Tochter ward gesund zu derselbigen Stunde.

2. Da Jesus wieder ausging von Tyrus und Sidon, kam er an das Galiläische Meer. Und sie brachten zu ihm einen Tauben, der stumm war, und sie baten ihn, daß er die Hand auf ihn legte. Und er nahm ihn von dem Volk besonders, und legte ihm die Finger in die Ohren, und spützete, und rührete seine Zunge. Und sah auf gen Himmel, seufzete, und sprach zu ihm: Hephata! d. i. Thue dich auf. Und alsobald thaten sich seine Ohren auf, und das Band seiner Zunge ward los, und redete recht. Und er verbot ihnen, sie sollten's Niemand sagen. Je mehr er aber verbot, je mehr sie es ausbreiteten, und verwunderten sich über die Maße, und sprachen: Er hat Alles wohl gemacht, die Tauben macht er hörend, und die Sprachlosen redend.

3. Es begab sich darnach, da Jesus reisete gen Jerusalem, zog er mitten durch Samaria und Galiläa. Und als er in einen Markt kam, begegneten ihm zehn aussätzige Männer, die standen von ferne, und erhoben ihre Stimme und sprachen: Jesu, lieber Meister, erbarme dich unser! Und da er sie sahe, sprach er zu ihnen: Gehet hin, und zeiget euch den Priestern. Und es geschah, da sie hingingen, wurden sie rein. Einer aber unter ihnen, da er sah, daß er gesund geworden war, kehrete er um, und pries Gott mit lauter Stimme, und fiel auf sein Angesicht zu seinen Füßen, und dankete ihm. Und das war ein Samariter. Jesus aber antwortete und sprach: Sind ihrer nicht zehn rein worden? Wo sind aber die neune? hat sich sonst keiner funden, der wieder umkehrete, und gäbe Gott die Ehre, denn dieser Fremdling? Und er sprach zu ihm: Stehe auf, gehe hin; dein Glaube hat dir geholfen.

Das 2. Gebot, Schluß der Erklärung und das 3. Hauptstück, die Anrede. Eph. 6, 16. Vor allen Dingen aber ergreifet den Schild des Glaubens, mit welchem ihr auslöschen könnet alle feurige Pfeile des Bösewichts. Ps. 50, 23. Wer Dank opfert, der preiset mich, und das ist der Weg, daß ich ihm zeige das Heil Gottes.

Ich rief dem Herrn in meiner Noth:	Drum dank, ach Gott, drum dank ich dir;
O Gott, vernimm mein Schreien!	Ach danket, danket Gott mit mir;
Da half mein Helfer mir vom Tod,	Gebt unserm Gott die Ehre!
Und ließ mir Trost gedeihen.	

21. Der Blindgeborne. Joh. 9.

1. Jesus ging vorüber, und sahe einen, der blind geboren war. Und seine Jünger fragten ihn: Meister, wer hat gesündiget, dieser oder seine

Eltern, daß er ist blind geboren? Jesus antwortete: Es hat weder dieser gesündiget, noch seine Eltern; sondern daß die Werke Gottes offenbar würden an ihm. Da er solches gesagt, spützete er auf die Erde, und machte einen Koth aus dem Speichel, und schmierete den Koth auf des Blinden Augen. Und sprach zu ihm: Gehe hin zu dem Teich Siloha und wasche dich. Da ging er hin, und wusch sich, und kam sehend. Die Nachbarn, und die ihn zuvor gesehen hatten, daß er ein Bettler war, sprachen: Ist dieser nicht, der da saß und bettelte? Etliche sprachen: Er ist es; etliche aber: Er ist ihm ähnlich. Er selbst aber sprach: Ich bin es. Es war aber Sabbath, da Jesus seine Augen öffnete. Da fragten ihn die Phari=säer, wie er wäre sehend geworden? Er aber sprach: Der Mensch, der Jesus heißet, legte Koth mir auf die Augen, und ich wusch mich, und ich bin nun sehend. Da sprachen Etliche: Der Mensch ist nicht von Gott, dieweil er den Sabbath nicht hält. Die Andern aber sprachen: Wie kann ein sündiger Mensch solche Zeichen thun? Und es ward eine Zwietracht unter ihnen. Sie sprachen wieder zu dem Blinden: Was sagst du von ihm, daß er hat deine Augen aufgethan? Er aber sprach: Er ist ein Prophet.

2. Da riefen sie die Eltern deß, der sehend war geworden, fragten sie, und sprachen: Ist das euer Sohn, welchen ihr sagt, er sei blind geboren? Wie ist er denn nun sehend? Seine Eltern antworteten und sprachen: Wir wissen, daß dieser unser Sohn ist, und daß er blind geboren ist; wie er aber nun sehend ist, wissen wir nicht. Er ist alt genug, fragt ihn, laßt ihn für sich selbst reden. Solches sagten seine Eltern, denn sie fürchteten sich vor den Juden. Denn die Juden hatten sich schon vereiniget, so Je=mand ihn für Christum bekennete, daß derselbige in den Bann gethan würde. Da riefen sie zum andernmal den, der blind gewesen war, und sprachen: Gieb Gott die Ehre; wir wissen, daß dieser Mensch ein Sün=der ist. Er antwortete: Ist er ein Sünder, das weiß ich nicht; eins weiß ich wohl, daß ich blind war und bin nun sehend. Von der Welt an ist es nicht erhöret, daß jemand einem gebornen Blinden die Augen aufge=than habe. Wäre dieser nicht von Gott, er könnte nichts thun. Sie ant=worteten und sprachen zu ihm: Du bist ganz in Sünden geboren, und lehrest uns? Und sie stießen ihn hinaus.

3. Es kam aber vor Jesum, daß sie ihn ausgestoßen hatten. Und da er ihn fand, sprach er zu ihm: Glaubst du an den Sohn Gottes? Er antwortete und sprach: Herr, welcher ist es, auf daß ich an ihn glaube? Jesus sprach zu ihm: Du hast ihn gesehen, und der mit dir redet, der ist es. Er aber sprach: Herr, ich glaube; und betete ihn an. Und Jesus sprach: Ich bin zum Gericht auf diese Welt gekommen, auf daß, die da nicht sehen, sehend werden, und die da sehen, blind werden. Und solches hö=reten etliche der Pharisäer, die bei ihm waren, und sprachen zu ihm: Sind wir denn auch blind? Jesus sprach zu ihnen: Wäret ihr blind, so hättet ihr keine Sünde; nun ihr aber sprechet: Wir sind sehend, bleibt eure Sünde.

Der 3. Artikel: Der heilige Geist hat mich mit seinen Gaben erleuchtet. Matth. 11, 25. Zu derselben Zeit antwortete Jesus und sprach: Ich preise dich, Vater und Herr

Himmels und der Erde, daß du solches den Weisen und Klugen verborgen hast und hast es den Unmündigen geoffenbart. Joh. 8, 12. Ich bin das Licht der Welt. Wer mir nachfolget, der wird nicht wandeln in Finsterniß, sondern wird das Licht des Lebens haben.

Halt dich im Glauben an das Wort,	Gieb dich ihm selbst zum Opfer bar,
Das fest ist und gewiß,	Mit Geiste, Leib und Seel
Das führet dich zum Lichte fort	Und singest mit der Engel Schaar:
Aus aller Finsterniß,	Hier ist Immanuel!

22. Das Bekenntniß Petri und die Verklärung Christi. Matth. 16 u. 17. Marc. 8 u. 9. Luc. 9, 18—36.

1. Und Jesus kam in die Gegend der Stadt Cäsarea Philippi, und fragte seine Jünger, und sprach: Wer sagen die Leute, daß des Menschen Sohn sei? Sie sprachen: Etliche sagen, du seist Johannes der Täufer; die Andern, du seist Elias; Etliche du seist Jeremias, oder der Propheten einer. Er sprach zu ihnen: Wer sagt denn ihr, daß ich sei? Da antwortete Simon Petrus und sprach: Du bist Christus, des lebendigen Gottes Sohn. Und Jesus antwortete und sprach zu ihm: Selig bist du, Simon, Jonas Sohn; denn Fleisch und Blut hat dir das nicht geoffenbaret, sondern mein Vater im Himmel. Und ich sage dir auch: Du bist Petrus, und auf diesen Felsen will ich bauen meine Gemeine, und die Pforten der Hölle sollen sie nicht überwältigen. Und ich will dir des Himmelreichs Schlüssel geben. Alles was du auf Erden binden wirst, soll auch im Himmel gebunden sein; und Alles, was du auf Erden lösen wirst, soll auch im Himmel los sein.

2. Von der Zeit fing Jesus an, und zeigte seinen Jüngern, wie er müßte hin gen Jerusalem gehen, und viel leiden, und getödtet werden, und am dritten Tage auferstehen. Und Petrus nahm ihn zu sich, fuhr ihn an und sprach: Herr, schone deiner selbst, das widerfahre dir nur nicht. Aber er wandte sich um, und sprach zu Petro: Hebe dich, Satan, von mir, du bist mir ärgerlich; denn du meinest nicht, was göttlich, sondern was menschlich ist. Da sprach Jesus zu seinen Jüngern: Will mir Jemand nachfolgen, der verleugne sich selbst, und nehme sein Kreuz auf sich, und folge mir. Denn wer sein Leben erhalten will, der wird es verlieren; wer aber sein Leben verliert um meinetwillen, der wird es finden. Was hülfe es dem Menschen, so er die ganze Welt gewönne, und nehme doch Schaden an seiner Seele? Oder was kann der Mensch geben, damit er seine Seele wieder löse?

3. Und nach sechs Tagen nahm Jesus zu sich Petrum, und Jakobum, und Johannem, und führte sie beiseits auf einen hohen Berg. Und ward verkläret vor ihnen; und sein Angesicht leuchtete, wie die Sonne, und seine Kleider wurden weiß, als ein Licht. Und siehe, da erschien ihnen Moses und Elias, die redeten mit ihm. Petrus aber sprach zu Jesu: Herr, hier ist gut sein, willst du, so wollen wir hier drei Hütten machen, dir eine, Mose eine, und Elia eine. Da er noch also redete, siehe, da

überschattete sie eine lichte Wolke. Und siehe, eine Stimme aus der Wolke sprach: Dies ist mein lieber Sohn, an welchem ich Wohlgefallen habe, den sollt ihr hören. Da das die Jünger höreten, fielen sie auf ihr Angesicht, und erschraken sehr. Jesus aber trat zu ihnen, rührete sie an, und sprach: Stehet auf und fürchtet euch nicht. Da sie aber ihre Augen aufhoben, sahen sie Niemand denn Jesum allein. Und da sie vom Berge herabgingen, gebot ihnen Jesus, und sprach: Ihr sollt dies Gesicht Niemand sagen, bis des Menschen Sohn von den Todten auferstanden ist.

Der 2. Artikel. Matth. 10, 32. 33: Wer mich bekennet vor den Menschen, den will ich auch bekennen vor meinem himmlischen Vater. Wer mich aber verleugnet vor den Menschen, den will ich auch verleugnen vor meinem himmlischen Vater. 2 Pet. 1, 16: Denn wir haben nicht den klugen Fabeln gefolget, da wir euch kund gethan haben die Kraft und Zukunft unsers Herrn Jesu Christi; sondern wir haben seine Herrlichkeit selbst gesehen. (Vgl. auch Jh. 17. 18.)

Dieses Wort bleibt immer wahr:	Fordert man von mir den Grund
Wer sich einen Christen nennet,	Dessen, das ich hoff' und gläube,
Und nicht frei und offenbar	Oeffne selbsten meinen Mund,
Vor den Menschen dich bekennet,	Daß er bei der Wahrheit bleibe,
Den bekennet auch dein Sohn	Und ein gut Bekenntniß thut,
Nicht vor deinem Gnadenthron	Gieb dazu mir Kraft und Muth

23. Jesus, der Kinder und Sünder Freund.　Matth. 18. Marc. 10. Luc. 10 u. 15.

1. Und die Jünger traten zu Jesu und sprachen: Wer ist doch der Größeste im Himmelreich? Jesus rief ein Kind zu sich, stellte es mitten unter sie und sprach: Wahrlich, ich sage euch, es sei denn, daß ihr euch umkehret und werdet wie die Kinder, so werdet ihr nicht in's Himmelreich kommen. Wer sich nun selbst erniedrigt, wie dieses Kind, der ist der Größeste im Himmelreich. Und wer ein solches Kind aufnimmt in meinem Namen, der nimmt mich auf. Wer aber ärgert dieser Geringsten Einen, die an mich glauben, dem wäre besser, daß ein Mühlstein an seinen Hals gehängt, und er ersäufet würde im Meere, da es am tiefsten ist. Sehet zu, daß ihr nicht Jemand von diesen Kleinen verachtet. Denn ich sage euch: Ihre Engel im Himmel sehen allezeit das Angesicht meines Vaters im Himmel. Und sie brachten Kindlein zu Jesus, daß er sie anrührete. Die Jünger aber fuhren die an, die sie trugen. Da es aber Jesus sahe, ward er unwillig und sprach zu ihnen: Lasset die Kindlein zu mir kommen und wehret ihnen nicht, denn solcher ist das Reich Gottes. Wahrlich, ich sage euch, wer das Reich Gottes nicht empfänget als ein Kindlein, der wird nicht hineinkommen. Und er herzte sie, legte die Hände auf sie und segnete sie.

2. Es naheten aber zu Jesu allerlei Zöllner und Sünder, daß sie ihn höreten. Und die Pharisäer und Schriftgelehrten murreten und sprachen: Dieser nimmt die Sünder an und isset mit ihnen. Er sagte aber zu ihnen dies Gleichniß und sprach: Welcher Mensch ist unter euch, der hundert Schafe hat, und so er eins verliert, der nicht lasse die neunundneunzig in der Wüste, und hingehe nach dem verlornen, bis daß er's finde? Und wenn er's gefunden hat, so leget er's auf seine Achseln mit Freuden. Und

wenn er heim kommt, rufet er seine Freunde und Nachbarn, und spricht zu ihnen: Freuet euch mit mir; denn ich habe mein Schaf gefunden, das verloren war. Oder, welches Weib ist, die zehn Groschen hat, so sie deren Einen verliert, die nicht ein Licht anzünde, und kehre das Haus, und suche mit Fleiß, bis daß sie ihn finde? Und wenn sie ihn gefunden hat, rufet sie ihren Freundinnen und Nachbarinnen, und spricht: Freuet euch mit mir, denn ich habe meinen Groschen gefunden, den ich verloren hatte. Also auch, sage ich euch, wird Freude sein vor den Engeln Gottes über einen Sünder, der Buße thut.

3. Es begab sich aber, da sie wandelten, ging er in einen Markt, da war ein Weib, mit Namen Martha, die nahm ihn auf in ihr Haus. Und sie hatte eine Schwester, die hieß Maria; die setzte sich zu Jesu Füßen, und hörete seiner Rede zu. Martha aber machte sich viel zu schaffen, ihm zu dienen. Und sie trat hinzu, und sprach: Herr, fragst du nicht darnach, daß mich meine Schwester lässet allein dienen? Sage ihr doch, daß sie es auch angreife. Jesus aber antwortete und sprach zu ihr: Martha, Martha, du hast viele Sorge und Mühe: Eins aber ist Noth. Maria hat das gute Theil erwählet, das soll nicht von ihr genommen werden.

Das 4. Hauptstück, zum Andern; und vom Amt der Schlüssel. Jes. 40, 11: Er wird seine Heerde weiden, wie ein Hirte; er wird die Lämmer in seine Arme sammeln und in seinem Busen tragen, und die Schafmütter führen. 1 Tim. 1, 15: Denn das ist je gewißlich wahr und ein theuer werthes Wort, daß Christus Jesus gekommen ist in die Welt, die Sünder selig zu machen.

> Volles Gnügen, Fried und Freude
> Jetzo meine Seel ergötzt,
> Weil auf eine frische Weide
> Mein Hirt Jesus mich gesetzt.
> Nichts Süßes kann also mein Herze erlaben,
> Als wenn ich nur, Jesu, dich immer soll haben;
> Nichts, nichts ist, das also mich innig erquickt,
> Als wenn ich dich, Jesu, im Glauben erblickt.

24. Vom verlornen Sohn und dem Schalksknecht. Luc. 15. Matth. 18.

1. Jesus lehrete und sprach: Ein Mensch hatte zween Söhne. Und der jüngste sprach zum Vater: Gieb mir, Vater, das Theil der Güter, das mir gehöret. Und er theilte ihnen das Gut. Und nicht lange darnach, sammelte der jüngste Sohn Alles zusammen und zog ferne über Land; und daselbst brachte er sein Gut um mit Prassen. Da er nun Alles verzehrt hatte, ward eine große Theurung durch dasselbige ganze Land, und er fing an zu darben; und ging hin, und hängete sich an einen Bürger, der schickte ihn auf seinen Acker, die Säue zu hüten. Und er begehrte seinen Bauch zu füllen mit Träbern, die die Säue aßen; und Niemand gab sie ihm. Da schlug er in sich, und sprach: Wie viele Tagelöhner hat mein Vater, die Brod die Fülle haben, und ich verderbe im Hunger? Ich will mich aufmachen, und zu meinem Vater gehen, und zu ihm sagen: Vater, ich habe gesündiget in den Himmel und vor dir; und bin hinfort nicht mehr werth, daß ich dein Sohn heiße; mache mich als einen deiner Tagelöhner.

Und er machte sich auf und kam zu seinem Vater. Da er aber noch ferne
war, sahe ihn sein Vater, und jammerte ihn, lief und fiel um seinen Hals
und küssete ihn. Der Sohn aber sprach zu ihm: Vater, ich habe gesün=
diget in den Himmel und vor dir; ich bin hinfort nicht mehr werth,
daß ich dein Sohn heiße. Aber der Vater sprach zu seinen Knechten:
Bringet das beste Kleid hervor, und thut ihn an, und gebet ihm einen
Fingerreif an seine Hand, und Schuhe an seine Füße. Und bringet ein
gemästet Kalb her, und schlachtet es. Laßt uns essen und fröhlich sein;
denn dieser, mein Sohn, war todt, und ist wieder lebendig geworden; er
war verloren, und ist gefunden worden.—Da aber der älteste Sohn kam,
und hörete das Gesänge und den Reigen, ward er zornig, und wollte nicht
hinein gehen. Da ging sein Vater heraus, und bat ihn. Er antwortete
aber und sprach zum Vater: Siehe, so viele Jahre diene ich dir, und habe
dein Gebot noch nie übertreten; und du hast mir nie einen Bock gegeben,
daß ich mit meinen Freunden fröhlich wäre. Nun aber dieser dein Sohn
gekommen ist, der sein Gut mit Huren verschlungen hat, hast du ein ge=
mästetes Kalb geschlachtet. Er aber sprach zu ihm: Mein Sohn, du bist
allezeit bei mir, und Alles, was mein ist, das ist dein. Du solltest aber
fröhlich sein; denn dieser, dein Bruder, war todt, und ist wieder lebendig
geworden; er war verloren, und ist wieder gefunden.

2. Und Petrus trat zum Herrn und sprach: Herr, wie oft muß ich denn
meinem Bruder vergeben? Ist's genug siebenmal? Jesus sprach zu ihm:
Ich sage dir, nicht siebenmal, sondern siebenzigmal siebenmal. Darum ist
das Himmelreich gleich einem Könige, der mit seinen Knechten rechnen
wollte. Und als er anfing zu rechnen, kam ihm einer vor, der war ihm
zehntausend Pfund schuldig. Da er es nun nicht hatte zu bezahlen, hieß
der Herr verkaufen ihn und sein Weib und seine Kinder, und Alles, was er
hatte, und bezahlen. Da fiel der Knecht nieder, und betete ihn an und
sprach: Herr habe Geduld mit mir; ich will dir Alles bezahlen. Da
jammerte den Herrn desselbigen Knechts, und er ließ ihn los, und die
Schuld erließ er ihm auch.—Da ging der Knecht hinaus und fand einen
seiner Mitknechte, der war ihm hundert Groschen schuldig; und er griff
ihn an, würgete ihn und sprach: Bezahle mir, was du mir schuldig bist!
Da fiel sein Mitknecht nieder, bat ihn und sprach: Habe Geduld mit mir,
ich will dir Alles bezahlen! Er wollte aber nicht; sondern ging hin und
warf ihn in's Gefängniß, bis daß er bezahlete, was er schuldig war. Da
aber seine Mitknechte solches sahen, wurden sie sehr betrübt, und kamen
und brachten vor ihren Herrn Alles, was sich begeben hatte. Da forderte
ihn sein Herr vor sich und sprach: Du Schalksknecht, alle diese Schuld
habe ich dir erlassen, dieweil du mich batest; solltest du denn dich nicht auch
erbarmen über deinen Mitknecht, wie ich mich über dich erbarmet habe?
Und sein Herr ward zornig und überantwortete ihn den Peinigern, bis daß
er bezahlete Alles, was er ihm schuldig war. Also wird euch mein
himmlischer Vater auch thun, so ihr nicht vergebet
von euren Herzen, ein jeglicher seinem Bruder seine
Fehler.

Stück der Beichte und die 5. Bitte. Eph. 2, 8. 9: Aus Gnaden seid Ihr selig ge=
worden, durch den Glauben; und dasselbige nicht aus euch; Gottes Gabe ist es.
Nicht aus den Werken, auf daß sich nicht Jemand rühme. Matth. 7. 3: Was siehest
du aber den Splitter in deines Bruders Auge, und wirst nicht gewahr des Balkens in
deinem Auge?

> Nun so gieb, daß meine Seele
> Auch nach deinem Bild erwacht;
> Du bist ja, den ich erwähle,
> Mir zur Heiligung gemacht.
> Was dienet zum göttlichen Wandeln und Leben,
> Ist in dir, mein Heiland, mir alles gegeben;
> Entreiße mich aller vergänglichen Lust,
> Dein Leben sei, Jesu, mir einzig bewußt.

25. Vom barmherzigen Samariter und dem reichen Manne und armen Lazarus. Luc. 10 u. 16.

1. Ein Schriftgelehrter stand auf, versuchte Jesum, und sprach: Mei=
ster, was muß ich thun, daß ich das ewige Leben ererbe? Er aber sprach:
zu ihm: Wie stehet im Gesetz geschrieben? Wie liesest du? Er antwor=
tete: Du sollst Gott, deinen Herrn, lieben von ganzem Herzen, von gan=
zer Seele, von allen Kräften, und von ganzem Gemüth, und deinen
Nächsten als dich selbst. Er sprach zu ihm: Du hast recht geantwortet;
t h u e d a s, s o w i r s t d u l e b e n. Er aber wollte sich selbst rechtfer=
tigen, und sprach zu Jesu: Wer ist den mein Nächster? — Da antwortete
Jesus, und sprach: Es war ein Mensch, der ging von Jerusalem hinab
gen Jericho, und fiel unter die Mörder; die zogen ihn aus, und schlugen
ihn, und gingen davon, und ließen ihn halbtodt liegen. Es begab sich
aber ohngefähr, daß ein Priester dieselbige Straße hinabzog, und da er
ihn sahe, ging er vorüber. Desselben gleichen auch ein Levit, da er kam
bei die Stätte, und sah ihn, ging er vorüber. Ein Samariter aber rei=
sete, und kam dahin; und da er ihn sahe, jammerte ihn sein, ging zu ihm,
verband ihm seine Wunden, und goß drein Oel und Wein; und hob ihn
auf sein Thier, und führete ihn in die Herberge, und pflegte sein. Des
andern Tages reisete er, und zog heraus zween Groschen, und gab sie dem
Wirth, und sprach zu ihm: Pflege sein, und so du was mehr wirst dar=
thun, will ichs dir bezahlen, wenn ich wieder komme. Welcher dünkt dich,
der unter diesen dreien der Nächste sei gewesen dem, der unter die Mörder
gefallen war? Er sprach: Der die Barmherzigkeit an ihm that. Da
sprach Jesus zu ihm: So gehe hin, und thue desgleichen.

2. Es war aber ein reicher Mann, der kleidete sich mit Purpur und
köstlicher Leinwand, und lebte alle Tage herrlich und in Freuden. Es war
aber ein Armer, mit Namen Lazarus, der lag vor seiner Thüre voller
Schwären, und begehrte sich zu sättigen von den Brosamen, die von des
Reichen Tische fielen; doch kamen die Hunde, und leckten ihm seine Schwä=
ren. Es begab sich aber, daß der Arme starb, und ward getragen von
den Engeln in Abrahams Schooß. Der Reiche aber starb auch, und ward
begraben. Als er nun in der Hölle und in der Qual war, hob er seine
Augen auf, und sahe Abraham von ferne, und Lazarum in seinem Schooß,

rief, und sprach: Vater Abraham, erbarme dich meiner, und sende Lazarum, daß er das Aeußerste seines Fingers in's Wasser tauche, und kühle meine Zunge: denn ich leide Pein in dieser Flamme. Abraham aber sprach: Gedenke, Sohn, daß du dein Gutes empfangen hast in deinem Leben, und Lazarus dagegen hat Böses empfangen; nun aber wird er getröstet und du wirst gepeiniget. Und über das Alles ist zwischen uns und euch eine große Kluft befestiget, daß, die da wollten von hinnen hinabfahren zu euch, können nicht, und auch nicht von dannen zu uns herüber fahren. Da sprach er: So bitte ich dich, Vater, daß du ihn sendest in meines Vaters Haus; denn ich habe noch fünf Brüder, daß er ihnen bezeuge, auf daß sie nicht auch kommen an diesen Ort der Qual. Abraham sprach: Sie haben Mosen und die Propheten; laß sie dieselbigen hören. Er aber sprach: Nein, Vater Abraham; sondern wenn einer von den Todten zu ihnen ginge, so würden sie Buße thun. Er sprach zu ihm: Hören sie Mosen und die Propheten nicht, so werden sie auch nicht glauben, ob Jemand von den Todten auferstände.

Der 3. Artikel. Matth. 5, 7. Selig sind die Barmherzigen, denn sie werden Barmherzigkeit erlangen. Gal. 6, 7. Irret euch nicht, Gott läßt sich nicht spotten. Denn was der Mensch säet, das wird er ernten.

Lasset uns mit Jesu leiden,
Seinem Vorbild werden gleich,
Nach dem Leide folgen Freuden,
Armuth hier macht dorten reich,
Thränensaat die erntet Lachen,

Hoffnung tröste die Geduld!
Es kann leichtlich Gottes Huld
Aus dem Regen Sonne machen.
Jesu, hier leid ich mit dir,
Dort theil deine Freud mit mir.

26. Die Auferweckung des Lazarus. Joh. 11.

1. Es lag aber einer krank mit Namen Lazarus von Bethania. Da sandten seine Schwestern, Maria und Martha, zu Jesu, und ließen ihm sagen: Herr, siehe, den du lieb hast, der liegt krank. Da Jesus das hörte, sprach er: Die Krankheit ist nicht zum Tode, sondern zur Ehre Gottes, daß der Sohn Gottes dadurch geehret werde; und blieb zween Tage an dem Orte, da er war. Darnach spricht er zu seinen Jüngern: Lazarus, unser Freund, schläft; aber ich gehe hin, daß ich ihn aufwecke. Sie meinten aber, er rede vom leiblichen Schlaf. Da sagte es ihnen Jesus frei heraus: Lazarus ist gestorben; und ich bin froh um euretwillen, daß ich nicht da gewesen bin, auf daß ihr glaubet. Aber laßt uns zu ihm ziehen.

2. Da kam Jesus, und fand ihn, daß er schon vier Tage im Grabe gelegen war. Und viele Juden waren zu Maria und Martha gekommen, sie zu trösten. Als Martha nun hörete, daß Jesus kommt, gehet sie ihm entgegen; Maria aber blieb daheim sitzen. Da sprach Martha zu Jesu: Herr, wärest du hier gewesen, mein Bruder wäre nicht gestorben; aber ich weiß auch noch, daß, was du bittest, das wird dir Gott geben. Jesus spricht zu ihr: Dein Bruder soll auferstehen. Martha spricht zu ihm: Ich weiß wohl, daß er auferstehen wird in der Auferstehung am jüngsten Tage. Jesus spricht zu ihr: Ich bin die Auferstehung und das Leben. Wer an mich glaubet, der wird leben, ob er gleich stürbe, und wer da lebet und glaubet an mich,

der wird nimmermehr sterben. Glaubst du das? Sie spricht
zu ihm: Herr, ja, ich glaube, daß du bist Christus, der Sohn Gottes, der
in die Welt gekommen ist. Und da sie das gesagt hatte, ging sie hin, und
rief ihre Schwester Maria heimlich und sprach: Der Meister ist da, und
ruft dich. Dieselbige, da sie das hörte, stand sie eilend auf, und kam zu
ihm. Und die Juden, die bei ihr im Hause waren, folgten ihr und sprachen:
Sie gehet zum Grabe, daß sie daselbst weine.

3. Als nun Maria kam, da Jesus war, und sahe ihn, fiel sie zu seinen
Füßen, und sprach: Herr, wärest du hier gewesen, mein Bruder wäre nicht
gestorben. Als Jesus sie sahe weinen, und die Juden auch weinen, ergrimmete er im Geist, und betrübete sich selbst, und sprach: Wo habt ihr
ihn hingelegt? Sie sprachen zu ihm: Herr, komm, und siehe es. Und
Jesu gingen die Augen über. Da sprachen die Juden: Siehe, wie hat er
ihn so lieb gehabt! Etliche aber sprachen: Konnte, der den Blinden die
Augen aufgethan hat, nicht verschaffen, daß auch dieser nicht stürbe? Und
Jesus kam zum Grabe. Es war aber eine Kluft, und ein Stein darauf
gelegt. Jesus sprach: Hebet den Stein ab. Spricht zu ihm Martha:
Herr, er stinket schon; denn er ist vier Tage gelegen. Jesus spricht zu
ihr: Habe ich dir nicht gesagt, so du glauben würdest, du solltest die
Herrlichkeit Gottes sehen? Da hoben sie den Stein ab, da der Verstorbene lag. Jesus aber hob seine Augen empor, und sprach: Vater, ich
danke dir, daß du mich erhöret hast; doch ich weiß, daß du mich allezeit hörest; sondern um des Volkes willen, das umhersteht, sage ich es, daß sie
glauben, du habest mich gesandt. Und er rief mit lauter Stimme: La-
zare, komm heraus! Und der Verstorbene kam heraus, gebunden mit
Grabtüchern, an Füßen und Händen, und sein Angesicht verhüllet mit einem
Schweißtuch. Jesus spricht zu ihnen: Löset ihn auf, und laßt ihn gehen.

4. Viele nun der Juden, die sahen, was Jesus that, glaubten an ihn;
Etliche aber gingen zu den Pharisäern und sagten ihnen, was Jesus gethan
hatte. Da versammelten die Hohenpriester und Pharisäer einen Rath,
und sprachen: Was thun wir? Lassen wir ihn also, so werden sie alle an
ihn glauben, so kommen dann die Römer und nehmen uns Land und Leute.
Einer aber, Kaiphas, sprach zu ihnen: Ihr wisset nichts, bedenket auch
nichts; es ist uns besser, Ein Mensch sterbe für das Volk, denn daß das
ganze Volk verderbe. Solches weissagte er, weil er desselbigen Jahres
Hoherpriester war. Von dem Tage an rathschlagten sie, wie sie ihn tödteten. Jesus aber wandelte nicht mehr frei unter den Juden, sondern
ging von dannen in eine Gegend nahe bei der Wüste.

Der 3. Artikel: Auferstehung des Fleisches. Hiob. 19 25, 26. Ich weiß, daß mein
Erlöser lebt; und er wird mich hernach aus der Erde aufwecken. Und werde darnach
mit dieser meiner Haut umgeben werden, und werde in meinem Fleisch Gott sehen.

Jesus meine Zuversicht,
Und mein Heiland, ist im Leben
Dieses weiß ich, soll ich nicht
Darum mich zufrieden geben,
Was die lange Todesnacht
Mir auch für Gedanken macht?

Jesus, er mein Heiland, lebt,
Ich werd auch das Leben schauen,
Sein, wo mein Erlöser schwebt,
Warum sollte mir denn grauen?
Lässet auch ein Haupt sein Glied
Welches es nicht nach sich zieht?

C. Jeſu Leiden und Sterben.

___

27. Jeſu letzte Reiſe nach Jeruſalem und die Salbung in Bethanien.
Matth. 20. Marc. 10. Luc. 18 u. 19. Joh. 12.

1. Und Jeſus nahm zu ſich die Zwölfe und ſprach zu ihnen: Sehet, wir gehen hinauf gen Jeruſalem, und es wird alles vollendet werden, das geſchrieben iſt durch die Propheten von des Menſchen Sohn. Denn er wird überantwortet werden den Juden, und er wird verſpottet und geſchmähet und verſpeiet werden, und ſie werden ihn geißeln und tödten, und am dritten Tage wird er wieder auferſtehen. Sie aber vernahmen deren keines, und die Rede war ihnen verborgen, und wußten nicht, was das geſagt war.

2. Es geſchah aber, da er nahe zu Jericho kam, ſaß ein Blinder am Wege, und bettelte. Da er aber hörete das Volk, das durchhin ging, forſchete er, was das wäre? Da verkündigten ſie ihm, Jeſus von Nazareth ginge vorüber. Und er rief und ſprach: Jeſu, du Sohn Davids, erbarme dich meiner! Die aber vorne an gingen, bedroheten ihn, er ſollte ſchweigen. Er aber ſchrie viel mehr: Du Sohn Davids, erbarme dich meiner! Jeſus aber ſtand ſtille, und hieß ihn zu ſich führen. Da ſie ihn aber nahe bei ihn brachten, fragte er ihn und ſprach: Was willſt du, daß ich dir thun ſoll? Er ſprach: Herr, daß ich ſehen möge. Und Jeſus ſprach zu ihm: Sei ſehend; dein Glaube hat dir geholfen. Und alſobald ward er ſehend, und folgte ihm nach, und pries Gott. Und alles Volk, das ſolches ſahe, lobte Gott.

3. Und Jeſus zog hinein und zog nach Jericho. Und ſiehe, da war ein Mann, genannt Zachäus, der war ein Oberſter der Zöllner und reich. Und er begehrte Jeſum zu ſehen und konnte nicht vor dem Volke; denn er war klein von Perſon. Und er lief vorhin und ſtieg auf einen Maulbeerbaum. Und als Jeſus kam an dieſelbige Stätte, ſah er auf und ſprach zu ihm: Zachäe, ſteige eilend hernieder, denn ich muß heute zu deinem Hauſe einkehren. Und er ſtieg eilend hernieder, und nahm ihn auf mit Freuden. Da ſie das ſahen, murreten ſie alle, daß er bei einem Sünder einkehrete. Zachäus aber trat dar und ſprach zu dem Herrn: Siehe, Herr, die Hälfte meiner Güter gebe ich den Armen, und ſo ich Jemand betrogen habe, das gebe ich vierfältig wieder. Jeſus aber ſprach zu ihm: Heute iſt dieſem Hauſe Heil widerfahren, ſintemal er auch Abrahams Sohn iſt: Denn des Menſchen Sohn iſt gekommen, zu ſuchen und ſelig zu machen, das verloren iſt.

4. Sechs Tage vor den Oſtern kam Jeſus gen Bethanien, da Lazarus war, welchen er von den Todten auferwecket hatte. Daſelbſt machten ſie ihm ein Abendmahl, und Martha dienete; Lazarus aber war deren einer die mit ihm zu Tiſche ſaßen. Da nahm Maria ein Pfund Salbe von ungefälſchter, köſtlicher Narde und ſalbte die Füße Jeſu und trocknete mit ihrem Haare ſeine Füße; das Haus aber ward voll vom Geruche der Salbe. Da ſprach ſeiner Jünger einer, Judas Iſchariot: Warum iſt

diese Salbe nicht verkauft um dreihundert Groschen, und den Armen ge=
geben? Das sagte er aber nicht, daß er nach den Armen fragte, sondern
er war ein Dieb, und hatte den Beutel, und trug, was gegeben ward.
Da sprach Jesus: Was bekümmert ihr das Weib? Lasset sie mit Frieden.
Sie hat ein gutes Werk an mir gethan. Arme habt ihr allezeit bei euch,
und wenn ihr wollt, könnt ihr ihnen Gutes thun; mich aber habt ihr
nicht allezeit. Sie hat gethan, was sie konnte. Sie ist zuvor gekommen,
meinen Leichnam zu salben zu meinem Begräbniß. Wahrlich, ich sage
euch, wo dies Evangelium geprediget wird in der ganzen Welt, da wird
man auch sagen zu ihrem Gedächtniß, was sie gethan hat.

Der 2. Artikel. Luc. 2, 34. 35. Und Simeon segnete sie, und sprach zu Maria, seiner
Mutter: Siehe, dieser wird gesetzt zu einem Fall und Auferstehen Bieler in Israel,
und zu einem Zeichen, dem widersprochen wird, auf daß vieler Herzen Gedanken
offenbar werden. Hebr. 12, 2. Lasset uns aufsehen auf Jesum, der Anfänger und
Vollender des Glaubens; welcher da er wohl hätte mögen Freude haben, erduldete er
das Kreuz, und achtete der Schande nicht, und ist gesessen zur Rechten auf den
Stuhl Gottes.

Ein Lämmlein geht und trägt die Schuld	Ergiebt sich auf die Würgebank,
Der Welt und ihrer Kinder,	Verzeiht sich aller Freuden,
Es geht und büßet in Geduld	Es nimmet an Schmach Hohn und Spott,
Die Sünden aller Sünder:	Angst, Wunden, Striemen, Kreuz und Tod,
Es geht dahin, wird matt und krank,	Und spricht ich wills gern leiden.

28. Jesu Einzug in Jerusalem. Matth. 21. Luc. 19.

1. Da sie nun nahe bei Jerusalem kamen gen Bethphage an den Oel=
berg, sandte Jesus seiner Jünger zween, und sprach zu ihnen: Gehet hin in
den Flecken, der vor euch liegt, und bald werdet ihr eine Eselin finden an=
gebunden, und ein Füllen bei ihr; löset sie auf, und führet sie zu mir.
Und so euch Jemand etwas wird sagen, so sprechet: Der Herr bedarf ih=
rer; sobald wird er sie euch lassen. Das geschah aber alles, auf daß er=
füllet würde, so gesagt ist durch den Propheten, der da spricht: Saget der
Tochter Zion: Siehe, dein König kommt zu dir, sanftmüthig, und reitet
auf einem Esel, und auf einem Füllen der lastbaren Eselin. Die Jünger
gingen hin, und thaten, wie ihnen Jesus befohlen hatte, und brachten die
Eselin und das Füllen, und legten ihre Kleider darauf, und setzten ihn
darauf. Aber viel Volks breitete die Kleider auf den Weg. Die An=
dern hieben Zweige von den Bäumen, und streueten sie auf den Weg.
Das Volk aber, das voranging und nachfolgte, schrie, und sprach: „Ho=
sianna dem Sohne Davids; gelobt sei, der da kommt im Namen des
Herrn! Hosianna in der Höhe!" Und der ganze Haufe seiner Jünger
fing an mit Freuden Gott zu loben über alle Thaten, die sie gesehen hat=
ten und sprachen: Friede sei im Himmel und Ehre in der Höhe! Und et=
liche der Pharisäer sprachen: Meister, strafe doch deine Jünger. Er
antwortete, und sprach zu ihnen: Ich sage euch: Wo diese werden
schweigen, so werden die Steine schreien.

2. Und als er nahe hinzu kam, sah er die Stadt an, und weinete über
sie, und sprach: Wenn du es wüßtest, so würdest du auch bedenken zu die=

ser deiner Zeit, was zu deinem Frieden dienet. Aber nun ist es vor deinen Augen verborgen. Denn es wird die Zeit über dich kommen, daß deine Feinde werden um dich und deine Kinder mit dir eine Wagenburg schlagen, dich belagern, und an allen Orten ängsten, und werden dich schleifen, und keinen Stein auf dem andern lassen, darum, daß du nicht erkannt hast die Zeit, darinnen du heimgesucht bist.

3. Und der Herr ging in den Tempel, und fing an auszutreiben, die darinnen verkauften und kauften, und stieß um der Wechsler Tische und Stühle der Taubenkrämer und sprach zu ihnen: Es stehet geschrieben: Mein Haus ist ein Bethaus; Ihr habt's gemacht zur Mördergrube. Und lehrete täglich im Tempel. Und es gingen zu ihm Blinde und Lahme in den Tempel und er heilte sie. Da eben die Hohenpriester und Schriftgelehrten sahen die Wunder, die er that und die Kinder im Tempel schreien und sagen: Hosianna dem Sohne Davids, wurden sie entrüstet und sprachen zu ihm: Hörst du auch, was diese sagen? Jesus sprach zu ihnen: Ja! Habt ihr nie gelesen: Aus dem Munde der Unmündigen und Säuglinge hast du Lob zugerichtet. Und sie trachteten, daß sie ihn umbrächten, und fanden nicht, wie sie ihm thun sollten; denn alles Volk hing ihm an und hörete ihn.

Der 2. Artikel. Matth. 23, 37, 38. Jerusalem, Jerusalem, die du tödtest die Propheten, und steinigest, die zu dir gesandt sind! wie oft habe ich deine Kinder versammeln wollen, wie eine Henne versammelt ihre Küchlein unter ihre Flügel; und ihr habt nicht gewollt. Siehe euer Haus soll euch wüste gelassen werden. Denn ich sage euch: Ihr werdet mich von jetzo nicht mehr sehen, bis ihr sprechet: Gelobet sei, der da kommt im Namen des Herrn!

Fließt, ihr Augen, fließt von Thränen,
Und beweinet eure Schuld;
Brich, mein Herz, von Seufzen, Sehnen,
Weil ein Lämmlein in Geduld
Nach Jerusalem zum Tod,
Ach! zum Tod! für deine Noth
Und der ganzen Welt hinwandelt:
Ach! denk, wie du hast gehandelt.

Laß es dir zu Herzen gehen,
Bessre und bekehre dich!
Wer kann diese That ansehen,
Daß man nicht bewege sich?
Jesus steht an unsrer Statt:
Was der Mensch verdienet hat,
Büßet Jesus und erduldet
Was der Sünder hat verschuldet.

29. Von der Wiederkunft Christi. Matth. 24. Luc. 21. Marc. 13.

1. Jesus ging hinweg von dem Tempel, und seine Jünger traten zu ihm, daß sie ihm zeigten des Tempels Gebäude. Und einer sprach zu ihm: Meister, siehe, welche Steine und welch' ein Bau ist das? Jesus antwortete: Wahrlich, ich sage euch, es wird hier nicht ein Stein auf dem andern bleiben, der nicht zerbrochen werde. Und da er auf dem Oelberg saß, fragten sie ihn: Sage uns, wann wird das Alles geschehen? Und was wird das Zeichen sein deiner Zukunft und der Welt Ende? Jesus antwortete: Wenn ihr hören werdet von Kriegen und Kriegsgeschrei, so fürchtet euch nicht; denn es muß also geschehen, aber das Ende ist noch nicht da. Es wird sich ein Volk über das andere empören, und werden sein Pestilenz und theure Zeit und Erdbeben hin und wieder. Da wird sich allererst die Noth anheben. Fasset eure Seelen in Geduld. Wer beharret bis an's Ende, der wird selig. Und es wird ge-

predigt werden, das Evangelium vom Reich in der ganzen Welt, zu einem Zeugniß über alle Völker. Und dann wird das Ende kommen.

2. Wenn ihr nun sehen werdet den Greuel der Verwüstung, davon gesagt ist durch den Propheten Daniel, daß er stehet an der heiligen Stätte, alsdann fliehe auf die Berge, wer in jüdischem Lande ist; und wer auf dem Dache ist, der steige nicht hernieder, etwas aus seinem Hause zu holen, und wer auf dem Felde ist, der kehre nicht um, seine Kleider zu holen. Denn es wird alsdann eine große Trübsal sein, die nicht gewesen ist von Anfang der Welt und auch nicht werden wird.

3. So alsdann Jemand zu euch wird sagen: Siehe, hier ist Christus, oder da, so sollt ihr es nicht glauben. Denn es werden falsche Christi und Propheten aufstehen und große Zeichen und Wunder thun. Gleichwie aber der Blitz ausgehet vom Aufgang und scheinet bis zum Niedergang, also wird auch sein die Zukunft des Menschen Sohnes. Er werden Zeichen geschehen an der Sonne, Mond und Sternen, und auf Erden wird den Leuten bange sein, und werden zagen, und das Meer und die Wasserwogen werden brausen, und die Menschen werden verschmachten vor Furcht und vor Warten der Dinge, die kommen sollen auf Erden, denn auch der Himmel Kräfte sich bewegen werden. Und alsdann werden sie sehen des Menschen Sohn kommen in der Wolke mit großer Kraft und Herrlichkeit. Von dem Tage aber und von der Stunde weiß Niemand, auch die Engel nicht im Himmel, auch der Sohn nicht, sondern allein der Vater. So seid nun wacker allezeit, und betet, daß ihr würdig werden möget, zu entfliehen diesem Allen, das geschehen soll, und zu stehen vor des Menschen Sohn.

4. Wenn aber des Menschen Sohn kommen wird in seiner Herrlichkeit, und alle heiligen Engel mit ihm, dann wird er sitzen auf dem Stuhl seiner Herrlichkeit; und werden vor ihm alle Völker versammelt werden. Und er wird sie von einander scheiden, gleich als ein Hirte die Schafe von den Böcken scheidet, und wird die Schafe zu seiner Rechten stellen, und die Böcke zur Linken. Da wird denn der König sagen zu denen zu seiner Rechten: Kommt her, ihr Gesegneten meines Vaters, ererbet das Reich, das euch bereitet ist von Anbeginn der Welt. Denn ich bin hungrig gewesen, und ihr habt mich gespeiset. Ich bin durstig gewesen und ihr habt mich getränket. Ich bin ein Gast gewesen, und ihr habt mich beherberget. Ich bin nackt gewesen, und ihr habt mich bekleidet. Ich bin krank gewesen, und ihr habt mich besucht. Ich bin gefangen gewesen, und ihr seid zu mir gekommen. Dann werden ihm die Gerechten antworten, und sagen: Herr, wann haben wir dich hungrig gesehen, und haben dich gespeiset? Oder durstig, und haben dich getränket? Wann haben wir dich einen Gast gesehen, und beherberget? Oder nackend, und haben dich bekleidet? Wann haben wir dich krank oder gefangen gesehen, und sind zu dir gekommen? Und der König wird antworten, und sagen zu ihnen: Wahrlich, was ihr gethan habt einem unter diesen meinen geringsten Brüdern, das habt ihr mir gethan. Dann wird er auch sagen zu denen zur Linken: Gehet hin von mir, ihr Verfluchten, in das ewige Feuer, das bereitet ist,

dem Teufel und seinen Engeln. Denn was ihr nicht gethan habt Einem unter diesen Geringsten, das habt ihr mir auch nicht gethan. Und sie werden in die ewige Pein gehen; aber die Gerechten in das ewige Leben.

Der 2. Artikel „von dannen er kommen wird." Röm. 2, 6—9. Welcher geben wird einem Jeglichen nach seinen Werken: Nämlich Preis, und Ehre, und unvergängliches Wesen, denen, die mit Geduld in guten Werken trachten nach dem ewigen Leben; aber denen, die da zänkisch sind, und der Wahrheit nicht gehorchen, gehorchen aber dem Ungerechten, Ungnade und Zorn, Trübsal und Angst über alle Menschen, die Böses thun.

Es ist gewißlich an der Zeit,	Da wird das Lachen werden theur,
Daß Gottes Sohn wird kommen,	Wenn alles soll vergehn im Feur.
In seiner großen Herrlichkeit,	Wie Paulus davon zeuget.
Zu richten Bös' und Frommen:	

30. Die Fußwaschung und Einsetzung des heil. Abendmahls. Matth. 26. Marc. 14. Luc. 22. Joh. 13.

1. Die Hohenpriester und Schriftgelehrten und Aeltesten hielten Rath, wie sie Jesum mit List griffen und tödteten. Es war aber der Satan gefahren in Judas Ischariot. Der ging hin zu den Hohenpriestern und sprach: Was wollt ihr mir geben? Ich will ihn euch verrathen. Da wurden sie froh und gelobten ihm 30 Silberlinge. Von da an suchte er Gelegenheit, daß er ihn verriethe. — Am ersten Tage aber der süßen Brode, da man das Osterlamm opferte, sandte Jesus Petrum und Johannem und sprach: Gehet hin und bereitet uns das Osterlamm. Sie sprachen: Wo willst du, daß wir es bereiten? Er sprach: Wenn ihr hineinkommt in die Stadt, wird euch ein Mensch begegnen, der trägt einen Wasserkrug. Folget ihm nach und saget zum Hausherrn: Der Meister läßt dir sagen: Wo ist die Herberge, da ich das Osterlamm essen möge mit meinen Jüngern? Und er wird euch einen großen gepflasterten Saal zeigen: daselbst bereitet es. Die Jünger gingen hin und fanden's, wie er gesagt hatte, und bereiteten das Osterlamm.

2. Am Abend aber kam Jesus mit den Zwölfen und setzte sich nieder mit ihnen zu Tische. Und er sprach: Mich hat herzlich verlanget, dies Osterlamm mit euch zu essen, ehe denn ich leide. Und nach dem Abendessen stand er auf, legte seine Kleider ab und umgürtete sich mit einem Schurze. Darnach goß er Wasser in ein Becken und hob an, den Jüngern die Füße zu waschen, und trocknete sie mit dem Schurz. Da kam er zu Petro, und derselbe sprach: Herr, solltest du mir die Füße waschen? Jesus antwortete: Was ich thue, das weißt du jetzt nicht; du wirst es aber hernach erfahren. Da sprach Petrus: Nimmermehr sollst du mir die Füße waschen! Jesus antwortete ihm: Werde ich dich nicht waschen, so hast du keinen Theil an mir. Spricht zu ihm Petrus: Herr, nicht die Füße allein, sondern auch die Hände und das Haupt! Da Jesus nun ihre Füße gewaschen hatte, nahm er seine Kleider, setzte sich wieder nieder und sprach: Wiſſet ihr, was ich euch gethan habe? Ein Beispiel habe ich euch gegeben, daß ihr thut, wie ich euch gethan habe.

3. Da Jesus solches gesagt hatte, ward er betrübt im Geiste und sprach: Wahrlich, wahrlich, ich sage euch, Einer unter euch wird mich ver-

rathen! Da sahen sich die Jünger unter einander an und ward ihnen bange, und fingen an zu fragen einer nach dem andern: Herr, bin ich's? Es war aber Einer unter den Jüngern, der saß an der Brust Jesu, welchen Jesus lieb hatte. Dem winkte Simon Petrus, daß er forschen sollte, wer es wäre. Derselbe sprach zu Jesu: Herr, wer ist's? Jesus antwortete: Der ist's, dem ich den Bissen eintauche und gebe. Und er tauchte den Bissen ein, und gab ihn dem Judas Ischarioth. — Da sie aber aßen, nahm Jesus das Brod, dankete, brach's und gab's seinen Jüngern und sprach: **Nehmet esset, das ist mein Leib, der für euch gegeben wird. Solches thut zu meinem Gedächtniß!** Desselbigen gleichen nahm er auch den Kelch nach dem Abendmahl, dankete, gab ihnen den und sprach: **Nehmet hin und trinket Alle daraus! Dieser Kelch ist das neue Testament in meinem Blut, das für euch vergossen wird zur Vergebung der Sünden. Solches thut, so oft ihr's trinket, zu meinem Gedächtniß!**

Das Sacrament des Altars. Ps. 111, 1. 4. Ich danke dem Herrn von ganzem Herzen, im Rath der Frommen und in der Gemeinde. Er hat ein Gedächtniß gestiftet seiner Wunder, der gnädige und barmherzige Herr. 1 Cor. 11, 26. So oft ihr von diesem Brod esset, und von diesem Kelch trinket, sollt ihr des Herrn Tod verkündigen, bis daß er kommt.

Herr, es hat dein treues Lieben   Und dazu ganz unverdrossen,
Dich vom Himmel hergetrieben,   Herr, dein Blut für uns vergossen,
Daß du willig hast dein Leben   Das uns jetzt kann kräftig tränken,
In den Tod für uns gegeben   Deiner Liebe zu gedenken.

31. Jesus in Gethsemane und die Gefangennahme.   Matth. 26. Marc. 14. Luc. 22.

1. Da sie den Lobgesang gesprochen hatten, gingen sie hinaus an den Oelberg. Da sprach Jesus zu ihnen. In dieser Nacht werdet ihr euch alle ärgern an mir. Denn es stehet geschrieben: Ich werde den Hirten schlagen, und die Schafe der Heerde werden sich zerstreuen. Wenn ich aber auferstehe, will ich vor euch hingehen in Galiläa. Petrus aber sprach zu ihm: Wenn auch alle sich an dir ärgerten, so will ich doch nimmermehr mich ärgern. Jesus sprach zu ihm: Wahrlich, ich sage dir: In dieser Nacht, ehe der Hahn zweimal krähet, wirst du mich dreimal verleugnen. Er aber redete noch weiter: Ja, wenn ich auch mit dir sterben müßte, wollte ich dich nicht verleugnen. Desgleichen sagten auch alle Jünger.

2. Da kam Jesus mit ihnen zu einem Hofe, der hieß Gethsemane; da war ein Garten, darein ging Jesus und seine Jünger und sprach: Setzet euch hier, bis daß ich dort hingehe und bete. Und nahm zu sich Petrum, und Jakobum, und Johannem, und fing an zu trauern und zu zagen. Da sprach Jesus zu ihnen: Meine Seele ist betrübt bis an den Tod; bleibet hier, und wachet mit mir. Und er riß sich von ihnen bei einem Steinwurf, knieete nieder, und betete: Mein Vater! Ist's möglich, so gehe dieser Kelch von mir; doch nicht mein, sondern dein Wille

geschehe. Und er kam zu seinen Jüngern, und fand sie schlafend, und sprach zu Petro: Simon, schläfest du? Könnet ihr denn nicht eine Stunde mit mir wachen? Wachet und betet, daß ihr nicht in Anfechtung fallet. Der Geist ist willig, aber das Fleisch ist schwach. Zum andernmale ging er hin, und betete: Mein Vater ist es nicht möglich, daß dieser Kelch von mir gehe, ich trinke ihn denn, so geschehe dein Wille. Und er kam, und fand sie abermal schlafend. Und er ging hin, und betete zum drittenmale, und redete dieselbigen Worte. Es erschien ihm aber ein Engel vom Himmel, und stärkte ihn. Und es kam, daß er mit dem Tode rang, und betete heftiger. Es ward aber sein Schweiß, wie Blutstropfen, die fielen auf die Erde. Da kam er zu seinen Jüngern, und sprach zu ihnen: Ach, wollt ihr nun schlafen und ruhen? Stehet auf, lasset uns gehen; siehe, er ist da, der mich verräth.

3. Und als er noch redete, siehe, da kam Judas und mit ihm eine große Schaar und der Hohenpriester und Pharisäer Diener mit Fackeln, mit Schwertern und Stangen. Da nun Jesus wußte Alles, was ihm begegnen sollte, ging er hinaus und sprach zu ihnen: Wen suchet ihr? Sie antworteten: Jesum von Nazareth. Jesus spricht zu ihnen: Ich bin's! Da wichen sie zurück und fielen zu Boden. Da fragte er sie abermals: Wen suchet ihr? Sie sprachen: Jesum von Nazareth. Jesus antwortete: Ich habe es euch gesagt, daß ich es sei; suchet ihr denn mich, so lasset diese gehen. Aber der Verräther hatte ihnen ein Zeichen gegeben und gesagt: Welchen ich küssen werde, der ist es, den greifet. Und er trat zu Jesu und sprach: Gegrüßet seist du, Rabbi! und küssete ihn. Jesus aber sprach zu ihm: Mein Freund, warum bist du gekommen? Judas verräthst du des Menschen Sohn mit einem Kuß? Da traten sie hinzu legten die Hände an Jesum und griffen ihn.

4. Da aber sahen, die um ihn waren, was da werden wollte, sprachen sie zu ihm: Herr, sollen wir mit dem Schwerte drein schlagen? Und Petrus zog sein Schwert und schlug nach des Hohenpriesters Knecht und hieb ihm sein rechtes Ohr ab. Da sprach Jesus zu ihm: Stecke dein Schwert in die Scheide; denn wer das Schwert nimmt, soll durch's Schwert umkommen. Soll ich den Kelch nicht trinken, den mir mein Vater gegeben hat? Oder meinest du, daß ich nicht könnte meinen Vater bitten, daß er mir zuschickte mehr denn zwölf Legionen Engel? Wie würde aber die Schrift erfüllet? Es muß also gehen. Und er rührte des Knechts Ohr an und heilete ihn. — Zu der Schaar aber sprach Jesus: Ihr seid ausgegangen, als zu einem Mörder, mit Schwertern und mit Stangen, mich zu fangen. Bin ich doch täglich gesessen bei euch und habe gelehret im Tempel, und ihr habt mich nicht gegriffen. Aber das ist eure Stunde und die Macht der Finsterniß. Da verließen ihn alle Jünger und flohen.

Der 2. Artikel. Hebr. 5, 7—9. Und er hat in den Tagen seines Fleisches Gebet und Flehen mit starkem Geschrei und Thränen geopfert zu dem, der ihm von dem Tode konnte aushelfen; und ist auch erhöret, darum, daß er Gott in Ehren hatte. Und wiewohl er Gottes Sohn war, hat er doch an dem, das er litt, Gehorsam gelernet. Und da er es vollendet, ist er geworden Allen, die ihm gehorsam sind, eine Ursach zur ewigen Seligkeit.

Jesu, meines Lebens Leben,
Jesu, meines Todes Tod,
Der du dich für mich gegeben
In die tiefste Seelennoth,
In das äußerste Verderben,
Nur daß ich nicht möchte sterben,
Tausend, tausend Mal sei dir,
Liebster Jesu, Dank dafür.

Nun ich danke dir von Herzen,
Jesu, für gesammte Noth,
Für die Wunden, für die Schmerzen,
Für den herben, bittern Tod.
Für dein Zittern, für dein Zagen,
Für dein tausendfaches Plagen,
Für dein Ach und tiefe Pein
Will ich ewig dankbar sein.

32. Jesus vor dem hohen Rathe. Matth. 26. Marc. 14. Luc. 22. Joh. 18.

1. Die aber Jesum gegriffen hatten, banden ihn und führten ihn zu dem Hohenpriester Kaiphas, dahin zusammen gekommen waren alle Hohepriester und Aeltesten und Schriftgelehrten. Aber der Hohepriester fragte Jesum um seine Jünger, und um seine Lehre. Jesus antwortete ihm: Ich habe frei öffentlich gelehret vor der Welt. Ich habe allezeit gelehret in der Schule, und in dem Tempel, da alle Juden zusammen kommen, und habe nichts im Verborgenen geredet. Was fragst du mich darum? Frage die darum, die gehöret haben, was ich zu ihnen geredet habe. Als er aber solches redete, gab der Diener einer, die dabei standen, Jesu einen Backenstreich, und sprach: Sollst du dem Hohenpriester also antworten? Jesus antwortete: Habe ich übel geredet, so beweise es, daß es böse sei; habe ich aber recht geredet, was schlägst du mich? Aber die Hohenpriester, und die Aeltesten, und der ganze Rath suchten falsch Zeugniß wider Jesum, auf daß sie ihn zum Tode brächten, und fanden nichts. Viele gaben falsch Zeugniß wider ihn, aber ihr Zeugniß stimmte nicht überein. Und der Hohepriester stand auf und sprach zu ihm: Ich beschwöre dich bei dem lebendigen Gott, daß du uns sagest, ob du seist Christus, der Sohn Gottes, des Hochgelobten. Jesus sprach zu ihm: Ich bin's. Doch sage ich euch, von nun an wird's geschehen, daß ihr sehen werdet des Menschen Sohn sitzen zur Rechten der Kraft, und kommen in den Wolken des Himmels. Da zerriß der Hohepriester seine Kleider und sprach: Er hat Gott gelästert, was bedürfen wir weiter Zeugniß? Siehe, jetzt habt ihr seine Gotteslästerung gehört. Was dünket euch? Sie aber verdammeten ihn alle, und sprachen: Er ist des Todes schuldig. Da speieten sie aus in sein Angesicht und schlugen ihn mit Fäusten. Etliche aber verdeckten ihn, und schlugen ihn in's Angesicht, und fragten ihn: Weissage uns, Christe, wer ist es, der dich schlug? Und viele andere Lästerungen sagten sie wider ihn.

2. Petrus aber folgte Jesu nach, und ein anderer Jünger. Derselbe war dem Hohenpriester bekannt, und ging mit Jesu in des Hohenpriesters Palast, und redete mit der Thürhüterin, und führete Petrum hinein. Da sprach die Magd, die Thürhüterin, zu Petro: Bist du nicht auch dieses Menschen Jünger einer? Er sprach: Ich bin's nicht; ich kenne ihn nicht, weiß auch nicht, was du sagest. Und er ging hinaus in den Vorhof, und der Hahn krähete. Es standen aber die Knechte und Diener, und hatten ein Kohlfeuer gemacht, denn es war kalt, und wärmten sich.

Als er aber zur Thür hinausging, sahe ihn eine andere, und sprach zu denen, die da waren: Dieser war auch mit dem Jesu von Nazareth. Und sie sprachen zu ihm: Bist du nicht seiner Jünger einer? Und er leugnete abermals und schwur dazu: Ich kenne den Menschen nicht. Und über eine Weile, bei einer Stunde, bekräftigte es des Hohenpriesters Knechte einer, (ein Gefreund'ter deß, dem Petrus das Ohr abgehauen hatte) und sprach: Wahrlich, dieser war auch bei ihm, denn er ist ein Galiläer. Sahe ich dich nicht im Garten bei ihm? Und die dabei standen, sprachen zu ihm: Wahrlich, du bist auch einer von denen, denn deine Sprache verräth dich. Da verleugnete Petrus abermal, und fing an, sich zu verfluchen und zu schwören: Ich kenne den Menschen nicht, von dem ihr saget. Und alsobald, da er noch redete, krähete der Hahn zum andernmal. Und der Herr wandte sich, und sahe Petrum an. Da gedachte Petrus an des Herrn Wort, und ging hinaus und weinete bitterlich.

3. Und als es Tag ward, hielten die Hohenpriester und die Aeltesten und Schriftgelehrten einen Rath über Jesum, daß sie ihn tödteten. Und sie banden ihn, führten ihn hin und überantworteten ihn dem Landpfleger Pontius Pilatus. Da das sahe Judas, der ihn verrathen hatte, daß er verdammet war zum Tode, gereute es ihn. Und er brachte wieder die dreißig Silberlinge dem Hohenpriester und den Aeltesten und sprach: Ich habe übel gethan, daß ich unschuldiges Blut verrathen habe! Sie sprachen: Was geht uns das an? Da siehe du zu! Und er warf die Silberlinge in den Tempel, ging hin, und erhängte sich selbst.

Der 2. Artikel und das 8. Gebot. Hebr. 12, 3. Gedenket an den, der ein solches Widersprechen von den Sündern wider sich erduldet hat, daß ihr nicht in eurem Muth matt werdet, und ablasset. 2 Cor. 7, 10. Die göttliche Traurigkeit wirket zur Seligkeit eine Reue, die Niemand gereuet, die Traurigkeit aber der Welt wirket den Tod.

> Herzliebster Jesu, was hast du verbrochen,
> Daß man ein solch scharf Urtheil hat gesprochen?
> Was ist die Schuld? in was für Missethaten
> Bist du gerathen?
>
> Was ist doch wohl die Ursach solcher Plagen?
> Ach, meine Sünden haben dich geschlagen!
> Ach, Herre Jesu, dies hab ich verschuldet,
> Was du erduldet.

33. Jesus vor Pilatus und Herodes. Matth. 27. Marc. 15. Luc. 23. Joh. 18.

1. Der ganze Haufe aber stand auf, und führete Jesum von Kaiphas vor das Richthaus. Und es war frühe. Und die Juden gingen nicht in das Richthaus, daß sie nicht unrein würden, sondern Ostern essen möchten. Da ging Pilatus zu ihnen heraus, und sprach: Was bringet ihr für Klage wider diesen Menschen? Sie antworteten und sprachen zu ihm: Wäre dieser nicht ein Uebelthäter, wir hätten dir ihn nicht überantwortet. Da sprach Pilatus zu ihnen: So nehmet ihr ihn hin und richtet ihn nach eurem Gesetz. Da sprachen die Juden: Wir dürfen Niemand tödten;

und fingen an, ihn zu verklagen, und sprachen: Diesen finden wir, daß
er das Volk abwendet, und verbietet, den Schoß dem Kaiser zu geben,
und spricht: Er sei Christus, ein König. Da ging Pilatus wieder hin=
ein in das Richthaus, rief Jesum, und sprach: **Bist du der Juden
König?** Jesus antwortete: **Mein Reich ist nicht von dieser
Welt.** Wäre mein Reich von dieser Welt, meine Diener würden darob
kämpfen, daß ich den Juden nicht überantwortet würde. Da sprach Pi=
latus zu ihm: So bist du dennoch ein König? Jesus antwortete: **Du
sagst es, ich bin ein König.** Ich bin dazu geboren und in
die Welt gekommen, daß ich die Wahrheit zeugen soll. Wer aus der
Wahrheit ist, der höret meine Stimme. Spricht Pilatus zu ihm: Was
ist die Wahrheit? Und da er das gesagt, ging er wieder hinaus und spricht
zu ihnen: **Ich finde keine Schuld an ihm.**

2. Und die Hohenpriester und Aeltesten beschuldigten ihn hart. Und
da er verklaget ward, antwortete er nichts. Da sprach Pilatus zu ihm:
Hörest du nicht, wie hart sie dich verklagen? Und er antwortete ihm nicht
auf ein Wort, also, daß sich auch der Landpfleger sehr verwunderte. Und
als er vernahm, daß er unter Herodes Obrigkeit gehörte, übersandte er
ihn zu Herodes, welcher in denselbigen Tagen auch zu Jerusalem war.
Da aber Herodes Jesum sah, ward er sehr froh, denn er hätte ihn längst
gern gesehen; denn er hatte viel von ihm gehöret, und hoffete, er würde
ein Zeichen von ihm sehen. Und er fragte ihn mancherlei. Er antwor=
tete ihm aber nichts. Aber Herodes mit seinem Hofgesinde verachtete und
verspottete ihn, legte ihm ein weiß Kleid an, und sandte ihn wieder zu
Pilato. Auf den Tag wurden Pilatus und Herodes Freunde mit einan=
der; denn zuvor waren sie einander feind.

3. Da rief Pilatus die Hohenpriester und die Obersten und das Volk
zusammen und sprach zu ihnen: Ihr habet diesen Menschen zu mir ge=
bracht, als der das Volk abwende. Und siehe, ich habe ihn vor euch
verhöret, und finde an dem Menschen der Sache keine, der ihr ihn beschul=
diget; Herodes auch nicht. Man hat nichts auf ihn gebracht, das des
Todes werth sei. Darum will ich ihn züchtigen und loslassen. Aber auf
das Fest hatte der Landpfleger die Gewohnheit, dem Volk einen Gefange=
nen los zu geben, welchen sie wollten. Er hatte aber zu der Zeit einen
sonderlichen vor andern, der hieß Barrabas, gefangen mit den Aufrüh=
rerischen, die im Aufruhr einen Mord begangen hatten. Da sprach
Pilatus zu ihnen: Welchen wollt ihr, daß ich euch losgebe? **Barab=
bam oder Jesum,** von dem gesagt wird, er sei Christus, der König
der Juden? Denn er wußte wohl, daß sie ihn aus Neid überantwortet
hatten. Aber die Hohenpriester und die Aeltesten überredeten das Volk,
daß sie um Barabbas bitten sollten, und Jesum umbrächten. Da fragte
der Landpfleger abermals: Welchen wollt ihr unter diesen zween, den ich
euch soll losgeben? Da schrie der ganze Haufe, und sprach: Hinweg mit
diesem, und gieb uns Barabbam los. Da rief Pilatus abermal: Was
soll ich denn machen mit Jesus? Sie riefen aber und sprachen: Kreuzige,
kreuzige ihn! Und ihr und der Hohenpriester Geschrei nahm überhand.

4. Da aber Pilatus sah, daß er nichts schaffete, sondern daß viel ein größer Getümmel ward, nahm er Wasser, und wusch die Hände vor dem Volke und sprach: Ich bin unschuldig an dem Blut dieses G e r e c h t e n , sehet ihr zu. Da antwortete das ganze Volk und sprach: Sein Blut komme über uns und über unsre Kinder. Da gab er Barabbam los und Jesum nahm er und geißelte ihn. Und die Kriegsknechte zogen Jesum aus, legten ihm einen Purpurmantel an, und flochten eine Dornenkrone, und setzten sie auf sein Haupt, und ein Rohr in seine rechte Hand, und beugten die Kniee vor ihm, beteten ihn an, und spotteten, und sprachen: Gegrüßet seist du, der Juden König. Und speieten ihn an, und nahmen das Rohr, und schlugen damit sein Haupt, und gaben ihm Backenstreiche. — Da ging Pilatus wieder heraus, und sprach zu ihnen: Sehet, ich führe ihn heraus zu euch, daß ihr erkennet, daß ich keine Schuld an ihm finde. Also ging Jesus heraus, und trug eine Dornenkrone und Purpurkleid. Und Pilatus spricht zu ihnen: S e h e t , w e l c h e i n M e n s c h ! Da ihn die Hohenpriester und die Diener sahen, schrieen sie und sprachen: Kreuzige, kreuzige! Pilatus spricht zu ihnen: Nehmet ihr ihn hin, und kreuziget ihn; denn ich finde keine Schuld an ihm. Die Juden antworteten ihm: Wir haben ein Gesetz, und nach dem Gesetz soll er sterben; denn er hat sich selbst zu Gottes Sohn gemacht. Lässest du diesen los, so bist du des Kaisers Freund nicht; denn wer sich zum Könige macht, der ist wider den Kaiser. Da Pilatus das Wort hörete, führte er Jesum heraus, und setzte sich auf den Richtstuhl, und überantwortete ihn, daß er gekreuziget würde.

Der 2. Artikel. Jes. 53, 2. 3. Denn er schießt auf vor ihm wie eine Wurzel aus dürrem Erdreich. Er hatte keine Gestalt noch Schöne; wir sahen ihn, aber da war keine Gestalt, die uns gefallen hätte. Er war der allerverachteste und unwertheste, voller Schmerzen und Krankheit. Er war so verachtet, daß man das Angesicht vor ihm verbarg; darum haben wir ihn nichts geachtet.

Endlich wird der Schluß gesprochen,	Tausendmal sei dir gesungen,
Jesus muß zum Tode gehn,	Liebster Jesu, Preis und Ruhm,
Und der Stab wird abgebrochen;	Daß du Höll und Tod bezwungen!
Es hilft hier kein Bitten, Flehn.	Nun bin ich dein Eigenthum,
Barabbas wird losgezählt,	Und du meine Freud und Wonn:
Jesu wird zum Kreuz gewählt:	Möcht ich dich, o schönste Sonn,
Weg mit diesem dem Verfluchten!	Bald in deiner Krone sehen!
Ruft der Haufe der Verruchten.	Komm! Dein Leiden ist geschehn.

34. Jesus auf Golgatha. Matth. 27. Marc. 15. Luc. 23. Joh. 19.

1. Da nun die Kriegsknechte Jesum verspottet hatten, zogen sie ihm den Purpurmantel aus und seine eignen Kleider an, und führten ihn hin, daß sie ihn kreuzigten. Und er trug sein Kreuz. Und als sie ihn hinführten zwangen sie Einen, mit Namen S i m o n , von Kyrene, der vom Felde kam, daß er ihm das Kreuz nachtrüge. Es folgten ihm aber nach ein großer Haufe Volks und Weiber, die klagten und beweineten ihn. Jesus aber wandte sich um zu ihnen und sprach: Ihr Töchter von Jerusalem, weinet nicht über mich, sondern weinet über euch selbst und über eure Kinder. — Es wurden aber auch hinzugeführt zween Uebelthäter, daß sie

mit ihm abgethan würden. Und als sie kamen an die Stätte, die da heißt Golgatha (das ist Schädelstätte), gaben sie ihm Myrrhen im Wein zu trinken; und da er's schmeckte, wollte er nicht trinken. Und sie kreuzigten ihn daselbst, und die Uebelthäter mit ihm, einen zur Rechten und einen zur Linken. Und es war um die dritte Stunde, da sie ihn kreuzigten. Jesus aber sprach: Vater, vergieb ihnen; denn sie wissen nicht, was sie thun. Pilatus aber schrieb eine Ueberschrift in hebräischer, griechischer und lateinischer Sprache: „Jesus von Nazareth, der Juden König," und setzte sie über das Kreuz. Da sprachen die Hohenpriester: Schreibe nicht der Juden König, sondern daß er gesagt habe: Ich bin der Juden König. Pilatus antwortete: Was ich geschrieben habe, das habe ich geschrieben. Die Kriegsknechte aber, die ihn gekreuzigt hatten, nahmen seine Kleider und machten vier Theile; einem jeglichen Kriegsknechte einen Theil. Der Rock aber war ungenäht, von oben an gewirkt durch und durch. Da sprachen sie unter einander: Lasset uns den nicht zertheilen, sondern darum loosen, weß er sein soll. Und sie warfen das Loos darum, auf daß erfüllet werde die Schrift: Sie haben meine Kleider unter sich getheilet, und über mein Gewand haben sie das Loos geworfen. Und sie saßen allda und hüteten sein, und das Volk stand und sah zu.

2. Die aber vorübergingen, lästerten ihn, schüttelten die Köpfe und sprachen: Der du den Tempel Gottes zerbrichst, und bauest ihn in drei Tagen, hilf dir selber! Bist du Gottes Sohn, so steig herab vom Kreuze! Desgleichen auch die Hohenpriester sammt den Schriftgelehrten und Aeltesten spotteten sein und sprachen: Andern hat er geholfen, und kann sich selber nicht helfen. Ist er Christus, der König in Israel, so steige er nun vom Kreuze, daß wir sehen und glauben. Auch der Uebelthäter Einer, die mit ihm gekreuzigt waren, lästerte ihn und sprach: Bist du Christus, so hilf dir selber und uns? Da strafte ihn der andere und sprach: Und du fürchtest dich auch nicht vor Gott, der du doch in gleicher Verdammniß bist? Und zwar wir sind billig darinnen; denn wir empfangen, was unsre Thaten werth sind. Dieser aber hat nichts Unrechtes gethan. Und er sprach zu Jesu: Herr, gedenke an mich, wenn du in dein Reich kommst! Und Jesus sprach zu ihm: Wahrlich, ich sage dir, heute wirst du mit mir im Paradiese sein. Es standen aber bei dem Kreuze Jesu seine Mutter, seiner Mutter Schwester und Maria Magdalena. Da nun Jesus seine Mutter sahe, und den Jünger dabei stehen, den er lieb hatte, spricht er zu seiner Mutter: Weib, siehe, das ist dein Sohn! und zu dem Jünger spricht er: Siehe, das ist deine Mutter. Und von der Stunde an nahm sie der Jünger zu sich.

3. Und es war um die sechste Stunde (12 Uhr), und es ward eine Finsterniß über das ganze Land, bis an die neunte Stunde (3 Uhr). Und um die neunte Stunde schrie Jesus laut, und sprach: Eli, Eli, lama asabthani, das ist: Mein Gott, mein Gott, warum hast du mich verlassen? Etliche aber, die da standen, da sie das höreten,

sprachen sie: Er rufet den Elias. — Darnach, als Jesus wußte, daß
Alles vollbracht war, daß die Schrift erfüllet würde, spricht er: Mich
dürstet. Da stand ein Gefäß voll Essig. Und bald lief einer unter ihnen,
nahm einen Schwamm, und füllete ihn mit Essig und steckte ihn auf ein
Rohr und tränkte ihn, und hielt es ihm dar zum Munde.   Da nun,
Jesus den Essig genommen hatte, sprach er: **Es ist vollbracht.**
Und Jesus schrie abermal laut, und sprach: **Vater, ich befehle
meinen Geist in deine Hände.** Und als er das gesagt hatte,
neigte er das Haupt, und verschied. Und siehe, der Vorhang im Tempel
zerriß in zwei Stücke, von oben bis unten aus. Und die Erde erbebte,
und die Felsen zerrissen, und die Gräber thaten sich auf, und stunden auf
viele Leiber der Heiligen, die da schliefen, und gingen aus den Gräbern
nach seiner Auferstehung, und kamen in die heilige Stadt, und erschienen
Vielen.   Der Hauptmann aber, der dabei stand, und die bei ihm waren,
und bewahreten Jesum, erschraken sehr, und sprachen: Wahrlich, dieser ist
ein frommer Mensch, und Gottes Sohn gewesen. Und alles Volk, das
dabei war, und zusahe, da sie sahen, was da geschah, schlugen sie an ihre
Brust, und wandten wieder um.

Der 2. Artikel. Jes. 53, 4. 5. Fürwahr, er trug unsere Krankheit, und lud auf sich
unsere Schmerzen. Wir aber hielten ihn für den, der geplagt und von Gott geschlagen
und gemartert wäre. Aber er ist um unserer Missethat willen verwundet, und um
unserer Sünde willen zerschlagen. Die Strafe liegt auf ihm, auf daß wir Frieden
hätten, und durch seine Wunden sind wir geheilt. 1. Joh. 1, 7. Das Blut Jesu Christi,
seines Sohnes, macht uns rein von aller Sünde.

O Welt, sieh hier dein Leben
Am Stamm des Kreuzes schweben,
Dein Heil sinkt in den Tod!
Der große Fürst der Ehren
Läßt willig sich beschweren
Mit Schlägen, Hohn und großem Spott.

Wer hat dich so geschlagen,
Mein Heil, und dich mit Plagen
So übel zugericht?
Du bist ja nicht ein Sünder,
Wie wir und unsre Kinder,
Von Missethaten weißt du nicht.

Ich, ich und meine Sünden,
Die sich wie Körnlein finden
Des Sandes an dem Meer,
Die haben dir erreget
Das Elend, das dich schläget
Und das betrübte Marterheer.

35. Das Begräbniß Jesu. Matth. 27. Marc. 15. Luc. 23. Joh. 19.

1. Die Juden aber, dieweil es der Rüsttag war, daß nicht die Leich=
name am Kreuze blieben den Sabbath über, baten sie Pilatum, daß ihre
Beine gebrochen und sie abgenommen würden. Da kamen die Kriegs=
knechte, und brachen dem Ersten die Beine, und dem Andern, der mit ihm
gekreuzigt war. Als sie aber zu Jesu kamen, da sie sahen, daß er schon
gestorben war, brachen sie ihm die Beine nicht, sondern der Kriegsknechte
einer öffnete seine Seite mit einem Speer und alsbald ging Blut und Was=
ser heraus. Da ist erfüllet die Schrift: Ihr sollt ihm kein Bein zerbre=
chen. (2. Mos. 12, 46.) Und abermal spricht eine andre Schrift: „Sie
werden sehen, in welchen sie gestochen haben.“ (Sach. 12, 10.)

2. Am Abend aber kam Joseph von Arimathia, ein ehrbarer Raths-herr, ein guter, frommer Mann, der hatte nicht gewilligt in ihren Rath und Handel, welcher auch ein Jünger Jesu war, doch heimlich, aus Furcht vor den Juden, und welcher auch auf das Reich Gottes wartete, der wagte es, und ging hinein zu Pilato, und bat um den Leichnam Jesu. Pilatus aber verwunderte sich, daß er schon todt war; und rief den Hauptmann, und fragte ihn, ob er längst gestorben wäre? Und als er es erkundet von dem Hauptmann, gab er Joseph den Leichnam. Und er kaufte eine Lein-wand, und nahm ihn ab. Es kam aber auch Nikodemus, der vormals bei der Nacht zu Jesu gekommen war, und brachte Myrrhen und Aloe un-ter einander, bei hundert Pfunden. Da nahmen sie den Leichnam Jesu, und banden ihn in leinene Tücher mit Specereien, wie die Juden pflegten zu begraben. Es war aber an der Stätte, da er gekreuzigt ward, ein Gar-ten, und im Garten ein neu Grab, welches Joseph hatte lassen in einen Fels hauen, in welches Niemand je gelegt war. Daselbst hin legten sie Jesum, und wälzten einen großen Stein vor die Thür des Grabes, und gingen davon.

3. Des andern Tages kamen die Hohenpriester und Pharisäer sämmt-lich zu Pilatus, und sprachen: Wir haben gedacht, daß dieser Verführer sprach, da er noch lebete: Ich will nach dreien Tagen auferstehen. Darum befiehl, daß man das Grab verwahre bis an den dritten Tag, auf daß nicht seine Jünger kommen und stehlen ihn, und sagen zum Volk: Er ist auferstanden von den Todten; und werde der letzte Betrug ärger, denn der erste. Pilatus sprach zu ihnen: Da habt ihr die Hüter, gehet hin, und verwahret es, wie ihr wisset. Sie gingen hin, und verwahreten das Grab mit den Hütern, und versiegelten den Stein.

Der 2. Artikel. Jes. 53, 9. Er ist begraben wie die Gottlosen, und gestorben wie ein Reicher; wiewohl er Niemand Unrecht gethan hat, noch Betrug in seinem Munde gewesen ist. Ps. 16, 10. Denn du wirst meine Seele nicht in der Hölle lassen, und nicht zugeben, daß dein Heiliger verwese.

So ruhest du,	Sollte denn mein gläubig Herz
O meine Ruh,	Vor der Gruft erschrecken?
In deiner Grabeshöhle,	Indeß will ich
Und erweckst durch deinen Tod	Mein Jesu, dich
Meine todte Seele.	In meine Seele senken
O Lebensfürst,	Und an deinen bittern Tod
Ich weiß, du wirst	Bis ins Grab gedenken.
Mich wieder auferwecken,	

D. Jesu Auferstehung und Himmelfahrt.

36. Die Auferstehung Jesu. Matth. 28. Marc. 16. Luc. 24. Joh. 20.

1. Da aber der Sabbath vergangen war, kauften Maria Magdalena, und Maria Jakobi, und Salome Specerei, auf daß sie kämen, und salbeten ihn. Und sie kamen zum Grabe an einem Sabbather sehr frühe, da die Sonne aufging. Und sie sprachen unter einander: Wer wälzet uns den

Stein von des Grabes Thür? Und siehe, es geschah ein großes Erdbeben. Denn der Engel des Herrn kam vom Himmel herab, trat hinzu, und wälzete den Stein von der Thür, und setzte sich darauf. Und seine Gestalt war wie der Blitz, und sein Kleid weiß, als der Schnee. Die Hüter aber erschraken vor Furcht, und wurden, als wären sie todt. — Und die Weiber sahen dahin, und wurden gewahr, daß der Stein abgewälzet war; denn er war sehr groß. Da läuft Maria Magdalena, und kommt zu Simon Petro, und zu dem andern Jünger, den Jesus lieb hatte, und spricht zu ihnen: Sie haben den Herrn weggenommen aus dem Grabe, und wir wissen nicht, wo sie ihn hingelegt haben. Und die andern Weiber gingen in das Grab hinein, und fanden den Leib des Herrn Jesu nicht. Sie sahen aber einen Jüngling zur rechten Hand sitzen, der hatte ein lang weiß Kleid an. Und sie entsetzten sich.

2. Aber der Engel antwortete, und sprach zu den Weibern: Fürchtet euch nicht! Ihr suchet Jesum von Nazareth, den Gekreuzigten. Was suchet ihr den Lebendigen bei den Todten? Er ist auferstanden, und ist nicht hier. Siehe da die Stätte, da sie ihn hinlegten. Sehet aber eilend hin, und saget es seinen Jüngern, und Petro, daß er vor euch hingehen wird in Galiläa; da werdet ihr ihn sehen, wie er euch gesagt hat. Und sie gingen eilend zum Grabe hinaus mit Furcht und großer Freude, und liefen, daß sie es seinen Jüngern verkündigten, und sagten Niemand nichts, denn sie fürchteten sich. Petrus und Johannes aber kamen zum Grabe. Johannes lief zuvor, schneller, denn Petrus, und kam am ersten zum Grabe, gucket hinein, und siehet die Leinen gelegt; er ging aber nicht hinein. Da kam Petrus ihm nach, und ging hinein in das Grab, und siehet die Leinen gelegt, und das Schweißtuch, das Jesus um das Haupt gebunden war, nicht bei die Leinen gelegt, sondern beiseits eingewickelt an einem besondern Ort. Da ging auch der andere Jünger hinein, und sah, und glaubte es. Da gingen die Jünger wieder zusammen.

3. Maria Magdalena war wieder zum Grabe gekommen, stand und weinete. Als sie nun weinete, guckte sie in das Grab und siehet zween Männer in weißen Kleidern sitzen, einen zu den Häupten, den andern zu den Füßen, wo sie den Leichnam Jesu hingelegt hatten. Und dieselbigen sprachen zu ihr: Weib, was weinest du? Sie spricht zu ihnen: Sie haben meinen Herrn weggenommen, und ich weiß nicht, wo sie ihn hingelegt haben. Und als sie das sagte, wandte sie sich zurück, und siehet Jesum stehen, und weiß nicht, daß es Jesus ist. Spricht Jesus zu ihr: Weib, was weinest du? wen suchest du? Sie meinet, es sei der Gärtner, und spricht zu ihm: Herr, hast du ihn weggetragen, so sage mir, wo hast du ihn hingelegt? so will ich ihn holen. Spricht Jesus zu ihr: Maria! Da wandte sie sich um, und spricht zu ihm: Rabbuni! das heißt Meister. Spricht Jesus zu ihr: Rühre mich nicht an; denn ich bin noch nicht aufgefahren zu meinem Vater. Gehe aber hin zu meinen Brüdern, und sage ihnen: Ich fahre auf zu meinem Vater und zu eurem Vater, zu meinem Gott und zu eurem Gott. — Auch den andern Frauen begegnete Jesus, und sprach: Seid gegrüßet! Und sie traten zu ihm, und griffen an seine Füße, und

fielen vor ihm nieder. Da sprach Jesus zu ihnen: Fürchtet euch nicht, gehet hin, und verkündiget es meinen Brüdern. Und sie verkündigten das den Elfen und den Andern allen. Und dieselben, da sie hörten, daß er lebte, und wäre ihnen erschienen, glaubten sie nicht. Es däuchten sie ihre Worte eben als wären es Mährlein.

Der 2. Artikel: Auferstanden von den Todten. Röm. 4, 25. Welcher ist um unserer Sünde willen dahin gegeben, und um unserer Gerechtigkeit willen auferweckt. 1. Cor. 15, 14. Ist aber Christus nicht auferstanden, so ist unsere Predigt vergeblich, so ist auch euer Glaube vergeblich.

Christ lag in Todesbanden	Deß wir sollen fröhlich sein,
Für unser Sünd gegeben,	Gott loben und dankbar sein,
Der ist wieder erstanden	Und singen Hallelujah! Hallelujah.
Und hat uns bracht das Leben:	

37. Die Jünger von Emmaus und die Elfe zu Jerusalem. Marc. 16. Luc. 24. Joh. 20.

1. Und siehe, zween Jünger gingen an demselbigen Tage in einen Flecken bei Jerusalem, deß Name heißt Emmaus. Und sie redeten mit einander von allen diesen Geschichten. Und es geschah, da sie so redeten, nahete Jesus zu ihnen, und wandelte mit ihnen: Aber ihre Augen wurden gehalten, daß sie ihn nicht kannten. Er aber sprach zu ihnen. Was sind das für Reden, die ihr zwischen euch handelt, und seid traurig? Da antwortete einer, mit Namen Kleophas: Bist du allein unter den Fremdlingen zu Jerusalem, der nicht wisse, was in diesen Tagen darinnen geschehen ist? Und er sprach zu ihnen: Welches? Sie aber sprachen zu ihm: Das von Jesu von Nazareth, welcher war ein Prophet, mächtig von Thaten und Worten vor Gott und allem Volk; wie ihn unsere Hohenpriester und Obersten überantwortet haben, und gekreuziget. Wir aber hofften, er sollte Israel erlösen. Und über das Alles ist heute der dritte Tag, daß solches geschehen ist. Auch haben uns erschreckt etliche Weiber der Unsern, die sind frühe bei dem Grabe gewesen, haben seinen Leib nicht gefunden, kommen und sagen, sie haben ein Gesicht der Engel gesehen, welche sagen, er lebe. Und Etliche unter uns gingen hin zum Grabe, und fanden's also, wie die Weiber sagten; aber ihn fanden sie nicht. Jesus sprach zu ihnen: O ihr Thoren und träges Herzens, zu glauben alle dem, das die Propheten geredet haben. Mußte nicht Christus solches leiden und zu seiner Herrlichkeit eingehen? Und fing an von Moses und allen Propheten, und legte ihnen alle Schriften aus, die von ihm gesagt waren. Und sie kamen nahe zum Flecken, da sie hingingen; und er stellete sich, als wolle er weiter gehen. Und sie nöthigten ihn, und sprachen: Bleibe bei uns, denn es will Abend werden, und der Tag hat sich geneigt. Und er ging hinein, bei ihnen zu bleiben. Und es geschah, da er mit ihnen zu Tische saß, nahm er das Brod, dankte, brach's und gab es ihnen. Da wurden ihre Augen geöffnet, und erkannten ihn. Und er verschwand vor ihnen. Und sie sprachen unter einander: Brannte nicht unser Herz in uns, da er mit uns redete auf dem Wege, als er uns die Schrift öffnete? Und sie standen auf zu derselbigen Stunde, kehreten wieder nach Jerusalem, und fanden die

Elfe versammelt, welche sprachen: Der Herr ist wahrhaftig auferstanden, und Simoni erschienen. Und sie erzählten ihnen, was auf dem Wege geschehen war, und wie er von ihnen erkannt wäre an dem, da er das Brod brach.

2. Am Abend aber desselbigen Sabbaths, da die Jünger versammelt, und die Thüren verschlossen waren, aus Furcht vor den Juden, trat Jesus mitten ein, und spricht zu ihnen: Friede sei mit euch! Sie erschraken aber, meineten, sie sähen einen Geist, und er sprach zu ihnen: Was seid ihr so erschrocken? Sehet meine Hände und meine Füße, ich bin's selber; fühlet mich, und sehet, denn ein Geist hat nicht Fleisch und Bein, wie ihr sehet, daß ich habe. Und da er das sagte, zeigte er ihnen die Hände und seine Seite. Da wurden die Jünger froh, daß sie den Herrn sahen. Da sprach Jesus abermal zu ihnen: Friede sei mit euch! Gleichwie mich der Vater gesandt hat, so sende ich euch. Und da er das sagte, blies er sie an, und spricht zu ihnen: Nehmet hin den heiligen Geist! Welchen ihr die Sünden erlasset, denen sind sie erlassen; und welchen ihr sie behaltet, denen sind sie behalten. — Thomas aber, der Zwölfen einer, der da heißt Zwilling, war nicht bei ihnen, da Jesus kam. Da sagten die andern Jünger zu ihm: Wir haben den Herrn gesehen. Er aber sprach zu ihnen: Es sei denn, daß ich in seinen Händen sehe die Nägelmaale, und lege meinen Finger in die Nägelmaale, und lege meine Hand in seine Seite, will ich's nicht glauben. Und über acht Tage waren abermal seine Jünger darinnen, und Thomas mit ihnen. Kommt Jesus, da die Thüren verschlossen waren, tritt mitten ein, und spricht: Friede sei mit euch! Darnach spricht er zu Thoma: Reiche deinen Finger her, und siehe meine Hände; und reiche deine Hand her, und lege sie in meine Seite; und sei nicht ungläubig, sondern gläubig. Thomas antwortete und sprach zu ihm: Mein Herr und mein Gott! Spricht Jesus zu ihm: Dieweil du mich gesehen hast, Thoma, so glaubest du. Selig sind, die nicht sehen, und doch glauben.

Der 2. Artikel. Offenb. 1, 18. Ich war todt; und siehe, ich bin lebendig von Ewigkeit zu Ewigkeit, ich habe die Schlüssel der Hölle und des Todes. Joh. 14, 19. Es ist noch um ein Kleines, so wird mich die Welt nicht mehr sehen. Ihr aber sollt mich sehen; denn ich lebe, und ihr sollt auch leben.

Wo willst du hin, weils Abend ist,	Laß dich erbitten, liebster Freund,
O liebster Pilgrim Jesu Christ?	Dieweil es ist so gut gemeint;
Komm, laß mich so glücklich sein	Du weißt, daß du zu aller Frist
Und kehr in meinem Herzen ein.	Ein herzenslieber Gast mir bist.

38. Jesus am See Tiberias. Joh. 21.

1. Darnach offenbarte sich Jesus den Jüngern an dem Meere bei Tiberias. Es waren bei einander Simon Petrus, und Thomas, und Nathanael, und die Söhne Zebedäi, und andere zween seiner Jünger. Spricht Simon Petrus zu ihnen: Ich will hin fischen gehen. Sie sprachen zu ihm: So wollen wir mit dir gehen. Sie traten in das Schiff, und in derselbigen Nacht fingen sie nichts. Da es aber Morgen ward, stand Jesus am Ufer; aber die Jünger wußten es nicht, daß es Jesus war. Spricht

Jesus zu ihnen: Kinder, habt ihr nichts zu essen? Sie antworteten ihm: Nein. Er aber sprach zu ihnen: Werfet das Netz zur Rechten des Schiffes, so werdet ihr finden. Da warfen sie, und konnten es nicht mehr ziehen vor der Menge der Fische. Da spricht der Jünger, welchen Jesus lieb hatte, zu Petro: Es ist der Herr. Da Petrus hörete, daß es der Herr war, warf er sich in das Meer. Die andern Jünger aber kamen auf dem Schiff, und zogen das Netz mit den Fischen. Als sie nun austraten auf das Land, sahen sie Kohlen gelegt, und Fische darauf, und Brod. Spricht Jesus zu ihnen: Bringet her von den Fischen, die ihr jetzt gefangen habt. Petrus stieg hinein, und zog das Netz auf das Land voll großer Fische, hundert und drei und fünfzig. Spricht Jesus zu ihnen: Kommt, und haltet das Mahl. Dann nimmt er das Brod, und giebt es ihnen, desselbigen gleichen auch die Fische.

2. Da sie nun das Mahl gehalten hatten, spricht Jesus zu Simon Petro: Simon Johanna, hast du mich lieber, denn mich diese haben? Er spricht zu ihm: Ja, Herr, du weißt, daß ich dich lieb habe. Spricht er zu ihm: Weide meine Lämmer. Spricht er zum andern Mal zu ihm: Simon Johanna, hast du mich lieb? Er spricht zu ihm: Ja, Herr, du weißt, daß ich dich lieb habe. Spricht er zu ihm: Weide meine Schafe. Spricht er zum dritten Mal zu ihm: Simon Johanna, hast du mich lieb? Petrus ward traurig, daß er zum dritten Mal zu ihm sagte, hast du mich lieb, und sprach zu ihm: Herr, du weißt alle Dinge, du weißt, daß ich dich lieb habe. Spricht Jesus zu ihm: Weide meine Schafe. Wahrlich, wahrlich, ich sage dir: Da du jünger warest, gürtetest du dich selbst, und wandeltest, wo du hin wolltest; wenn du aber alt wirst, wirst du deine Hände ausstrecken, und ein anderer wird dich gürten und führen, wo du nicht hin willst. Das sagte er aber, zu deuten, mit welchem Tode er Gott preisen würde. Da er aber das gesagt, spricht er zu ihm: Folge mir nach.

Der 2. Artikel und das 4. Hauptstück. Jes 53, 10. Wenn er sein Leben zum Schuldopfer gegeben gegeben hat, so wird er Samen haben, und in die Länge leben, und des Herrn Vornehmen wird durch seine Hand fortgehen. 2. Tim. 1, 10. Christus hat dem Tode die Macht genommen, und das Leben und ein unvergänglich Wesen an das Licht gebracht, durch das Evangelium.

Ich habe g'nug, mein Jesus lebet noch,   Kann er im Tode nicht verderben,
Der mich vergnügen kann;   So werd ich auch nicht ewig sterben.
Er hat den Zorn des Vaters ausgesöhnt,   Ich habe g'nug:!:
Und für mich g'nug gethan;

39. Die Himmelfahrt Christi.   Matth. 28.   Marc. 16.   Luc. 24.
Apostelgesch. 1.

1. Aber die elf Jünger (und mehr denn 500 Brüder 1. Cor. 15, 6.) gingen hinauf auf einen Berg, wohin sie Jesus beschieden hatte. Und da sie ihn sahen, fielen sie nieder; Etliche aber zweifelten. Und Jesus trat zu ihnen, redete mit ihnen, und sprach: Mir ist gegeben alle Gewalt im Himmel und auf Erden. Darum gehet hin in alle Welt, und predigt das Evangelium aller Kreatur, und taufet sie im Namen des Vaters, und des Sohnes, und des heiligen Geistes, und

lehret fie halten Alles, was ich euch befohlen habe. Wer da glaubet, und getauft wird, der wird felig werden; wer aber nicht glaubet, der wird verdammet werden. Die Zeichen aber, die da folgen werden denen, die da glauben, find die: In meinem Namen werden fie Teufel austreiben, mit neuen Zungen reden, Schlangen vertreiben, und fo fie etwas Tödtliches trinken, wird es ihnen nicht schaden. Auf die Kranken werden fie die Hände legen; fo wird es beffer mit ihnen werden. **Und fiehe, ich bin bei euch alle Tage, bis an der Welt Ende.**

2. Und Jefus ließ fich fehen unter feinen Jüngern vierzig Tage lang, und redete mit ihnen vom Reiche Gottes. Und als er fie verfammelt hatte, befahl er ihnen, daß fie nicht von Jerufalem wichen, fondern warteten auf die Verheißung des Vaters. Denn, fprach er, Johannes hat mit Waffer getauft; ihr aber follt mit dem heiligen Geift getauft werden, nicht lange nach diefen Tagen. Die aber, fo zufammen gekommen waren, fragten ihn, und fprachen: Herr, wirft du auf diefe Zeit wieder aufrichten das Reich Israel? Er aber fprach zu ihnen: Es gebühret euch nicht, zu wiffen Zeit oder Stunde, welche der Vater feiner Macht vorbehalten hat; fondern ihr werdet die Kraft des heiligen Geiftes empfahen, welcher auf euch kommen wird, und werdet meine Zeugen fein zu Jerufalem, und in ganz Judäa und Samaria, und bis an das Ende der Erde. Und es gefchah, da er fie fegnete, ward er aufgehoben zufehends, und eine Wolke nahm ihn auf vor ihren Augen weg, und ward hinaufgenommen in den Himmel, und fitzet zur rechten Hand Gottes. Und als fie ihm nach fahen gen Himmel fahrend, fiehe, da ftanden bei ihnen zween Männer in weißen Kleidern, welche auch fagten: Ihr Männer von Galiläa, was ftehet ihr und fehet gen Himmel? **Diefer Jefus, welcher von euch ift aufgenommen gen Himmel, wird wieder kommen, wie ihr ihn gefehen habt gen Himmel fahren.** Sie aber beteten ihn an, und kehrten wieder gen Jerufalem mit großer Freude von dem Oelberge. Und waren allewege im Tempel, preifeten und lobeten Gott.

Der 2. Artikel. Das 4. Hauptftück. Pf. 110, 1. Der Herr fprach zu meinen Herrn: Setze dich zu meiner Rechten, bis ich deine Feinde zum Schemel deiner Füße lege. Eph. 1, 20—23. Gott hat Chriftum auferwecket von den Todten und gefetzt zu feiner Rechten im Himmel, über alle Fürftenthümer, Gewalt, Macht, Herrfchaft und Alles, was genannt mag werden, nicht allein in diefer Welt, fondern auch in der zukünftigen. — Und hat alle Dinge unter feine Füße gethan, und hat ihn gefetzt zum Haupt der Gemeine über Alles, welche da ift fein Leib, nämlich die Fülle deß, der Alles in Allem erfüllet.

Auf Chrifti Himmelfahrt allein	Weil er gezogen himmelan
Ich meine Nachfahrt gründe,	Und große Gabn empfangen,
Und allen Zweifel, Angft und Pein	Mein Herz auch nur im Himmel kann,
Hiemit ftets überwinde;	Sonft nirgend Ruh erlangen;
Denn weil das Haupt im Himmel ift,	Denn wo mein Schatz gekommen hin,
Wird feine Glieder Jefus Chrift	Da ift auch ftets mein Herz und Sinn;
Zur rechten Zeit nachholen.	Nach ihm mich ftets verlanget.

II. Die Gemeinde Jesu zur Zeit der Apostel.

40. Die Ausgießung des heiligen Geistes. Apostelgesch. 2.

1. Als der Tag der Pfingsten erfüllet war, waren sie alle einmüthig bei einander. Und es geschah schnell ein Brausen vom Himmel, als eines gewaltigen Windes, und erfüllete das ganze Haus, da sie saßen. Und man sahe an ihnen die Zungen zertheilet, als wären sie feurig. Und er setzte sich auf einen Jeglichen unter ihnen. Und wurden alle voll des heiligen Geistes, und fingen an zu predigen mit andern Zungen, nach dem der Geist ihnen gab auszusprechen. Es waren aber Juden zu Jerusalem wohnend, aus allerlei Volk, das unter dem Himmel ist. Da nun diese Stimme geschahe, kam die Menge zusammen, und wurden verstürzt; denn es hörte ein Jeglicher, daß sie mit seiner Sprache redeten. Sie entsetzten sich aber Alle, verwunderten sich, und sprachen unter einander: Siehe, sind nicht diese Alle, die da reden, aus Galiläa? Wie hören wir denn ein Jeglicher seine Sprache, darinnen wir geboren sind? Wir hören sie mit unsern Zungen die großen Thaten Gottes reden. Sie entsetzten sich aber Alle und wurden irre, und sprachen Einer zu dem Andern: Was will das werden? Die Andern aber hatten es ihren Spott, und sprachen: Sie sind voll süßen Weins.

2. Da trat Petrus auf mit den Elfen, hob auf seine Stimme, und redete zu ihnen: Ihr Juden, lieben Männer, laßt meine Worte zu euren Ohren eingehen. Diese sind nicht trunken, wie ihr wähnet; sintemal es ist die dritte Stunde am Tage (früh 9 Uhr). Sondern das ist es, das durch den Propheten Joel zuvor gesagt ist: Und es soll geschehen in den letzten Tagen, spricht Gott, ich will ausgießen von meinem Geist auf alles Fleisch. Ihr Männer von Israel, höret diese Worte: Jesum von Nazareth, den Mann von Gott, unter euch mit Thaten und Wundern und Zeichen bewiesen, den ihr habt genommen, angeheftet und erwürget, den hat Gott auferwecket. Nun er durch die Rechte Gottes erhöhet ist, hat er ausgegossen dies, das ihr sehet und höret. So wisse nun das ganze Haus Israel gewiß, daß Gott diesen Jesum, den ihr gekreuziget habt, zu einem Herrn und Christ gemacht hat. Da sie aber das höreten, ging es ihnen durch's Herz, und sprachen: Ihr Männer, lieben Brüder, was sollen wir thun? Petrus sprach zu ihnen: Thut Buße, und lasse sich ein Jeglicher taufen auf den Namen Jesu Christi, zur Vergebung der Sünden, so werdet ihr empfangen die Gabe des heiligen Geistes. Denn euer und eurer Kinder ist diese Verheißung, und Aller, die ferne sind, welche Gott, unser Herr, herzurufen wird. Die nun sein Wort gerne annahmen, ließen sich taufen; und wurden hinzu gethan an dem Tage bei breitausend Seelen. Sie blieben aber beständig in der Apostellehre, und in der Gemeinschaft, und im Brodbrechen, und im Gebet. Der Herr aber that hinzu täglich, die da selig wurden, zu der Gemeine.

Der 3. Artikel. Hes. 36, 27. 28. Ich will meinen Geist in euch geben, und will solche Leute aus euch machen, die in meinen Geboten wandeln und meine Rechte halten und darnach thun. Und sollt mein Volk sein, und ich will euer Gott sein. Joh. 14, 11. Ich will den Vater bitten, und er soll euch einen andern Tröster geben, daß er bei euch bleibe ewiglich.

O heiliger Geist kehr bei uns ein
Und laß uns deine Wohnung sein,
O komm, du Herzenssonne!

Du Himmelslicht, laß deinen Schein
Bei uns und in uns kräftig sein
Zu steter Freud und Wonne!

Sonne, Wonne, himmlisch Leben
Willst du geben,
Wenn wir beten,
Zu dir kommen wir getreten.

41. Heilung des Lahmen und das Gericht über Ananias und Sapphira.
Apostelgesch. 3—5.

1. Petrus aber und Johannes gingen mit einander hinauf in den Tempel, zu beten. Und es war ein Mann, lahm von Mutterleibe, den setzten sie täglich vor des Tempels Thür, daß er bettelte. Da er nun sahe Petrum und Johannem, bat er um ein Almosen. Petrus aber sprach: Siehe uns an. Silber und Gold habe ich nicht; was ich aber habe, das gebe ich dir; im Namen Jesu Christi von Nazareth stehe auf, und wandele! Und griff ihn bei der rechten Hand, und richtete ihn auf. Alsobald standen seine Schenkel und Knöchel fest, sprang auf, und konnte gehen und stehen, und ging mit ihnen in den Tempel, und lobete Gott. Und alles Volk wunderte sich. Als Petrus das sahe, antwortete er dem Volk: Ihr Männer aus Israel, was wundert ihr euch darüber? Oder was sehet ihr auf uns, als hätten wir diesen wandeln gemacht, durch unsere eigene Kraft oder Verdienst? Gott hat sein Kind Jesum verkläret, welchen ihr überantwortet und verläugnet habt vor Pilatus. Den Fürsten des Lebens, den ihr getödtet habt, den hat Gott auferwecket von den Todten, deß sind wir Zeugen. Und durch den Glauben an seinen Namen hat er diesem gegeben die Gesundheit vor euren Augen. Die Priester aber legten die Hände an sie, und setzten sie ein. Und am Morgen stellten sie die Apostel vor den Hohenrath und fragten sie: Aus welcher Gewalt, und in welchem Namen habt ihr das gethan? Petrus, voll des heiligen Geistes, sprach zu ihnen: Ihr Obersten des Volks, und ihr Aeltesten von Israel: in dem Namen Jesu Christi von Nazareth, welchen ihr gekreuziget habt, den Gott von den Todten auferwecket hat, stehet dieser Lahme allhier vor euch gesund. Das ist der Stein von euch Bauleuten verworfen, der zum Eckstein geworden ist. Und ist in keinem Andern Heil, ist auch kein andrer Name den Menschen gegeben, darinnen wir sollen selig werden. Sie sahen aber an die Freudigkeit Petri und Johannis und verwunderten sich. Und sie geboten ihnen, daß sie sich allerdinge nicht hören ließen, noch lehreten in dem Namen Jesu. Petrus aber und Johannes antworteten: Richtet ihr selbst, ob es vor Gott recht sei, daß wir euch mehr gehorchen, denn Gott? Wir können es ja nicht lassen, daß wir nicht reden sollten, was wir gesehen und gehöret haben. Aber sie droheten ihnen, und ließen sie gehen.

2. Die Menge aber der Gläubigen war ein Herz und eine Seele; auch keiner sagte von seinen Gütern, daß sie seine wären, sondern es war ihnen Alles gemein. Wie Viele ihrer waren, die da Aecker oder Häuser hatten, verkauften sie dieselben, und brachten das Geld und legten es zu der Apostel Füßen. Und man gab einem Jeglichen, was ihm noth war. Ein Mann aber, mit Namen Ananias, sammt seinem Weibe Sapphira, verkaufte seine Güter, und entwendete etwas vom Gelde, mit Wissen seines Weibes, und brachte einen Theil, und legte es zu der Apostel Füßen. Petrus aber sprach: Anania, warum hat der Satan dein Herz erfüllt, daß du dem heiligen Geist lögest, und entwendetest etwas vom Gelde des Ackers? Hättest du ihn doch wohl mögen behalten, da du ihn hattest; und da er verkauft war, war es auch in deiner Gewalt. Warum hast du denn solches in deinem Herzen vorgenommen? Du hast nicht Menschen, sondern Gott gelogen. Da aber Ananias diese Worte hörete, fiel er nieder, und gab den Geist auf. Und es begab sich über eine Weile, bei dreien Stunden, kam sein Weib hinein, und wußte nicht, was geschehen war. Aber Petrus antwortete ihr: Sage mir, habt ihr den Acker so theuer verkauft? Sie sprach: Ja, so theuer. Petrus aber sprach zu ihr: Warum seid ihr denn eins geworden, zu versuchen den Geist des Herrn? Siehe, die Füße derer, die deinen Mann begraben haben, sind vor der Thür, und werden dich hinaustragen. Und alsobald fiel sie zu seinen Füßen, und gab den Geist auf. Da kamen die Jünglinge, und fanden sie todt und trugen sie hinaus, und begruben sie bei ihrem Manne. Und es kam eine große Furcht über die Gemeine, und über Alle, die solches höreten.

Der 3. Artikel. Stück von der Beichte. Heb. 2, 4. Gott hat ihr Zeugniß gegeben mit Zeichen, Wundern und mancherlei Kräften, und mit Austheilung des heiligen Geistes nach seinem Willen. 2. Tim. 2, 19. Der feste Grund Gottes bestehet, und hat dieses Siegel: „Der Herr kennet die Seinen;" und: „Es trete von der Ungerechtigkeit, wer den Namen Christi nennet."

O heilger Geist, du höchstes Gut,
In Gott die dritt Persone,
Der du ausgehst in gleichem Muth
Vom Vater und dem Sohne,
Bist wahrer Gott von Ewigkeit
Und wirst von aller Christenheit
Geehrt und angebetet.

Führ uns mit deiner Kraft gewiß
In einem neuen Leben,
Auf daß wir ja kein Aergerniß
Empfangen oder geben,
Weder mit Lehr nach bösem Rath,
Sondern den Glauben mit der That
Vor aller Welt beweisen.

42. Stephanus und der Kämmerer aus dem Mohrenlande. Apostel=gesch. 6—8.

1. Das Wort Gottes nahm zu; und die Zahl der Jünger ward sehr groß zu Jerusalem. Es wurden auch viele Priester dem Glauben gehor=sam. Stephanus aber, einer von den sieben Almosenpflegern, voll Glau=bens und Kräfte, that Wunder und große Zeichen unter dem Volk. Da standen Etliche auf und befragten sich mit Stephanus. Und sie vermochten nicht, zu widerstehen der Weisheit, und dem Geist, aus welchem er redete. Da richteten sie zu etliche Männer, die sprachen: Wir haben ihn gehört, Lästerworte reden wider Mose und wider Gott, und bewegten das Volke

und rissen ihn vor den Rath. Und sie sahen auf ihn alle, die im Rath
saßen, und sahen sein Angesicht, wie eines Engels Angesicht. Stephanus aber verantwortete sich und sprach von dem was Gott an ihren
Vätern gethan und wie diese stets Gottes Willen widerstrebt. Und
zuletzt sprach er: Ihr Halsstarrigen, ihr widerstrebt allezeit dem heiligen
Geist; wie eure Väter, also auch ihr. Welchen Propheten haben eure
Väter nicht verfolget, und sie getödtet, die da zuvor verkündigten die
Zukunft dieses Gerechten, welches ihr nun Verräther und Mörder geworden
seid? Ihr habt das Gesetz empfangen, und habt es nicht gehalten. Da
sie solches höreten, ging es ihnen durch's Herz, und bissen die Zähne zusammen über ihn. Als er aber voll heiligen Geistes war, sahe er auf
gen Himmel und sprach: Siehe, ich sehe den Himmel offen, und des Menschen Sohn zur Rechten Gottes stehen. Sie schrieen aber laut, und hielten
ihre Ohren zu, und stießen ihn zur Stadt hinaus, und steinigten ihn.
Und die Zeugen legten ab ihre Kleider zu den Füßen eines Jünglings,
der hieß Saulus. Stephanus aber sprach: H e r r J e s u , n i m m
m e i n e n G e i s t a u f ! Kniete nieder und schrie laut: Herr, behalte
ihnen diese Sünde nicht! Und als er das gesagt, entschlief er.

2. Es erhob sich aber zu der Zeit eine große Verfolgung über die Gemeine zu Jerusalem; und sie zerstreuten sich alle in die Länder Judäa und
Samaria, ohne die Apostel. Saulus aber zerstörete die Gemeine, ging
hin und her in die Häuser, und zog hervor Männer und Weiber, und
überantwortete sie in das Gefängniß. Die nun zerstreuet waren, gingen
um, und predigten das Wort. Aber der Engel des Herrn redete zu
Philippo und sprach: Stehe auf, und gehe gegen Mittag, auf die Straße,
die von Jerusalem gehet hinab gen Gaza. Und er stand auf, und ging
hin. Und siehe, ein Mann aus dem Mohrenlande, ein Kämmerer der
Königin Kandace, der war gekommen gen Jerusalem anzubeten, zog
wieder heim, und saß auf seinem Wagen, und las den Propheten Jesaias.
Der Geist aber sprach zu Philippo: Gehe hinzu, und mache dich bei diesen Wagen. Und Philippus hörete, daß er den Propheten Jesaias las,
und sprach: Verstehest du auch, was du liesest? Er aber sprach: Wie
kann ich, so mich nicht jemand anleitet? Und ermahnete Philippum, daß er
sich bei ihn setzte. Der Inhalt aber der Schrift war dieser: „Er ist wie
ein Schaf zur Schlachtung geführet, und still wie ein Lamm vor seinem
Scheerer" (Jes. 53). Da antwortete der Kämmerer und sprach: Ich
bitte dich, von wem redet der Prophet solches? Philippus aber fing von
dieser Schrift an, und predigte ihm das Evangelium von Jesu. Und sie
kamen an ein Wasser und der Kämmerer sprach: Siehe, da ist Wasser,
was hindert es, daß ich mich taufen lasse? Philippus aber sprach: Glaubest du von ganzem Herzen, so mag es wohl sein. Er antwortete und
sprach: I c h g l a u b e , d a ß J e s u s C h r i s t u s G o t t e s S o h n
i s t . Und er hieß den Wagen halten, und stiegen hinab in das Wasser,
und Philippus taufte ihn. Darnach rückte der Geist des Herrn Philippum hinweg, und der Kämmerer sah ihn nicht mehr; er zog aber seine
Straße fröhlich.

Der 3. Artikel und 4. Hauptstück. Matth. 8, 11. 12. Viele werden kommen vom Morgen und vom Abend, und mit Abraham und Isaak und Jakob im Himmelreich sitzen. Aber die Kinder des Reichs werden ausgestoßen in die äußerste Finsterniß hinaus, da wird sein Heulen und Zähnklappen. 1 Petr. 1, 10. Nach welcher Seligkeit haben gesuchet und geforschet die Propheten, die von der zukünftigen Gnade auf euch geweissagt haben.

Unter seines Kreuzes Fahn	Laß mich bis an meinen Tod,
Hab' ich einmal nun geschworen,	Meinen Jesum recht bekennen,
Hält mein Glaube sich nicht dran	Und mich in der letzten Noth
Ist die Krone schon verloren;	Seines Leibes Gliedmaß nennen;
So laß Jesum nur allein	Leb und sterb ich nur auf ihn,
Meines Mundes Losung sein.	Weiß ich, daß ich selig bin.

43. Bekehrung des Apostels Paulus. Apostelgesch. 9.

1. Saulus aber schnaubte noch mit Drohen und Morden wider die Jünger des Herrn, und ging zum hohen Priester, und bat ihn um Briefe gen Damaskus an die Schulen, auf daß, so er Etliche dieses Weges fände, er sie gebunden führete gen Jerusalem. Und da er nahe bei Damaskus kam, umleuchtete ihn plötzlich ein Licht vom Himmel. Und er fiel auf die Erde, und hörete eine Stimme, die sprach zu ihm: Saul, Saul, was verfolgest du mich? Er aber sprach: Herr, wer bist du? Der Herr sprach: Ich bin Jesus, den du verfolgest. Es wird dir schwer werden, wider den Stachel zu löcken. Und er sprach mit Zittern und Zagen: Herr, was willst du, daß ich thun soll? Der Herr sprach zu ihm: Stehe auf, und gehe in die Stadt; da wird man dir sagen, was du thun sollst. Seine Gefährten aber standen und waren erstarret; denn sie höreten eine Stimme, und sahen Niemand. Saulus aber richtete sich auf von der Erde, und als er seine Augen aufthat, sahe er Niemand. Sie nahmen ihn aber bei der Hand, und führeten ihn gen Damaskus. Und war drei Tage nicht sehend, und aß nicht, und trank nicht.

2. Es war aber ein Jünger zu Damaskus, mit Namen Ananias; zu dem sprach der Herr im Gesicht: Anania! Gehe hin in die Gasse, die da heißet die „richtige", und frage in dem Hause Juda nach Saul von Tarsen; denn siehe, er betet, und hat gesehen im Gesicht einen Mann, mit Namen Ananias, zu ihm kommen, und die Hand auf ihn legen, daß er wieder sehend werde. Ananias aber antwortete: Herr, ich habe gehöret, wie viel Uebels er deinen Heiligen gethan hat zu Jerusalem; und er hat allhier Macht von den Hohenpriestern, zu binden Alle, die deinen Namen anrufen. Der Herr sprach zu ihm: Gehe hin, denn dieser ist mir ein auserwählt Rüstzeug, daß er meinen Namen trage vor den Heiden. Und Ananias ging hin, und legte die Hände auf ihn, und sprach: Lieber Bruder Saul, der Herr hat mich gesandt, daß du wieder sehend, und mit dem heiligen Geist erfüllet werdest. Und alsobald fiel es von seinen Augen wie Schuppen, und er ward wieder sehend, und stand auf, und ließ sich taufen, und nahm Speise zu sich, und stärkte sich. Und alsobald predigte er Christum in den Schulen, daß derselbige Gottes Sohn sei.

Der 2. Artikel. 1 Tim. 1, 15. 16. Denn das ist je gewißlich wahr und ein theures werthes Wort, daß Christus Jesus gekommen ist in die Welt, die Sünder selig zu machen, unter welchen ich der vornehmste bin. Aber darum ist mir Barmherzigkeit widerfahren, auf daß an mir vornehmlich Jesus Christus erzeigte alle Geduld, zum Exempel denen, die an ihn glauben sollten zum ewigen Leben. Gal. 2, 20. Ich lebe aber; doch nun nicht ich, sondern Christus lebet in mir. Denn was ich jetzt lebe im Fleisch, das lebe ich in dem Glauben des Sohnes Gottes, der mich geliebet hat, und sich selbst für mich dargegeben.

Was kann ich doch für Dank,	Sehr große Lieb' und Gnad'
O Herr! dir dafür sagen?	Erweisest du mir Armen
Daß du mich mit Geduld	Ich fuhr in Bosheit fort,
So lange Zeit getragen.	Du aber in Erbarmen:
Da ich in mancher Sünd	Ich widerstrebte dir
Und Uebertretung lag,	Und schob die Buße auf:
Und dich, du frommer Gott!	Du schobest auf die Straf',
Erzürnet alle Tag'.	Daß sie nicht folgte drauf.

44. Der Hauptmann Cornelius. Apostelgesch. 10.

1. Es war aber ein Mann zu Cäsarien, mit Namen Cornelius, ein römischer Hauptmann, gottselig und gottesfürchtig, sammt seinem ganzen Hause, und gab dem Volk viele Almosen, und betete immer zu Gott. Der sah in einem Gesicht offenbarlich am Tage einen Engel Gottes zu ihm eingehen, der sprach zu ihm: Cornelius! Er aber erschrak und sprach: Herr, was ist's? Er sprach zu ihm: Dein Gebet und Almosen sind hinauf gekommen in das Gedächtniß vor Gott. Und nun sende Männer gen Joppen, und lasse fordern Simon Petrus, welcher ist zur Herberge bei einem Gerber, Simon, deß Haus am Meer liegt; der wird dir sagen, was du thun sollst. Und Cornelius rief zween seiner Hausknechte, und einen gottesfürchtigen Kriegsknecht, und sandte sie gen Joppen.

2. Des andern Tages, da diese auf dem Wege waren, stieg Petrus auf den Söller, zu beten. Und er ward entzückt, und sahe den Himmel aufgethan, und herniederfahren zu ihm ein Gefäß, wie ein großes leinenes Tuch, an vier Zipfeln gebunden, und ward niedergelassen auf die Erde; darinnen waren allerlei unreine Thiere, Gewürm und Vögel des Himmels. Und es geschah eine Stimme zu ihm: Stehe auf, Petre, schlachte und iß. Petrus aber sprach: O nein, Herr, denn ich habe noch nie etwas Unreines gegessen. Und die Stimme sprach zum andernmal zu ihm: Was Gott gereinigt hat, das mache du nicht gemein. Und das geschah zu drei Malen: und das Gefäß ward wieder aufgenommen gen Himmel. Als aber Petrus sich bekümmerte, was das Gesicht wäre, siehe, da standen die Männer, von Cornelius gesandt, an der Thür und forscheten, ob Petrus allda zur Herberge wäre. Und der Geist sprach zu Petrus: Siehe, drei Männer suchen dich; aber stehe auf, steige hinab, und ziehe mit ihnen, und zweifle nicht; denn ich habe sie gesandt. Da stieg Petrus hinab und zog mit ihnen.

3. Cornelius aber wartete auf sie, und rief zusammen seine Verwandte und Freunde. Und als Petrus hinein kam, ging er ihm entgegen, und erzählte, was da geschehen war, und sprach: Nun sind wir hier Alle gegenwärtig vor Gott, zu hören Alles, was dir von Gott befohlen ist. Petrus aber that seinen Mund auf, und sprach: Nun erfahre ich mit der

Wahrheit, daß Gott die Person nicht ansiehet; sondern in allerlei Volk, wer ihn fürchtet, und recht thut, der ist ihm angenehm. Ihr wisset wohl von der Predigt, die Gott zu den Kindern Israel gesandt hat, und verkündigen lassen den Frieden durch Jesum Christum. Den haben sie getödtet. Denselbigen hat Gott auferwecket. Und er hat uns geboten, zu predigen dem Volk, und zu zeugen, daß er ist verordnet von Gott ein Richter der Lebendigen und der Todten. Von diesem zeugen alle Propheten, daß durch seinen Namen Alle, die an ihn glauben, Vergebung der Sünden empfangen sollen. Da Petrus noch diese Worte redete, fiel der heilige Geist auf Alle, die dem Wort zuhöreten. Und die Gläubigen aus den Juden, die mit Petro gekommen waren, entsetzten sich, daß auch auf die Heiden die Gabe des heiligen Geistes ausgegossen ward.

Der 3. Artikel. Röm. 1, 16. Ich schäme mich des Evangelii von Christo nicht; denn es ist eine Kraft Gottes, die da selig macht Alle, die daran glauben, die Juden vornehmlich, und auch die Griechen. Jes. 53, 11. Darum, daß seine Seele gearbeitet hat, wird er seine Lust sehen, und die Fülle haben. Und durch seine Erkenntniß wird er, mein Knecht, der Gerechte, Viele gerecht machen, denn er trägt ihre Sünden.

Ich habe nun den Grund gefunden,
Der meinen Anker ewig hält:
Wo anders, als in Jesu Wunden?
Da lag er vor der Zeit der Welt,
Der Grund, der unbeweglich steht,
Wenn Erd und Himmel untergeht.

Es ist das ewige Erbarmen,
Das alles Denken übersteigt;
Es sind die offnen Liebesarme
Des, der sich zu den Sündern neigt,
Dem allemal das Herze bricht,
Wir kommen oder kommen nicht.

45. Die drei Missionsreisen des Apostels Paulus. Apostelgesch. 13—27.

1. Es war aber zu Antiochien, woselbst man die Jünger Jesu zuerst Christen nannte. Und der heilige Geist sprach: Sondert mir aus Barnabam und Saulum zu dem Werk, wozu ich sie berufen habe. Da fasteten und beteten sie und legten die Hände auf sie, und ließen sie gehen. Und sie kamen gen Seleucia und schifften gen Cypern. Und da sie die Insel durchzogen, kamen sie zu Sergius Paulus, dem Landvogt. Derselbige begehrte das Wort Gottes zu hören. Da stand ihnen aber wider ein falscher Prophet, der Zauberer Bar Jehu, und trachtete, daß er den Landvogt vom Glauben wendete. Saulus aber, der auch Paulus heißet, sahe ihn an und sprach: O du Kind des Teufels, voll aller List und Schalkheit, du Feind aller Gerechtigkeit, siehe, die Hand des Herrn kommt über dich, und du sollst blind sein. Und von Stund an suchte er Handleiter. Als der Landvogt die Geschichte sahe, glaubte er, und verwunderte sich der Lehre des Herrn. — Paulus, und die mit ihm, schifften gen Pergen im Lande Pamphylien und kamen gen Antiochien im Lande Pisidien, und gingen in die Schule am Sabbathtage. Und Paulus stand auf und sprach: Ihr Männer von Israel, höret mir zu: Euch ist das Wort des Heils gesandt, und wird verkündigt Vergebung der Sünden (in Christo), wer an diesen glaubet, der ist gerecht. Es baten auch die Heiden, daß sie ihnen diese Worte sagten und wurden viele gläubig. Aber die Juden erweckten eine Verfolgung über Paulus und Barnabas. Da schüttelten sie den Staub von ihren Füßen und kamen nach Ikonium und von dannen

flohen sie gen Lystra und Derben. — Es war aber ein Mann zu Lystra,
der war lahm und hörte Paulum reden. Als Paulus ihn ansah, und
merkte, daß er glaubete, sprach er: Stehe aufrichtig auf deine Füße!
Und er sprang auf und wandelte. Da aber das Volk das sahe, sprachen
sie: Die Götter sind den Menschen gleich geworden und zu uns hernieder
gekommen. Und nannten Barnabam Jupiter und Paulum Merkurius.
Der Priester Jupiters aber brachte Ochsen und Kränze und wollte opfern.
Da sprangen die Apostel unter das Volk und schrieen: Ihr Männer, was
macht ihr da? Wir sind auch sterbliche Menschen, und predigen euch das
Evangelium, daß ihr euch bekehren sollt zu dem lebendigen Gott. Es ka=
men aber Juden und überredeten das Volk und steinigten Paulum und
schleiften ihn zur Stadt hinaus; meineten, er wäre gestorben. Er stand
aber auf und ging mit Barnabas zurück gen Antiochien und verkündigten,
wie viel Gott mit ihnen gethan und wie er den Heiden hätte die Thür des
Glaubens aufgethan.

L. Paulus aber erwählte Silas und zog mit ihm, die Brüder zu besehen,
durch alle Städte, wo er des Herrn Wort verkündigt hatte. Es ward ihm
aber gewehret von dem heiligen Geist, zu reden das Wort in Asien und
kamen gen Troas. Und Paulo erschien ein Gesicht bei Nacht, ein Mann
aus Macedonien, der bat: Komm hernieder in Macedonien und hilf uns.
Da fuhren sie aus Troas und kamen gen Philippen, der Hauptstadt
von Macedonien, und predigten allda das Wort des Herrn. Und
einer Purpurkrämerin, Lydia, that der Herr das Herz auf, daß sie glaubete,
und nahm Paulum in ihr Haus. Das Volk aber ward erregt wider sie;
und die Hauptleute ließen sie stäupen und warfen sie in's Gefängniß und
legten ihre Füße in den Stock. Um Mitternacht aber beteten Paulus und
Silas und lobeten Gott. Schnell aber ward ein großes Erdbeben und
die Grundfesten des Gefängnisses bewegten sich; alle Thüren wurden auf=
gethan und aller Bande los. Als der Kerkermeister das sahe, wollte er
sich selbst erwürgen, denn er meinete, die Gefangenen wären geflohen.
Paulus aber rief laut: Thue dir nichts Uebles, denn wir sind alle hier.
Er forderte aber ein Licht und fiel Paulo und Sila zu den Füßen und
sprach: Liebe Herren, was soll ich thun, daß ich selig werde? Sie spra=
chen: Glaube an den Herrn Jesum Christum, so wirst
du und dein Haus selig. Und er ließ sich taufen und alle die
Seinen alsobald. — Von dannen kamen sie gen Thessalonich; da
war eine Judenschule. Aber die halsstarrigen Juden richteten einen Auf=
ruhr an. Da fertigten die Brüder sie ab bei Nacht gen Beröa. Die
nahmen das Wort auf ganz williglich, und forschten täglich in der Schrift,
ob sich's also hielte, und glaubten Viele aus ihnen. — Paulus aber ging
nach Athen. Etliche aber stritten mit ihm und sprachen: Was will die=
ser Lotterbube? Es siehet, als wollte er neue Götter verkündigen. Pau=
lus aber sprach: Ihr Männer von Athen! Ich bin hindurch gegangen und
fand einen Altar, darauf war geschrieben: Dem unbekannten Gott. Nun
verkündige ich euch denselben, dem ihr unwissend Gottesdienst thut. Und
zwar, er ist nicht ferne von einem Jeglichen unter uns. Denn in ihm le=

ben, weben und sind wir. Zwar hat Gott die Zeit der Unwissenheit über-
sehen; nun aber gebietet er allen Menschen, Buße zu thun; darum, daß er
einen Tag gesetzt hat, auf welchem er richten will den Kreis des Erdbodens
durch den, welchen er hat von den Todten auferwecket. Da sie das hörten,
hatten es Etliche ihren Spott; Etliche aber sprachen: Wir wollen dich davon weiter hören. Etliche aber wurden gläubig. — Und Paulus schied
von Athen und kam gen Korinth. Hier fand er einen Juden mit
Namen Aquila und sein Weib Priscilla. Zu denselben ging er ein und
arbeitete mit ihnen, denn sie waren eines Handwerks, Teppichmacher. Und
er lehrete in der Schule auf alle Sabbather. Da die Juden aber wider-
strebten und lästerten, sprach er zu ihnen: Euer Blut sei über eurem Haupt;
ich gehe von nun an rein zu den Heiden. Es sprach aber der Herr durch
ein Gesicht in der Nacht: Fürchte dich nicht, sondern rede und schweige
nicht: denn ich bin mit dir, und Niemand soll sich unterstehen, dir zu schaden; denn ich habe ein großes Volk in dieser Stadt. Und Paulus blieb
daselbst ein Jahr und sechs Monate. Darnach machte er seinen Abschied
und er kam gen Jerusalem und von dannen gen Antiochien.

3. Darnach kam Paulus gen E p h e s u s und predigte zwei Jahre und
drei Monate lang, also, daß alle die in Asien wohneten, das Wort des
Herrn Jesu höreten, beide, Juden und Griechen. Es erhob sich aber nicht
eine kleine Bewegung. Denn Demetrius, ein Goldschmied, machte der
Diana silberne Tempel, und wandte denen vom Handwerk nicht geringen
Gewinnst zu. Dieselben versammelte er und sprach: Ihr wisset, daß wir
großen Zugang von diesem Handel haben. Und ihr sehet, daß nicht allein
in Ephesus, sondern in fast ganz Asien dieser Paulus viel Volks abfällig
macht und spricht: Es sind nicht Götter, welche von Händen gemacht sind.
Aber auch der Tempel der großen Göttin Diana wird für nichts geachtet.
Als sie das höreten, wurden sie voll Zorn und schrieen bei zwo Stunden:
Groß ist die Diana der Epheser! Da aber der Kanzler das Volk gestillet
hatte, segnete Paulus die Jünger und zog aus von dannen nach Macedonien und Corinth.—Darnach beschloß er, das Pfingstfest in Jerusalem zu
feiern und schiffte wieder nach Kleinasien. Aber von M i l e t sandte Paulus nach Ephesus und ließ fordern die Aeltesten der Gemeine und sprach zu
ihnen: Ich fahre hin zu Jerusalem, weiß nicht, was mir daselbst begegnen
wird; ohne daß der heilige Geist bezeuget und spricht: Bande und Trübsal
warten meiner. Aber ich achte deren keins; ich halte mein Leben auch selbst
nicht theuer, auf daß ich vollende meinen Lauf mit Freuden, ich weiß, daß
ihr mein Angesicht nicht mehr sehen werdet. Und er kniete nieder und betete mit ihnen. Es ward aber viel Weinens unter ihnen Allen. Und fielen ihm um den Hals und küsseten ihn und geleiteten ihn in das Schiff.

Der 3. Artikel. Jes. 12, 4. 5. Danket dem Herrn, prediget seinen Namen, macht
kund unter den Völkern sein Thun, verkündiget, wie sein Name so hoch ist. Lobsinget
dem Herrn, denn er hat sich herrlich bewiesen; solches sei kund in allen Landen. Hab.
2, 14. Die Erde wird voll werden vom Erkenntniß der Ehre des Herrn, wie Wasser,
das das Meer bedecket.

So danken, Gott, und loben dich   Und alle Welt, die freuet sich
Die Heiden überalle,   Und singt mit großem Schalle,

Daß du auf Erden Richter bist   Die alles Volk erhalten,
Und läßt die Sünd nicht walten,   In rechter Bahn zu wallen.
Dein Wort die Hut und Weide ist,

46. Paulus in der Gefangenschaft. Apostelgesch. 21—28.

1. Da Paulus gen Jerusalem kam, nahmen ihn die Brüder gerne auf. Als ihn aber die Juden im Tempel sahen, erregten sie das Volk und schrieen: Helfet! Dies ist der Mensch, der alle Menschen lehret wider das Gesetz und wider diese Stätte. Sie griffen aber Paulum und zogen ihn zum Tempel hinaus. Da sie ihn aber tödten wollten, kam das Geschrei vor den obersten Hauptmann. Der nahm Kriegsknechte und Hauptleute und lief unter sie und hieß Paulum binden mit zwei Ketten. Da er aber nichts Gewisses erfahren konnte, hieß er ihn in's Lager führen. Aber in der Nacht stand ihm der Herr bei und sprach: Sei getrost; wie du von mir zu Jerusalem gezeuget hast, also mußt du auch zu Rom zeugen. — Es hatten sich aber mehr denn vierzig verschworen, weder zu essen noch zu trinken, bis sie Paulum getödtet hätten. Da das der Oberhauptmann hörete, rief er zween Hauptleute und sprach: Rüstet zweihundert Kriegs= knechte und siebenzig Reiter und zweihundert Schützen und bringet ihn zu Felix, dem Landpfleger, nach Cäsarien. Der hielt Paulum zwei Jahre gefangen. — Dann kam Festus an Felix statt. Zu dem kamen Juden von Jerusalem mit schweren Klagen gegen Paulum. Und Festus wollte ihnen eine Gunst erweisen und Paulum wieder gen Jerusalem senden; sie hatten aber beschlossen, ihn unterwegs umzubringen. Da sprach Paulus: Ich stehe vor des Kaisers Gericht, da soll ich mich richten lassen. Ich be= rufe mich auf den Kaiser. Und der Landpfleger antwortete: Auf den Kaiser hast du dich berufen, zum Kaiser sollst du ziehen.

2. Paulus wurde mit anderen Gefangenen dem Unterhauptmann Julius übergeben. Und als sie auf dem Meer schifften, erhob sich eine Windsbraut. Das Schiff ward ergriffen und litt große Noth. Da aber in vielen Tagen weder Sonne noch Gestirn erschien, und nicht ein klein Ungewitter zuwider war, war alle Hoffnung des Lebens dahin. Und da man lange nicht gegessen hatte, trat Paulus unter sie und sprach: Liebe Männer, ich ermahne euch, daß ihr unverzagt seid; denn Keines Leben wird umkommen, ohne das Schiff. Diese Nacht ist bei mir gestanden der Engel Gottes, deß ich bin und dem ich diene, und sprach: Fürchte dich nicht, du mußt vor den Kaiser gestellt werden; und siehe, Gott hat dir geschenket Alle, die mit dir schiffen. Darum seid unverzagt. Wir müssen aber anfahren an die Insel. Und er nahm das Brod, dankte Gott vor ihnen allen, und fing an zu essen. Da wurden sie Alle guten Muthes, und nahmen auch Speise. Das Schiff aber stieß auf; das Vordertheil blieb unbeweglich stehen, und das Hintertheil zerbrach von der Gewalt der Wellen. Und alle kamen zu Lande. Etliche auf Brettern, Etliche auf dem, das vom Schiff war. Die Insel aber hieß Milete (Malta) und die Leutlein derselben erzeugten ihnen nicht geringe Freund= schaft, zündeten ein Feuer an und nahmen alle auf um des Regens und

der Kälte willen. Da aber Paulus einen Haufen Reiser zusammenraffte, und legte es auf's Feuer, kam eine Otter und fuhr ihm an die Hand. Da sprachen sie untereinander: Dieser Mensch muß ein Mörder sein, welchen die Rache nicht leben lässet, obgleich er dem Meere entgangen ist. Er aber schlenkerte das Thier in's Feuer und ihm widerfuhr nichts Uebels. Sie aber erwarteten, daß er todt niederfallen würde; und da ihm nichts geschah, sagten sie, er wäre ein Gott. Und sie brachten die Kranken zu ihm, und Paulus betete über ihnen und machte viele gesund. Und sie thaten ihnen große Ehre. Und da sie auszogen, luden sie auf, was noth war.

3. In Rom gingen Paulo die Brüder entgegen, und da er sie sahe, dankte er Gott und gewann Zuversicht. Es ward ihm aber erlaubt zu bleiben, wo er wollte, mit einem Kriegsknecht, der seiner hütete. Und Paulus ließ zusammen kommen die Vornehmsten der Juden und predigte ihnen von Jesus aus den Gesetz und den Propheten. Etliche fielen ihm zu, Etliche aber glaubten nicht. Paulus aber blieb zwei Jahre in Rom und predigte das Reich Gottes und lehrte von dem Herrn Jesus, mit aller Freundlichkeit, unverboten.

Der 3. Artikel. 2. Corinth. 12, 9. Laß dir an meiner Gnade genügen, denn meine Kraft ist in den Schwachen mächtig. Röm. 8, 18. Denn ich halte es dafür, daß dieser Zeit Leiden der Herrlichkeit nicht werth sei, die an uns soll geoffenbaret werden.

> Mach End, o Herr, mach Ende   Uns allzeit deiner Pflege
> An aller unsrer Noth;   Und Treu empfohlen sein,
> Stärk unsre Füß und Hände,   So gehen unsre Wege
> Und laß bis in den Tod   Gewiß zum Himmel ein.

Anhang.

47. Ueber das Ende einiger Apostel.

1. „Sie werden euch überantworten in Trübsal und werden euch tödten. Und ihr müsset gehasset werden um meines Namens Willen, von allen Völkern." (Matth. 24, 9.) Mit diesen Worten hatte der Herr Jesus seinen Jüngern vorher gesagt, wie es ihnen hernachmals gehen werde. Und wie er gesagt, so ist es gekommen. Herodes Agrippa, ein Enkel von jenem Herodes, der die Kinder zu Bethlehem tödten ließ, legte sehr bald die Hände an Etliche von der Gemeine. (Apost. Gesch. 12, 1. ff.) Er tödtete aber Jakobum, Johannis Bruder, mit dem Schwert. Und da er sah, daß es den Juden gefiel, fuhr er fort und fing Petrum auch. Aber ein Engel Gottes befreiete Petrum aus dem Gefängniß und seinen Banden, und er entkam den Händen dieses Mörders.

2. Petrus verließ Jerusalem um's Jahr 50, (Ap. Gesch. 12, 17.) und verkündigte Christum in den Städten und Ländern Kleinasiens. Er kam nach Antiochien, Pontus, Galatien, Kappadocien, Bithynien und zuletzt sogar bis Babylon, von wo aus er seinen ersten Brief geschrieben hat. Später kam er auch nach Rom und erlitt unter dem grausamen

Kaiser Nero den Märtyrertod. Als er, wie sein Herr, am Kreuze hing, da war erfüllt die Weissagung über ihm: „Wahrlich, wahrlich, ich sage dir, da du Jünger warest, gürtetest du dich selbst und wandeltest, wo du hinwolltest; wenn du aber alt wirst, wirst du deine Hände ausstrecken, und ein Anderer wird dich gürten und führen, wo du nicht hin willst. (Joh. 21, 18).

3. Wie der Apostel Petrus, so ward auch P a u l u s vom Kaiser Nero in Rom hingerichtet. Weil er aber ein römischer Bürger war, wurde er enthauptet. Kurz vor seinem Tode schrieb er an Timotheus. (2. Timoth. 4, 6—8.): „Ich werde schon geopfert, und die Zeit meines Abscheidens ist vorhanden. Ich habe einen guten Kampf gekämpfet, ich habe den Lauf vollendet, ich habe Glauben gehalten, hinfort ist mir beigelegt die Krone der Gerechtigkeit, welche mir der Herr an jenem Tage, der gerechte Richter, geben wird; nicht aber mir allein, sondern allen, die seine Erscheinung lieb haben.“

4. Fast zur selben Zeit bezeugte auch der andere Jakobus, J a k o b u s d e r J ü n g e r e, den die Juden auch den Gerechten nannten, in Jerusalem, Christum mit seinem Tode. Die Juden hatten ihn zwingen wollen, am Osterfeste vor dem versammelten Volke, von der Zinne des Tempels herab, Christum zu verfluchen. Da er aber statt dessen Christum als den verheißenen Messias pries, und zum Glauben an ihn ermahnete, stürzten sie ihn zum Tempel herab und steinigten ihn. Sterbend noch bat er für seine Mörder und sprach: Ich bitte, Herr, Gott und Vater, für sie, denn sie wissen nicht, was sie thun.“

5. J o h a n n e s, der Jünger, den Jesus lieb hatte, hat mit Petrus zugleich Jerusalem verlassen. Nach Pauli Gefangennahme trat er in dessen Arbeitsfeld in Kleinasien und wohnte in Ephesus. Unter Kaiser Domitian ward er nach der Insel Patmos verbannt, wo er seine Offenbarung empfing und niederschrieb. Darnach ist er nach Ephesus zurückgekehrt und hat hin und her in den Gemeinden gewirkt. Er soll 100 Jahr alt geworden sein und ist der Einzige unter den Aposteln, der eines natürlichen Todes gestorben ist. Von seinem Ende wird Folgendes erzählt: Die Gemeinde war zum Gebet versammelt. Da ließ auch der greise Apostel sich auf einer Trage herbeitragen. Mühsam richtete er sich auf und erhob die Hand zum segnen und sprach: Kindlein, liebet euch unter einander! Man trug ihn nach seiner Wohnung zurück und noch war die Gemeinde versammelt, als Boten die Nachricht brachten: Johannes ist entschlafen. — Lieblich auch ist folgende Erzählung von Johannes: Er besuchte einst von Ephesus aus die benachbarten Gemeinden. Eines Ortes traf er einen Jüngling, den er lieb gewonnen, und empfahl ihn der besonderen Fürsorge des Bischofs jener Gemeinde. Nach etlichen Jahren kehrt Johannes zurück und frägt nach jenem Jüngling. Aber der Bischof bekennt unter Thränen: Er ist todt. Führe mich zu seinem Grabe, ruft der Apostel. Ach, daß ich das könnte, antwortet der Bischof, er lebt wohl dem Leben nach, aber Gott und dem Guten ist er gestorben. Der Jüngling hatte sich dem Müssiggang hingegeben und

war tiefer und tiefer gesunken, bis er jetzt mit einer Räuberbande als deren Führer in den Bergen hausete. Johannes eilte dahin, ließ sich von den Räubern gefangen nehmen, und sprach: Führet mich zu eurem An= führer. Kaum sah ihn dieser kommen, so ergriff er die Flucht. Johannes eilete ihm nach, und rief: Mein Sohn, warum fliehest du vor deinem Vater, dem unbewaffneten alten Manne? Fürchte dich nicht, noch ist Hoffnung, glaube nur, Christus hat mich gesandt. Da blieb der Jüng= ling zitternd stehen, und weinete bitterlich und kehrete mit um zu der Gemeine. Und diese Seele war für Christum gewonnen.

Das 3. Hauptstück. 2. Bitte. Dan. 12, 1. 3. Die Lehrer werden leuchten wie des Himmels Glanz; und die, so Viele zur Gerechtigkeit weisen, wie die Sterne im= mer und ewiglich. Hebr. 13, 7. 8. Gedenket an eure Lehrer, die euch das Wort Gottes gesaget haben, welcher Ende schauet an und folget ihrem Glauben nach. Je= sus Christus, gestern und heute, und derselbe auch in Ewigkeit.

<table>
<tr><td>O Jesu, einig wahres Haupt</td><td>Erbarm dich deiner Christenheit,</td></tr>
<tr><td>Der heiligen Gemeine,</td><td>Vermehre deine Heerde,</td></tr>
<tr><td>Die an dich, ihren Heiland, glaubt,</td><td>Für uns, dein armes Häufelein,</td></tr>
<tr><td>Und nur auf dir alleine,</td><td>Streit, daß es erhalten werde.</td></tr>
<tr><td>Als ihrem Felsen steht,</td><td>Den Aergernissen wehr;</td></tr>
<tr><td>Der nie untergeht,</td><td>Was dich haßt, bekehr;</td></tr>
<tr><td>Wenn gleich die ganze Wel</td><td>Was sich nicht beugt, zerbrich</td></tr>
<tr><td>Zertrümmert und zerfällt;</td><td>Mach endlich seliglich</td></tr>
<tr><td>Erhör, erhör uns, Jesu!</td><td>An aller Noth ein Ende</td></tr>
</table>

48. Die Zerstörung Jerusalems.

1. „Sein Blut komme über uns und unsere Kinder." So hatten die Bewohner Jerusalems gerufen, als man den Herrn dem Kreuze zugespro= chen. Jesus aber hatte auch ein Wort über Jerusalem geredet: „Es wird die Zeit über dich kommen, daß deine Feinde werden um dich und deine Kinder eine Wagenburg schlagen u. s. w." (siehe Geschichte). Beides fing an sehr bald in Erfüllung zu gehen. Die Juden empörten sich wider die Römer und schlugen das Heer des syrischen Statthalters Cestius Gallus. Da sandte Kaiser Nero den tüchtigen Feldherrn Vespasian gegen die Juden. Er nahm eine Stadt nach der andern ein und drang vor die Mauern Jerusalems. Nach Neros Tode ward Vespasian zum römischen Kaiser gemacht und er übergab seinem Sohne Titus den Oberbefehl. Titus schloß Jerusalem ein, als gerade zum Osterfest an zwei Millionen Menschen daselbst zusammen gekommen waren. Er er= mahnte sie, sich zu ergeben. Die Juden aber waren blind gegen alle Milde. Sie bekämpften sich vielmehr selbst unter einander und schlachte= ten Tausende hin im Partheikampf. Wer es nur wagte, von Uebergabe zu reden, wurde sofort niedergestoßen. Da wollte Titus sie durch Grau= samkeit nachgiebiger machen. Er ließ alle Ueberläufer und Flüchtlinge vor den Augen der Stadt an Kreuze schlagen; aber ihre Menge war so groß, daß man zuletzt nicht Holz genug zu Kreuzen hatte. Dennoch ver= harreten die Juden in ihrem Starsinn.

2. Da ließ Titus die Stadt ringsum mit einer Mauer einschließen. Nun brach darinnen eine schreckliche Hungersnoth aus. Und weil ein jeder sich

zuerst der vorhandenen Lebensmittel bemächtigen wollte, ermordete einer den den andern um ein Stück Brodes. Man verschlang gierig Heu und Unrath, und nagte am Leder der Schilde. Eltern rissen ihren Kindern, und Kinder den Eltern den Bissen aus dem Munde. Ja eine vornehme Jüdin schlachtete im Wahnsinn ihr eigenes Kind und bot, als sie einen Theil selbst gegessen, den andern den grausamen Kriegsknechten an. Da sind Tausende eines schrecklichen Hungertodes gestorben. Andre haben sich in Verzweiflung über die Mauer herabgestürzt. Alle Straßen waren mit Leichen bedeckt. In zwei und einem halben Monat wurden zu einem Thore 115,880 Leichen hinausgetragen und 600,000 über die Mauer geworfen. Titus, der Heide, hob entsetzt ob solcher Zustände die Hände gen Himmel und bezeugte, daß solche Gräuel unter den Trümmern der Stadt begraben werden müßten. Jerusalem aber achtete nicht darauf.

3. Zuerst ward die Burg Antonia eingenommen. Da setzten sich die Juden in den Tempel und meinten, Gott werde für sie streiten. Titus wollte den Tempel schonen. Aber seiner Kriegsknechte einer schleuderte einen Feuerbrand darein und am 10. August 70 n. Chr. ging der Tempel, unter dem Geheul der Juden, in Flammen auf. Titus befahl, bat, drohte, den Brand zu löschen, aber es war die Stunde des Gerichts und der Tag der Rache. Der Tempel ward ein Schutthaufen. Eine Anzahl Priester suchte auf einer Tempelmauer Schutz und flehte um ihr Leben. Doch Titus erklärte: Die Zeit der Gnade habe geendet. Am 8. September fiel auch noch die letzte Burg, und Jerusalem, die heilige Stadt, ward der Erde gleich gemacht und erfüllt das Wort des Herrn: Es soll kein Stein auf dem andern bleiben. Mehr als anderthalb Millionen Juden sind um's Leben gekommen und 97,000 wurden nach aller Welt in die Gefangenschaft und Verbannung geführt. Die heiligen Geräthe aus dem Tempel aber, der Schaubrodtisch, der goldene Leuchter, das Gesetzbuch u. A. verherrlichten den Triumphzug des Titus, als er in Rom einzog.— Also hat Gott die Verachtung und Verfolgung des Evangelii bestraft, aller Welt zum warnenden Beispiel, sie zu ermahnen, Gottes Zorngericht zu fürchten und sich zu Christo seinem eingebornen Sohne zu bekehren.

Schluß der Gebote. Hes. 13, 9. Israel du bringest dich in Unglück; denn dein Heil stehet allein bei mir. Matth. 21, 42—44: Der Stein, den die Bauleute verworfen haben, der ist zum Eckstein geworden. Von dem Herrn ist das geschehen und ist wunderbarlich vor unsern Augen. Darum sage ich euch: Das Reich Gottes wird von euch genommen und den Heiden gegeben werden, die seine Früchte bringen. Und wer auf diesen Stein fällt, der wird zerschellen; auf welchen er aber fällt, den wird er zermalmen.

Wach auf, o Mensch, vom Sündenschlaf
Ermuntre dich verlornes Schaf
Und bessre bald dein Leben.
Wach auf, es ist noch hohe Zeit,

Es kommt hernach die Ewigkeit,
Dir deinen Lohn zu geben.
Vielleicht ist heut der letzte Tag,
Wer weiß noch, wie man sterben mag.

Inhalts-Verzeichniß.

Das alte Testament.

146

Das neue Testament.

I. Das Leben unsers Herrn und Heilandes Jesu Christi.